我、遠遊の志あり
——笹森儀助 風霜録

松田修一・著

ゆまに学芸選書
ULULA
10

ULULA：ウルラ。ラテン語で「ふくろう」。学問の神様を意味する。
『ゆまに学芸選書 ULULA』は、学術や芸術といった様々な分野において、
著者の研究成果を広く知らしめることを目的に企画された選書です。

口絵１　南島探検の際の儀助肖像（笹森家蔵）

口絵２　千島探検の際の儀助肖像（笹森家蔵）

目次

第三章　貧旅行　121

第四章　『千島探験』　137

第五章　『南島探験』　161

凡例

一、文中の市町村名、人物の肩書き、年齢等は、原則として「東奥日報」掲載当時（平成一六年四月三日～一八年一二月三〇日）のままとし、必要に応じて現在のものを書き加えた。引用した単行本、雑誌名は『　』、論文名等は「　」で表した。文献中の送り仮名などのカタカナ表記はひらがなに直し、分かりにくい場合は適宜、新仮名遣いに変換した。また、必要に応じて難読字にルビを振り、明らかな誤植は訂正して掲載した。

二、文中および巻末の「主な参考文献」にある笹森家（弘前市）所蔵資料は、その後ごく一部を除いて弘前市立博物館に寄託され、そのうちの書簡は『笹森儀助書簡集』（笹森儀助書簡集編纂委員会編、東奥日報社、二〇〇八年）として刊行された。

三、文中の「註」は、筆者によるものである。

四、本文中にある用語や人物、当時の時代背景について、各節の終わりに解説を付した（★1～★54）。

はじめに

　笹森儀助という名前には心当たりがなくても、本書巻頭の写真なら見覚えがあるという方も少なくないのではないか。単衣の着物を尻端折りし、わらじ履き、首から団扇を提げ、頭に帽子を乗せ、こうもり傘を差している。ちぐはぐな恰好なのに颯爽と立つその姿は、一度目にしたら忘れられないインパクトがあり、日本で最も有名な探検写真の一つになっている。

　明治二六年の夏、沖縄の南西端まで旅した際の写真である。その旅の記録『南島探験』で彼は、明治維新後も圧政やマラリア禍放置によってぎりぎりの生活を強いられる沖縄県先島地方（宮古、八重山両諸島）の人々の惨状を、筆鋒鋭く訴え、二六〇年も続く過酷な人頭《にんとう》税を廃止に導く重要な役割も果たす。

　当時、先島地方の幾つかの島は近づくことさえ危険だった。マラリアが蔓延し、いたる所に猛毒の蛇ハブが潜んでいる。儀助はそれを承知で向かった。既に四八歳。誇張を抜きに、決死の覚悟である。地の果てであろうと自分の足で行き、自分の目で確かめ、見たままを書き記す。時の内務大臣井上馨に依頼された探検だったが、政府に不都合な事にも筆が鈍ることはない。それが生涯の流儀だった。

　旅は、カムチャツカ半島を眼前に望む北千島、黒潮に点々と浮かぶ鹿児島県の吐噶喇《トカラ》列島、台湾、日露戦争前夜の朝鮮半島や極東シベリアにも及んだ。いずれも行政や国防の現状把握が主目的だったが、それにとどまらず地理、歴史、民俗などあらゆる事を詳細に調べ、見聞きし、記した。その結果、柳田国男をはじめとする民俗学者、人類学者たちに多大な影響を与え、儀助は明治期を代表する探検家の一人とされてきた。

本書は、儀助の出身地青森県の新聞「東奥日報」が平成一六―一八年に連載した『笹森儀助 風霜録《ふうそう》』を改稿し単行本化したもので、検討の少なかった同県内における彼の活動などにも広く紙幅を割いた。

探検以外の経歴をざっとまとめると、同県六大区（現下北郡）区長、中津軽郡（現在の弘前市と中津軽郡）郡長など役職を歴任した後、津軽の霊峰・岩木山の麓に士族授産のための洋式牧場を開設。奄美の島司、現在の北朝鮮北部の日語学校長、第二代青森市長なども務めた。その間、下北では旧会津藩士ら極窮民救済のため国や県に抵抗し続け、奄美では徹底的に島民側に立って薩摩商人一派と対峙するなど、民権的な姿勢が際立つ。従来は、郡長時代に民権派と衝突事件を起こしたことなどから、保守派・国権派と見なされ、そのために名著『南島探験』には一つの疑問が繰り返し投げ掛けられてきた。政府高官の意を受けて大和からやってきた旅人、しかも国権派の人間が、なぜ沖縄の島民の苦しみを、怒りをもって代弁し、政府をも厳しく糾弾したのか―という疑問である。この『南島探験』の最大の謎は、彼の生涯全体を鳥瞰して初めて解き得るように思う。

結論的なことを述べてしまえば、笹森儀助はむしろ類い稀な経世家、実践家であって、探険はその一手段であった。「探検家」の顔は彼の一側面であり、後年の人が分かりやすいようにそう定義したのである。『千島探険』の本文冒頭に、儀助は「年壮にして遠遊の志あり」と書いている。その「遠遊の志」は、実は思いがけないほどの深みを持っている。国と民の行く末のために行動しようとする真摯な思いである。その志のために、旅はもちろん、あらゆる局面において、極寒も炎暑も、激務の連続も、困窮すらもいとわなかった。「風霜」という言葉は、風と霜、転じて厳しい苦難も指す。自ら風霜を求め続けたようなその生涯を追い、笹森儀助という人物がなぜ多くの人々を魅了してきたのかを探ってみる。

第一章　おいたち、役人時代

奇跡の在府町

西に津軽富士・岩木山の流麗な姿を望む。東隣にはかつて南溜池が水をたたえていた。弘前城外堀の機能も兼ねた人工池だが、季節の移ろいを静かに映し、鏡ケ池の美称もあった。青森県弘前市の在府町は城下指折りの風光に恵まれていた。笹森儀助は弘化二（一八四五）年一月二五日、ここに生を受ける。

同県西津軽郡岩崎村（現深浦町）の猛将・笹森勘解由《かげゆ》に連なる家柄。父重吉は弘前の中畑家から婿養子に入った人で、藩の目付役を務めた。その父と、儀助は一二歳で死別する。『弘前藩庁日記』によると、重吉は安政四（一八五七）年六月四日、薬石効なく病没。半年後、儀助が二番組（小姓組）を拝命し、一五〇石の家禄を継ぐ。下に弟栄吉がいた。

笹森儀助（青森県立青森商業高校蔵）

不幸は続く。母ひさも文久三（一八六三）年に没し、儀助は一八歳にして両親を失った。「一に慈母の教訓に従て成長するを得。唯弱冠の頃、死を以て当《まさ》に国君に仕うべし、との母の一言忘れざりし」。のちの『貧旅行之記』冒頭に儀助が記す母ひさへの思いである。死をもって国君に仕える——。武士道における最高の徳目「忠」である。母は儀助に武士としての当然の心得を植えつけた。当然ではあるがしかし、武士道は単なるしつけや処世訓ではない。人格そのものを形作る規範である。彼が生涯、武士道的なものを体内に持ち続けたことは疑いない。

在府とは、大名や家臣が江戸で在勤することを指す。弘前在府町は藩制時代初期、足軽町と呼ばれたが、のちに江戸で召し抱えた家臣を住まわせたことから在府町と称されるようになり、寛政六（一七九四）年の藩士土着制の実施により、御目見得以上の屋敷町となった。二本の裏通りもでき、五〇石取りの武家が軒を並べた。市立弘前図書館に残る明治四年の地図を見ると、戸数八〇ばかり。小さなこの町内が、どういう訳か明治の世に綺羅星のごとく人材を輩出する。

まず、儀助より一二歳下の陸羯南《くがかつなん》。本名を中田実といい、のちに陸の姓を興した。言うまでもなく、新聞「日本」を率いたわが国新聞人の最高峰の一人。在府町から岩木山を眺めて育ったその人が、「名山名士を出だ《い》す」の名詩を残している。本多庸一は儀助の一歳下。明治三年、藩命により留学中の横浜でキリスト教に触れ、のちに青山学院の院長となる。明治期を代表する伝道者、教育者の一人である。木村静幽は大倉組を創設するなどした財界の大立者。衆院議員の工藤十三雄、高杉金作、弘前市長の赤石行三、成田徳之進、乳井英夫、県政界に重きを成した一町田大江、佐田正之丞らもいる。津軽塗を再興した山田浩蔵、その子で孫文の辛亥革命に深く関わった良政・純三郎兄弟、青森県内で最初に洋種リンゴを結実させた山野茂樹、日本大学の発展に尽くした鎌田彦一も在府町の人だ。半径一〇〇〇メートル足らずの町に、これだけの人傑がひしめき合っているのはほとんど奇跡であろう。

今も同町に居を構える木村静幽のひ孫・木村文丸氏（津軽厚志会理事長）は「明治生まれの父新吾から聞いた話ですが、在府町には常陽会という独自の奨学制度があったそうです」と話す。弘前藩は藩校・稽古館の優秀な生徒を国内留学させたが、常陽会は住民が金を出し合って、留学の重い自己負担を軽減する仕組みだったという。木村静幽は儀助ら郷土出身者に経済援助し、東奥義塾など多くの学校に助成したと伝わる。儀助も、何度も学校に寄付し、最後には私立青森商業補習学校（現青森県立青森商業高）を創設するなど教育に意を用いた。儀助に留学経験はなく、常陽会の直接の恩恵には浴していないが、在府町の飛び抜けた教育熱に育まれ、自らもその風《ふう》を継いだ。

★1　弘前藩と教育　幕末に異国船の出没が相次ぐ

「士族在籍引越之際地図」（明治４年、市立弘前図書館蔵）＝部分。それぞれ①笹森儀助②陸羯南③本多庸一の生家

と軍事上からも洋学が重要になり、弘前藩も江戸や横浜など先進地に本多庸一、菊池九郎（東奥日報創設者）ら六〇人余を留学させた。戊辰戦争などで藩財政が疲弊し、藩校の存続が危うくなると、留学から戻った菊地らが明治五年に実質的な藩校後継の東奥義塾を開校した。

維新の蚊帳の外

維新期を仮に、嘉永六（一八五三）年のペリー来航から明治四（一八七一）年の廃藩置県までとすると、儀助満八歳から二六歳まで。多感で血気盛んな年ごろに重なる。

儀助は一〇歳前後から七年間、藩校稽古館で小学・四書・史記・漢書・国史・資治通鑑などを学ぶ傍ら、一四歳から二一歳ごろ梶派一刀流の師範・山田登に就いて武芸を修めた。このころ、桜田門外の変、下関事件などの事変が連鎖的に起き、幕府の権威失墜はいよいよ加速した。列強の開国圧力が日を追って強まる中、慶応三（一八六七）年一一月、師範の山田は儀助と菊池平太に命じ、藩主・津軽承昭《つぐあきら》の机上に国政改革の提言書を置かせた。『弘藩明治一統誌人名録』によれば、異国人上陸に対する武備不足などを指摘する書だった。提言に及んだ訳を、儀助のひ孫方（弘前市）に残る「活人画」は、「少壮鋭意の儀助熟々《つらつら》世の有様を観じ、その将来を慮うれば磅礴《ほうはく》たる（＝充満している）胸の活気も遂《つい》に止め難かりし」と記している。「活人画」とは、青森市長となった儀助に明治三五年、六花という記者が聞き書きした新聞連載である。この記事を読む限り、意見書提出は儀助自身も主体性をもっての行動だった。「死を以て国君に仕うべし」と母に諭された儀助はじっとしていられなかったのだろう。ところが、この行動が逆に、儀助から国君に仕える機会を奪う。

「譴《けん》を蒙り、家禄三分の二を削られ、家に永禁錮せられ、社会の人と通信交際を断つこと数歳」。のちの『貧旅行之記』冒頭にこう記す通り、越権行為をとがめられ、儀助は山田、菊池と共に直ちに謹慎を命じられ、翌月二六日、永蟄居の処分が下る。永蟄居は自宅での無期禁固。改易（士籍剥奪）に次ぐ重刑であり、儀助も医師の出入りにさえ伺いを立てたことが『弘前藩御日記』に記録されている。また、津軽平八郎、葛西銀之進ら儀助の親戚が奉公辞退書を提出した。しかも家禄一〇〇石と家督を召し上げられた。時に儀助二二歳。東喜望著『笹森儀助の軌跡―辺界からの告発』（以下、『笹森儀助の軌跡』と略す）が指摘するように、既に妻帯していた（結婚年は不明）。同年一月二二日に長女あいが早世しているのだ。処分の翌日、弟栄吉が儀助への養子願を出し、どうにか家禄五〇石と家の存続を確保した。

儀助が永蟄居に処されて一カ月余が過ぎ、年が改まった正月三日に京都鳥羽・伏見の戦いで戊辰戦争の火ぶたが切って落とされると、弘前藩には幕府と朝廷の両方から参戦の命が下る。藩論は真っ二つに割れた。五月には左幕派の奥羽越列藩同盟が成立し、弘前藩も加わるが、七月に突然同盟を離脱する。津軽家の宗家であり、承昭の正室尹子《ただこ》の実家でもある近衛家から、勤王を順守せよ、との密書が届き、藩論が一気に傾いたのだ。旗幟を鮮明にする時期が遅れた弘前藩は、以後、朝敵の嫌疑が残らぬよう武功をあせり、盛岡南部藩降伏の兆しを知りながら野辺地戦争を仕掛けて四九名の死者を出し、財政難を押して箱館戦争に人員と物資をつぎ込んだ。

のちに儀助のライバルとなる菊池九郎と本多庸一が同盟脱退を巡って脱藩騒ぎを起こしたように、革命の渦の中、弘前藩の若き志士たちは命懸けで事に当たる。独り儀助は受刑の身。藩存亡の動乱を、家の中から垣間見ているしかなかった。蟄居が解かれたのは明治三年の春。新政府成立の大赦によってである。前年五月に榎本武揚の箱館政権が陥落し、六月には版籍奉還がなされて維新の大勢は決していた。

「活人画」は蟄居中の儀助の心境を次のように続ける。

「永の禁錮というからには何日か再び青空を見ることを得るだろう。さても世はいかに成り行くならんと彼を思い、これを考え、慷慨悲憤の中に夜を明かせしことも少なからざりき」

難局請負人

明治二年六月の版籍奉還で藩主津軽承昭《つぐあきら》は藩知事になり、三年春に蟄居を解かれた儀助は九月に弘前藩庁の権少属租税掛を拝命。翌年七月、廃藩置県により弘前県になって、弘前県権少属に変わった。直後、上司樋口小三郎と共に新政府への城の引き継ぎを命じられたのが儀助だった。蟄居に遭って未曾有の有事に何もできなかった儀助が、藩二八〇年の死に水を取る。忠義を至上の徳としてきた者にとってその無念は、察するに余りある。

新政府の役人は薩長藩閥の威光を笠に着て、すこぶる尊大だった。城の菊の間の上段にでんと大胡坐をかき、城内の地図を出せと言う。ないと答えると、それなら作れとあごで指図する。儀助は「未だ藩侯の恩威が深く脳髄に印象して居るものだから、その一挙一動が一々我等の胸を衝き裂くが如き思い」がしたと、のちの「活人画」記者に述べている。

弘前・黒石・八戸・七戸・斗南・館《たて》（＝北海道の旧松前藩）の六県合同で青森県が誕生したのは城明け渡しの年の九月。青森県職員となった儀助は五年春、日照りと虫害で飢饉に瀕する大曲、堀の両村に派遣される。両村は現田舎館村の大曲、堀切（現堀元）と思われる。箱館戦争の出費による財政危機で、県からの救援金が出ないどころか、住民の減税嘆願も通らず、両村は孤立無援だった。儀助は非常手段に打って出る。まず飲酒を元旦の祝い酒まで禁止。男女とも労働時間を定めて耕作を督励し、加えて一日四時間のわら仕事をさせ、出来た草履や縄などを換金し、独居の困窮者を優先して米や塩を与えた。一〇戸ごとに組を設けて自主管理させたのも、実効を図る巧みな策だった。儀助がのちに書いた「大島郡負債消却方法草按」によれば、両村住民はこの節制、勤勉を三年間継続した結果、相当の貯蓄を成したという。

明治５年の弘前城（東奥日報社蔵）

八月には日本海岸の鯵ケ沢に派遣された。古くから弘前藩の米積み出し港として栄えた港町で、明治になっても北前船の出入りが青森港より多く、廻船問屋や寺社、娼郭が軒を連ねていた。その繁栄の陰で現地の役人は「言うに忍びざる挙動を極めて」いた（「活人画」）。汚職である。儀助はそこに乗り込み、役人一〇人を厳しく追及し、積年の悪弊を断った。

城明け渡し以降、難局という難局はことごとく儀助が担当することとなったと、「活人画」は記している。飢饉、汚職に儀助を派遣したのは県権参事野田豁道《ひろみち》。熊本出身で藩閥政治に一線を画す立場を取り、朝敵とされた元会津藩士の斗南貫属にも手を差し伸べた人だ。城明け渡しの一件で野田は、儀助を腹の据わった人物と見て重用したのだろう。

儀助についてはなぜか「役人としては有能ではなかった」という評価がある。だが、ここまでの働きぶりを見ても、そうとは言えそうにない。以後も儀助が就くのは尋常ならざる難題を抱えた役職ばかり。六大区（青森県下北郡）区長も、奄美の島司も、青森市長もしかり。さながら難局請負人である。

話を戻す。儀助は六年一月に地券掛を拝命。現在の西津軽郡の検地を担当した。課税基準を収量から地価へと転換する改正が実施に移されるのは同年七月であるが、準備の諸策は前年から進められた。地券公布もその一環で、田畑に権利書を導入し、売買を可能にするもの。そのためには私有地・官有地の境界や面積を確定しなければならないが、当時は半民有地も多く、検地は今日の想像が及ばぬほど難しい作業だった。これら難事業に携わるうち、儀助は次第に尊敬を集めていった。ただし、主に非主流の士族たちからである。主流派は逆に、儀助への警戒を深めていく。儀助は既に、この厄介な構造から逃れられない立場に陥っていた。

山田一派の烙印

明治六年四月二六日、儀助は突然、青森県庁租税課を依願退職する。半年後の一〇月二八日、庶務課に再採用され、一一月には昇給して租税課に戻るが、翌年三月二〇日にまたも辞任。四月四日から西浜（現青森県鰺ケ沢町辺りか）に隠棲してしまう。なぜ短期間に辞任を繰り返したのか。西浜で儀助が書き残した雑記帳「閑暇草稿」に、「前《さ》きに激輩、拙《せつ》を譏《そし》りて退け」「再度官禄を辞めて猶《なお》世間の疑惑氷解せず」とある。儀助は山田登一派と見なされ、県庁内主流派の追い落としに遭ったのだ。

山田一派は六年から七年にかけ、提訴などで主流派を攻撃し、数十人の逮捕者を出す。この騒動に儀助は加担していないばかりか、蟄居以後は罪の償いに専心することを先祖の霊に誓い、山田とは一切の関係を絶っていた。にもかかわらず、主流派は儀助を排斥した。「閑暇草稿」にも「実に山田氏に不組《くまず》、猶且《なおか》つ此如疑惑を蒙れり」とある。背景には泥沼の派閥抗争があった。「閑暇草稿」中の儀助の短文「形勢論」に、「十余年前、森岡氏、西舘氏の両家老、政権を争い、西舘氏ついに森岡氏を踏《たお》しに始まれり」とある。文久三（一八六三）年の政変のことで、この時に山田は家老手伝の森岡民部と共に幽閉された。その争いが廃藩置県後まで尾を引いていた。しかも、対立の源流は、実は儀助の指摘よりさらに前へさかのぼるのである。津軽の足ふぱり（足引っ張り）は驚くほど底深い。

関ケ原の合戦から二〇〇年間も四万七千石だった弘前藩が、急激に膨らむ蝦夷地警備軍役の見返りとして文化二（一八〇五）年に七万石、同五年には一〇万石に高直りした。とはいえ、家格が上がっただけで領地は増えず、警備は自費。藩主の豪勢な私生活も相まって、文政一三（一八三一）年には七一〇万両もの債務を抱える。その財政再建に失敗した家老笠原八郎兵衛が、同じく家老の津軽多膳に排斥される。二年後、死者三万五六〇〇人に及ぶ天保の飢饉の責任を問われ、今度は津軽多膳が失脚する。権力を握ったのは家老大道寺繁元、用人森岡元侯、前に失脚した笠原の子皆充ら。津軽多膳らへの処分は打ち首、幽閉など苛烈を極めた。この時に勘定奉行手伝に抜擢されたのが山田だった。

共に嫡子のなかった一〇代藩主信順《のぶゆき》、一一代順承《ゆきつぐ》の後継問題を巡って対立はさらに先鋭化。儀助が「閑暇草稿」で指摘した文久三年の政変は、こうした報復合戦の中で起きる。山田と森岡民部の幽閉は、津軽多膳らの私怨を含んだものだったのである。以後も、両派は時々の懸案を争いの種として、ことごとくぶつかり合う。奥羽越列藩同盟への一時的加盟など戊辰戦争における失態、箱館戦争などで傾いた藩財政をしのぐための藩札乱発と減禄、士族救済のための余田買い上げ等々である。藩執行部を攻撃する側の中心に、いつも山田が居た。その山田が最初に蟄居に処されたのは嘉永年間。京都で近衛家の警護に功があったのに乗じ、藩主の頭越しに近衛公へ直言したためであった。これを含め、明治九年に五五歳で死去するまで、少なくとも四度の処分を受けた。後半生のほとんどは幽閉されていたが、軟禁中にさえ家老への直談判に及ぶなど過激な行動が目立つ。「酒が入ると激昂する。何度処分を受けても懲りない。人柄に問題があった」というのが青森県内の近世史研究者一般の山田登評である。

儀助は山田の命で藩主承昭の机上に建言書を置き、永蟄居に処された。主君への直訴は犯罪だが、初犯、しかも従犯の儀助に〝無期禁固〟はいかにも刑が重い。理由は明白だ。建言書を呈した途端、「山田登の側近」の烙印を押されたのだ。

★2　**弘前藩の北方警備**　寛政四（一七九二）年、ロシアのラクスマンが根室に来航。翌年、幕府の命で二四二人を松前に派兵したのが弘前藩の北方警備の始まり。同九年、箱館に陣屋を設置。文化元（一八〇四）年には盛岡藩とともに蝦夷地永久勤番となり、択捉《エトロフ》島、樺太（サハリン）、宗谷などの警備を担った。同四年から斜里で越冬した七二人が脚気と寒さで死亡するなど、幕末までに渡海した八六〇〇人余のうち二八七人が客死。遺骨を集めた松前町の法源寺には、津軽家や青森県民の寄付で大正一二年に慰霊碑が建立された。

天下の難県

主流派と山田登一派の抗争は、派閥争いの域を超え、津軽の政治の背骨を歪めていた。「閑暇草稿」にある短文「形勢論」で儀助は、弘前貫属の数々の内紛のため青森県が「天下に難県の汚名を得」たと嘆いている。国派遣の県行政トップの免官や辞任が相次ぎ、明治四年からの六年間で七人に上り、難治県として政府の悩みの種になっていた。中でも政府が最も危惧を抱いたのが、儀助が県庁を去る直接の引き金となる六、七年の弘前士族紛争であった。その経過を沼田哲青山学院大学教授が「明治六・七年の青森県情」（弘前大学『国史研究』所収）で分析している。

六年は天候不順で米の減収、米価高騰が予想され、五月、士族の正米要求が始まる。金銭による年四回分割の「石代渡し」だった家禄支給を、一括支給か正米渡しにせよという要求を掲げ、数百人から時には二千人の士族が集会し、県庁へ押し掛けようという不穏な動きもあった。相次ぐ減禄により、弘前士族は二〇石以下の薄禄者が86％を占め、最高でも八〇石に減じていた。生活不安を募らせる士族たちの動きに呼応して、山田一派はまたも主流派攻撃に出る。津軽家一門の津軽尚友が旧藩主承昭に面談し、家令西舘孤清らの罷免を求めたのを口火に、山田、森岡民部、津軽平八郎らが続々と上京。幾度も有力者に〝直訴〟

津軽承昭（東奥日報社蔵）

し、逆に数十人が逮捕される。同年一一月、山田はついに司法省へ出訴に及んだ。

全国的にも、同年一月の徴兵令公布により士族特権喪失への不満が高まっていた。政府は弘前が全士騒乱の導火線になるのを恐れ、青森県権令の菱田重禮を罷免。大蔵省の北代正臣を派して説得に当たらせ、騒乱化を寸前で食い止めた。抗争が一応の決着を見るのは翌年四月。森岡民部、津軽平八郎は禁固刑、山田も敗訴し、山田側の全面敗北に終わった。その直前の三月に再辞職した儀助は、西浜で沈黙を守った。「閑暇草稿」には、「争いの種を以《もっ》て蒔かば善果決て得がたし」「争わざることと転じ、騒ぎを戒め候こと」という文言が見える。いずれも書状の下書きで、儀助自らが荷担しないばかりか、ほかの人々にも自重を求めている。

儀助が蟄居以降、山田との関係を一切絶っていたことは、既に述べた。ただ、西舘一族を好意的に見ていなかったことは確かだ。「形勢論」に、西舘孤清の実弟・都谷森甚弥が旧藩営の青森商社に一〇余万円の大金をつぎ込み、三分の二を損じたのに、処分されないのは不公平だという風聞などを記したところを見ると、特に西舘一族による津軽家の家政私物化への疑いが感じられる。一方で、大道寺繁禎《しげよし》については「温良にて偏重偏軽の扱いなし」と讃えている。元家老の大道寺は儀助が城明け渡しを担当した際の上司。

先祖のいきさつにもかかわらず、山田一派とは距離を置いていた。後に第五十九国立銀行（青森銀行の前身）設立など財界で活躍するが、儀助が西浜で浪人した当時は三大区（現在の弘前市と中津軽郡）区長を務めていた。「大道寺・笹森党」とまで称される一大勢力が形成されるのは数年先のことである。

★3　減禄と余田買い上げ　箱館戦争に新政府軍の三分の一以上の兵力を派遣し、膨大な負債を負った弘前藩は藩札を乱発。これが新政府に禁止されると藩維持が困難になり、藩士の家禄削減を行わざるを得なかった。その補填策が明治三年の余田買い上げ。西舘宇膳、西舘孤清らの発案により、富農の田をただ同然で強制的に買い上げ、士族に分与した。版籍奉還後だったため新政府の追及を受け、士族の帰農もほとんどが失敗した。

柔軟性と進取の気象

儀助の剣術の師山田登は近習小姓から小姓組頭、勘定奉行手伝、御用人手伝へと出世。嘉永五（一八五二）年には岩木川左岸に「豊富新堰」と呼ばれる用水堰建設の大事業を成し遂げた。

儀助は青森市長在任中の明治三六年、山田の新堰開削顕彰碑建立を企図した。募金の趣意書と、儀助の親類で漢学者の葛西音弥の手になる碑文の草稿（ともに同年一一月三〇日付）が『笹森儀助雑綴』（以下『雑綴』と略す。市立弘前図書館蔵）にある。新堰は現在の青森県鶴田町からつがる市車力に至る約三〇キロに及び、五つの新集落が生まれたが、山田の労苦は早々に忘れられた。新堰自体も昭和五二年の新整備事業で廃止になり、今は鶴田町から柏村の辺りに痕跡が残るのみ。儀助の顕彰碑が実現したかは判然としないが、いずれにしても所在不明である。

故横山武夫氏は『笹森儀助の人と生涯』の中で、新堰開削による墾田について「農本的思想と武備の充実こそ山田登の根本思想」であり、儀助への感化は少なくないと指摘した。儀助が、山田の死後二七年を経て碑を建てようとしたことを見れば、関係を絶ったのちも一定の尊敬を抱いていたことは確かだ。

一方、のちの「活人画」は、儀助を「坐作および言葉遣いは至極丁寧であって、かかる経歴をもっていそうな人には不似合いと恠《あやし》まるるほど温和」だと評した。儀助と、酒乱気味で言動も過激な山田との違いは、第一にその性格にあるが、思想においても随分異る面もある。儀助は西浜で浪人中の明治八年一月三日、同じ弘前・在府町生まれの本多庸一に招かれ、聖書の講義を受けた(『閑暇草稿』)。前年八月の記載には「窃《ひそ》かに聞く、耶蘇正教に、仇に報いず反《かえっ》て仇人のため神に恩宥《おんゆう》を祈る」ともある。儀助は、少なくともこの時点ではキリスト教に興味を示している。山田は六年、島津公への建白書で厳しい輸入制限復活を求めるなど、頑迷な排外論者で終わった。対して儀助は、洋式牧場を開設したことでも明らかなように、柔軟性と進取の気象にも富んでいた。

差異を生んだのは、世代の違いであろうか。儀助は江戸時代の倫理観を持ちながら、明治の新思想もどんどん採り入れた。山田登は儀助に最も影響を与えたとされてきたが、その影響は通奏低音のように儀助の生涯に響いてはいても、それが儀助の業績を生んだとまでは必ずしも言えそうにない。

じょっぱり

儀助が西浜に隠棲していた二年間、生活費をどう賄ったのかは謎だ。「閑暇草稿」中の「諸公の厚意に答る書」と題する断簡に、「数ならず不肖の身御見捨なく再応御保庇（註…庇保の誤記か）」とあるが、誰かの経済援助を指すのか、儀助の立場を擁護した人々のことなのか、判然としない。儀助は蟄居処分で家禄を三分の一の五〇石に減らされていた。笹森一族は西浜の岩崎（現青森県深浦町）にルーツを持つので、親類があって厄介になった可能性はある。だとしても既に二九歳。妻子もあることを考えると、二年間の無役は並大抵のことではない。県庁内で排斥されて職を辞すだけなら弘前の自宅で家族と暮らせば済む。あえて弘前を去った意味は小さくない。本人の意思をよそに山田登一派と見なされていた儀助が、不平士族であふれ、騒乱寸前の弘前に居ては、山田一派の中核として担ぎ出されるのは目に見えている。西浜行きは、無益な争いには関与しないという、儀助の断固たる意思表示、自己隔離策だったのだろう。

さて、「閑暇草稿」に「清水区長、横山戸長、拙《せつ》に戸長奉務進《すすむ》へ答る書」という一文がある（明治七年八月三一日付）。清水は六年から大道寺繁禎に次いで三大区の区長に就いた清水慶寿。横山戸長の記録は見当たらない。ともあれ、県庁辞職の五カ月後、儀助には早くも戸長選への出馬依頼があった。儀助は「生死に誓って和を願ったのに辞職に至った。数カ月で役人に戻るようなら県庁を辞めていない」旨を述べ、丁重に断った。戸長は小区（現在の町村ほど）の長。一応は民選だが上位得票者から県が指名し、身分は県官吏。県庁を辞した儀助が、すぐに県に戻るのでは矛盾する。津軽人らしい、じょっぱり（強情）ぶりだが、筋は通っている。

役人に復帰するのは、辞職から二年後の九年春。五月一三日付で三大区一小区の戸長に任命された。三大区は現在の弘前市と中津軽郡。中でも一小区は弘前の中心市街地で、県内の最重要地域だった。「活人画」によると月給六円。米六俵を買える額であった。一度は固辞した戸長選挙に儀助が立った経緯は不明だが、その年の三月に大道寺が三大区区長へ復帰したことも関係していよう。既述の通り、儀助は大道寺を尊敬していた。

ところが、儀助は在任数日で六大区（下北半島）の副区長に任命される。『雑綴』によれば、六月六日に着任した。異例の異動は、難局請負人としての起用に違いない。当時の下北は、よほどの人物でも手に余るような難題を幾つも抱えていた。

国有林化の罪を糾弾

六大区（青森県下北地方）を小区に格下げし、七大区（上十三地方）に合併したい―。副区長に着任した儀助の、住民への最初の提案はこれだった。理由は区費の歳入不足、今で言う自治体赤字である。

儀助の下北在任中の記録は、青森県立図書館蔵の『草案』と、市立弘前図書館蔵の『雑綴』の中に散在している。『雑綴』の明治九年七月一五日付「第六大区区費不足の義歎願」と題する書類には、六大区の年間必要予算が七千円ほどで、どう節約しても三七〇〇円余の不足だと書いてある。実に50％超の赤字。予算と呼べる代物ですらない。それでも住民は独立維持を希望した。ならば助けを請うしかない。その依頼文の草稿が右の嘆願書である。「該区のため大恥を忍び、乞食の魁《さきがけ》となり（中略）各大区区長衆の御厚情を以て地課金十八万円の百分（の）二、本年限り御救助されたく歎願奉り候」。切々としたこの文章は、そのまま当時の下北の苦境を表している。

儀助は区長空席の副区長だったらしく、八月一日に区長へ昇任した。以後も経費節減、歳入不足補填にあらゆる手を尽くすことになる。『雑綴』の同年七月一七日付には、同じ嘆願書の別草稿と思われる文書も残っている。その中に次の文言が見える。「嗚呼、不幸の地」。儀助がこう書くほど、貧困が下北半島全体を覆っていた。

下北と聞いてまず思い浮かぶのは北東風ヤマセ。数年に一度、春先から夏にかけて吹き込むこの冷たい風が霧を停滞させ、下北を冷害の常襲地帯にしている。冬はさらに厳しい。「風烈しくして寒く、毎年雪早く降り、遅く融け、米穀登り難く、土民水田に種《うえ》るに稗《ひえ》を以てし、陸田には雑穀、蔬菜を以てすと雖《いえど》も、収穫食料の一半を補うに足らず」「生業は北海道に往きて傭夫《やといふ》となるを第一とす」。明治六年の青森県庁の記録であるが、下北を農業に適さず、生活困難な地として描いている。

その地に明治三年、戊辰戦争に敗れた旧会津藩から一万を超す人々が移り住み、斗南《となみ》藩を開いた。表高だけで二八万石余という仙台藩に次ぐ東北の雄藩から来て、刀を鍬に持ち替えた士族たちが、飢えと寒さにばたばたと倒れていった悲劇はあまりにも有名だ。

ところが儀助は、厳しい自然条件による農耕不適、あるいは〝挙藩流罪〟と呼ばれた旧会津藩士たちの不遇を、下北の貧困の根本原因と見てはいない。「嗚呼、不幸の地」と嘆じた文に彼はこう書く。「当六大区（の）儀は御維新前、専ら山林の利に依て基を立てし処、廃藩置県後、追々、山林取締の法を設けられ、目下その利を失い自然維持難く候」。山林行政が生活手段を奪ったという、明確な見解である。

下北、津軽両半島のヒバ林は、木曽ヒノキ、秋田杉と並び日本三大美林の一つに数えられる。ヒバはヒノキ科の針葉樹アスナロとヒノキアスナロの総称。両半島のヒバはヒノキアスナロの方で、国産材で最も耐久性と防虫性に優れた高級材である。下北の各港ではかつて豪商たちが繁栄を競った。無尽蔵のヒバを上方方面や江戸へ運び、帰り船が米などの物資を持ち込む。上質な海産物とともに長崎や江戸などへ運ばれたヒバは、莫大な富と先進文化を下北にもたらした。

たしかに下北は、品種改良が進むまで米作には適さない地だったが、それを補って余りある宝の山を持っていた。青森県立郷土館の瀧本壽史学芸主幹が一つのエピソードを挙げる。寛政の改革を推進した老中松平定信が、北方警備強化策として下北の幕府直轄地化を計画したが、盛岡藩が猛烈に抵抗したというのである。「盛岡藩にとって下北は、絶対に手放したくない経済基盤の一つだった」と瀧本氏は言う。

ところが、新政府は九年一月に地租改正事務局議定「山林原野等官民所有区別派出官員心得書」を発し、山林原野の官民有区分を強力に推し進めた。国有林化である。儀助はその年に着任し、下北の人々が宝の山から切り離されていく現場を目の当たりにする。下北はもともと貧しいのではなく、衰退した。正確には、衰退させられた。儀助が下北を「不毛の地」ではなく「不幸の地」と書いたのは、ずばり的を射ている。着任一カ月。民衆と政治を見据える確かな目が、「不幸の地」という四文字に凝縮されている。儀助は、県官吏であるにもかかわらず、県や国に敢然と異を唱えていく。

ヒバの伐採許可迫る

青森県の国有林比率は一九五〇年代に至っても67％と、全国平均30％の倍以上。これほど国有林に占領された県はほかにない。特に下北、津軽両半島などは民家の目の前に国有林が迫り、「軒先国有林」という言葉さえ生まれた。そこまで国有林化が拡大した理由は、藩政時代の林野行政にさかのぼる。

　農産物にあまり恵まれない盛岡藩は宝の山・下北に寛文年間（一六六一―七三年）、藩直営の「留山《とめ》」を設けた。当初は一三山、享保年間（一七一六―三六年）に三八山、そして宝暦一〇（一七六〇）年にはついに下北半島のヒバ山ほぼ全ての二〇八山を留山とする。ヒバ移出は大きく落ち込み、佐井や大畑などから大量の人口流出が起きた。しかし、人民が全く伐採できなくなったわけではない。不時に備える禁伐林は「囲山《かこい》」「囲林」といって別に設け、留山は輪伐制で伐採を許可して払い下げ料「運上金」を徴収した。これが乱伐を防いで安定的収益をもたらし、村民に下草刈り、間伐、伐り出しなどの山仕事を確保した一面もある。造林も多くは、公と民で収益を分ける分収林の形が取られた。秣《まぐさ》や薪用の入会林を各村に割り振って利用させてもいる。

　版籍奉還により藩の直営林は新政府に召し上げられ、藩がほぼ全部を押さえていた下北は自動的に国有林率が高くなった。さらに、わずかな私有林も明治五年の地券状公布、七年以降の官民有区分の過程で次々と官林に編入されていく。納税力のない人々が積極的に所有権を返上したともいわれる。『青森県議会史』の紹介する「政府のスパイが『山林を持てば税金がかかるぞ』と言いふらした」との説も、あながち風評だけではあるまい。一番の要因は、下北人民の山に対する所有権意識の希薄さであった。林野庁の調査報告書にも「最初に国有地と定められた旧藩の直轄林でさえ、一定の利用を認めたのであったから、土地の所有それ自身はそれほど問題ではなかった」とある。官林になろうが山の利用はさほど変わるまいと、住民は高をくくっていた。だが、気付けば、伐採どころか立ち入りさえ禁じられていた。

「第六大区桧山《ヒノキ》伐木伺」と題する九年七月二九日付文書が『雑綴』に納められている。内務権大丞で青森県権令心得の北代正臣に提出したこの請願書で儀助は、「(盛岡)南部藩の折、該区内、毎年一〇万石目以上の材木を伐出し、以て人民一般の融通を助《たすけ》しめ、然《し》かも官林取締の法能く存して上下その利を蒙れり」と、輪伐制が有効に機能していた事実を挙げ、毎年ヒバ材一〇万石を一本五厘から一銭の低価で払い下げ、人民の活路を開くよう迫った。以前にも伐採許可を陳情したが、県に却下されたため、北代来県の機会をとらえて再願した。翌一〇年、儀助が転任の引継書として書いた「演説書」によれば、北代は聞き入れ、国の地理寮官員と県主務官が出張して実地調査を行った結果、改正することに決した。

青森県の国有林解放運動が顕在化するのは一三年ごろ。下北では一四年七月二六日、菊池才吉らが県に提出した「下北郡山林に係る諸願書」が知られている。内容は儀助の論を綿密に発展させたものである。菊池は儀助の右腕として一小区(現むつ市田名部地区)戸長を務め、区長心得にもなる人。儀助は下北の国有林解放運動に先鞭をつけたと言ってよい。

ほかに史料がなく、儀助の行動が住民にどれほどの恩恵を与えたかは定かではない。一九年に青森大林区署が設置されて国直轄になる流れを見ると、効果は限定的だったかもしれない。しかし当時の下北は、ほんの一握りの富裕者や斗南士族を除けば、読み書きのできない住民ばかりだった。「苟《いやしく》も人心あるもの、これを袖手傍観《しゅうしゅ》するの理あらんや」「人民の憂慮を陳せずば死して余罪あり」。「第六大区桧山伐木伺」にある文言に、下北人民の声を代弁する儀助の必死さが表れている。のちの『南島探験』で沖縄県先島地方の島民たちに代わって圧政を糾弾する姿が二重写しになる。

「慣習法だ」民有支持

　下北の国有林化率が高くなった理由はほかにもある。「取分山《とりわけ》」「試仕立《ためしだて》」のような、盛岡藩特有の慣行が多かったのだ。『東北産業経済史』第六巻（南部藩史）によれば、取分山は藩の奨励の下、樹木を植えた者に、成木後に利益を与える分収法の山。寛政六（一七九四）年に設けた当初は七公三民だったが、植林促進のため六公四民、五公五民と分収歩合が変わり、文化年間（一八〇四―一八年）にはヒバと杉については二公八民となった。試仕立は試植《ためしうえ》林とも称される。苗木全てが順調に生育するとは限らないため、植林後、一定年数を経てから本数を申告する制度で、やはり分収が行われた。

　取分山、試仕立とも時代と場所によって解釈が微妙に違ったため、官民有区分の決着はなかなかつかず、政府は明治九年、下北において「試植取分山林帳」を作成する再調査を行った。

　政府は同年の「山林原野等官民所有区別派出官員心得書」で、民有地の基準も具体的に示した。「民有の確証」「育成管理の実」の二つである。後者に当てはめれば、人民の育成管理した山である取分山、試仕立は民有地に区分されるはずだが、制度の違う諸藩の寄り合い所帯だった青森県では方針が定まらず、検地実務を代行した県官吏が政府基準以上に民に厳しい判断を下すケースも多発した。『草案』にある「山林原野取調に付伺」（同年一二月二一日付）で儀助は、「取調順序、朝令暮改。人民の苦情筆紙に述べ難く、一村大略百円内外の失費に相成り（中略）民力の堪え難きを如何せん」と調査方針のぶれを非難し、「主務の官吏へ屹度《きっと》御厳談を」と迫った。本庁の県に向かってこの迫力は、儀助自身が四大区（西津軽郡）の検地を担当した経験に裏打ちされたものであろう。

取分山、試仕立においては「民有の確証」も問題となった。「取分山〈則ち二公八民等を言う〉試仕立の二種あり。右二種いずれも実際は私地私木の体にて、人民互いに売買譲渡し来たるは各自私有物を所置するに異なるなし。然るに、確証なきを以て官地に取調候ては、従来の売買を如何せん。且生民ありしより万物森然、その間に人類あるのみ。何ぞ確証なるものあるべけん。後来、人智開くるに従いて、その実際により官私の区別を立つるのみ。これを名付けて慣習法と言う」（『草案』所収「官山私山取調区別方法之義に付伺」）。儀助は「民有の確証」がなくとも慣習法からして取分山、試仕立は私有地だと論断したのである。

これを杉本壽著『林野所有権の研究』は「新しい見解である」と特筆している。同書によれば、下北を含む東北では官山と私山に官木と私木がそれぞれ存在していて、山の土地所有権と地上権の分離存在が一大特徴だという。第二次大戦後も長く山林所有権訴訟が続く原因だ。それを県官吏の儀助が、しかも調査進行中の明治九年に看破し、「慣習法」を論拠に住民の所有権を主張した。

話は変わるが、儀助は六大区区務所に青森県内の図書館のさきがけとも言える施設を開いた。当初はわずか三三冊のささやかなものだったが、希望者は一冊七日、遠隔地の者は二一日間借り出しもできた。蔵書には農業、金融などの専門書のほか、フランス憲法・民法・訴訟法・刑法など法律書も含まれる。教育熱心な在府町に生まれた儀助は、高等教育こそ受けなかったものの勉強家、読書家であった。「慣習法」

という法概念を何から得たかは不明だが、ここでも、保守的という従来の評価とは違う儀助像が見える。

　さて、下北の貧困救済に精魂を傾けていた儀助にとって、村共有の入会地が官地に編入されて村民が生活に困るのは放置し難い事だった。下北半島を巡回した折、儀助は桧川集落（現むつ市）で牛馬放牧用に原野の払い下げを陳情され、「官地へ牛馬を放て。官員さんに叱られたら区長の聞き届け（＝許可）を得たりと言え。責めは元より区戸長の持ち前」と、即座に官地利用を許可した。

　下北山中の畑《はた》集落（同）では「従来通り猟業」できるよう計らいを指示した。畑は藩政時代からのマタギ村であるが、下北全山が国有林化で立ち入り禁止になり、猟師らが区長の儀助に助けを求めたのである。現在も畑にはマタギの伝統がわずかながら残っている。儀助とのいきさつは語り継がれていないが、儀助のお墨付きがなかったら、下北マタギは明治初年で消えていたかもしれない。

斗南士族の極貧

　斗南士族の困窮も、言うまでもなく、下北の抱える一大難問であった。

　会津藩は明治二年一一月三日、生後五カ月の松平容大《かたはる》を藩主に斗南藩として再興を許された。領地は現在の青森県下北、上北、三戸、五戸の各郡、岩手県二戸郡の一部の合わせて三万石。北海道南部四郡の支配も命じられた。三年六月中旬から本州最北の地へ移って来た会津士族は一万七三〇〇人余（異説あり）。朝敵の濡れ衣を着せられ、着の身着のままの集団移住だった。たどり着いてみれば、天候不順の火山灰地は稲作に適さず、原野を切り開いて新天地を建設する夢はあえなく破れた。四年七月の廃藩置県で斗南県となり、移動の自由が認められると半数が会津へ帰り、残りの人々も北海道や東京などへ散り散りとなったが、残った人々もいた。よそで仕事に就こうにも元手すらない人たちである。早い時期のまとまった記録はないが、一四年の調査でもまだ一四四戸が下北に残留している。

下北での儀助の文章には「窮士族」の文字がたびたび見える。青森市在住の斗南藩史研究家の葛西富夫氏によれば、下北に土着の士族は菊池才吉一族ら田名部の数家族だけ。儀助の言う「窮士族」はほぼ全員が斗南士族ということになる。また、儀助の記した九年一〇月現在の記録では、下北四二〇〇戸のうち極窮民など納税能力のない家が六〇〇戸とある。これも斗南士族がかなりを占めると思われる。

彼らの悲劇は、数多く語り継がれている。例えば、柴五郎著・石光真人編『ある明治人の記録—会津人柴五郎の遺書』に、のちに陸軍大将となる柴五郎の一家が三年冬、川で拾った犬の死肉を、悪臭を放つようになっても吐きながら食べ続けた話がある。生き延びるために木の芽や草の根をあさって「ゲダガ（註…毛虫）」とあざ笑われもした。

儀助が九年一二月一〇日付で県令山田秀典へ提出した「元斗南士族御救助下されたき義に付伺」（『草案』所収）という請願書に、「極寒の場合、一統心痛仕る情状、実に憐憫《れんびん》の至り」とある。藩解体から五年。斗南士族はなお凍死、餓死の危険に瀕していた。事態打開のため儀助はこの請願書で、同年夏に米一万八千石が下された若松県の例と同様に青森県居住の斗南士族にも救助米を—と求めた。「若松県の例」とは、旧斗南藩での自活を断念して会津へ戻った人々に政府が一年分の開墾資金を与えたこと（『太政類典』）。一方、青森県内に残った斗南士族への救援米は前年で打ち切られていた。

青森県庁も彼らの困窮を傍観してきたわけではない。四年九月に六県が合同して弘前県が誕生し、同月末に青森県に改称。一二月一日に新装青森県庁が開庁すると、県権参事野田豁通《ひろみち》の配慮により、山川浩（のち陸軍少将、貴族院議員）ら斗南士族二〇人ほどが県職員に採用された。学制発布により六年に県内二二の公立小学が開校すると、多数の斗南士族が教壇に立った。これも野田の温情によるといわれる。だが、そういう確かな職を得た者はほんの一握りにすぎない。

恒久的な救済に尽くしたのは県権令菱田重禧《しげよし》だった。下北でのふた冬目に斗南の人々の餓死が相次いだため、菱田は政府を説得して救助米五カ年分と授産・開拓資金九万石の貸与を取り付けた。幕末に新渡戸伝が着手し中断していた現十和田市一帯の三本木開拓も、同資金によって再開された。だが、効果は上がらず、政府は八年一二月に三本木開拓を突然中止。救助米も打ち切られた。翌年下北に着任した儀助はすぐ、県を通じて救助米支給の復活を政府へ要請した。採決が下りないため、一〇月一二日に下北を視察した山田県令に直接陳情。「本省に伺いを立てるから、しばらく待つように」との返答を得ていた。だが、その後もなしのつぶて。斗南士族対策は政府にとっても懸案だったが、救助米という応急処置をいつまでも続けるわけにはいかず、かといって恒久対策も探しあぐねていた時期だった。

救貧所接収に猛反対

儀助が弘前出身であることも、斗南士族救済に心を砕いた理由かもしれない。弘前藩は曲折を経て勤王側に付くが、一度は奥羽越列藩同盟に加わった。会津藩が理不尽にも朝敵とされ、悲惨な境遇に置かれた

斗南藩が仮藩庁を置いた円通寺（青森県むつ市）

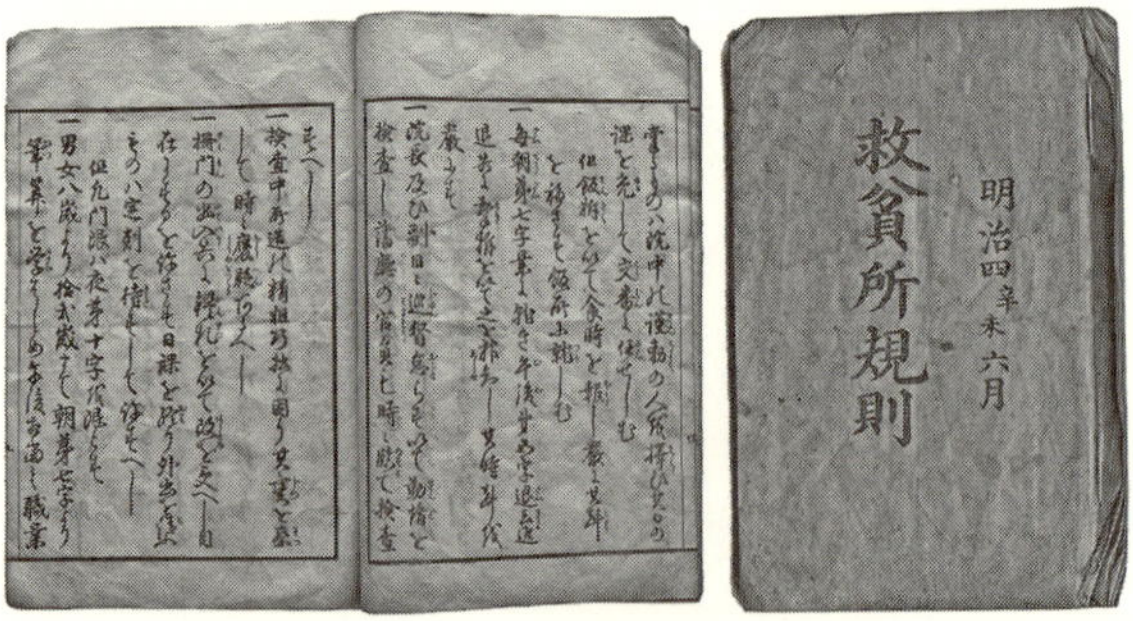

斗南藩「救貧所規則」（青森県野辺地町の海中寺蔵）

ことに弘前藩士の間では同情的な空気が濃かった。開墾の農具も資金もなかった斗南藩は明治四年三月、近隣諸藩や遠く岡山藩にまで援助を求めた。弘前藩は下級士族もこぞって義援金を出し、たった二日で一五〇〇両も集まり、うち五〇〇両で鋤・鍬を購入し、現金千両とともに斗南藩に贈っている。感激した斗南藩は山川浩・権大参事が弘前を訪れて謝意を述べ、二月末の青森大火被災者にヒバ材一千石を届けた。

さて、儀助の『草案』九年一一月一五日付に、田名部（現むつ市）の救貧所に関する記録がある。救貧所を官有物として取り上げようとする県の方針に断固反対する文書である。

救貧所とは斗南藩が四年六月、田名部、五戸、三戸、野辺地など領内各地に設けた施設。困窮者に衣食住の世話をするだけでなく、製紙、漆工芸、陶芸、機織り、畳作りなどを授産した。斗南藩も政府や諸藩の援助に頼るばかりでなく、自立への施策も試みたのだ。下北に豊富な砂鉄の製錬場、農具や鍋釜の鉄工場、瓦や瓶の工場も設けている。救貧所建設へ斗南士族は一人一日三合の救助米の中から三才（百分の三合）ずつを出し合った。一日三合といえばまずまずに思えるが、それで衣食住はもとより開墾費など全てを賄わなければならなかった。救貧所は爪に火を灯して建てたものだったのだ。ところが、四年七月の廃藩置県で藩が解体され、同年九月の合県によって斗南県も消滅すると、救貧所の所有権もあいまいになり、青森県庁は官有化を図った。儀助は「官物にこれ無きは明瞭判然致し候」と憤慨し、凶作に備えて米や金銭を蓄える社倉の元手にするから払い下げを―と要求した。叶ったのは一〇年四月末。救貧所は売却し、それを原資に貸し付けを行い、利子収入を得て貧民救済に充てることとした。

一方、『草案』の同年一〇月二〇日付に「極貧民戸課金免除の義再伺」という請願書がある。生活のため北海道に出稼ぎに行く斗南士族が三三〇〇人に上り、残る者の半数は老人や幼年者。生きるのが精一杯で納税能力などない者ばかりだった。儀助は、彼らをはじめ困窮者から税金を徴収せず、県に免税を求めた。だが、それがまた新たな難問を生む。大赤字の大区財政がいっそう逼迫したのである。

ウリ作らぬ畑

青森県では地租改正の検地が明治八年四月、北郡（現在の下北・上北両郡）から始まった。儀助が頭を悩ませた六大区（下北半島）の貧困、税収の低さ、予算不足はヒバ山の国有化と斗南の悲劇が大きな要因だったが、地租改正も痛烈な追い打ちになった。

下北など県南地方（青森県の東半分、旧盛岡藩・八戸藩・七戸藩領内）は火山灰地で生産性の低い畑地が多くを占め、藩政時代は九〇〇坪で一反とし、しかも六尺五寸竿を用いて測地していた。新政府は地租改正に当たり、水田と同じ三〇〇坪で一反とし、一般の六尺竿で測る方針を打ち出したため、旧盛岡藩領内から反対の声が上がった（『青森県史』資料編・近現代1など）。青森県庁も三〇〇坪化阻止に動いたが、国に黙殺され、県南地方は軒並み増税となった。六大区の新税額は三九六八円。耕地面積、人口とも少ないため巨額ではないが、藩制時代の年貢より76％もの増税である。

『草案』所収の一〇年二月付文書「収利取調の義に付」に、儀助は「俗諺《ぞくげん》に言う、ウリを作らぬ畑の貢と」と書いた。本来は農地を多く所有する者が多く納税すべきだが、下北の収穫物はヒエや野菜ばかりで、自足がせいぜい。所有地の大小が収入の多寡とは比例しない。その実態を無視した新税制の不合理に、儀助は憤ったのだ。後年、儀助は沖縄県八重山地方で似たような光景を目にする。水田のない島々の島民らが、マラリアの蔓延する西表島へ小舟で通い、米を作っていた。人頭《にんとう》税という税制が悪いと、『南島探験』で告発する儀助の精神は、下北時代から既にあった。

さて、九年施行の新地租を、青森県は前年に遡って適用することに決したため、同年の下北は二年分の負担増となった。同年二月の第一回青森県会では戸課、民費・町村費の徴収も決まった。戸課は警察費、学校費、神社等の祭典費などで、各戸に同額が課せられる。県会では激論の末に一戸当たり一カ月三銭、翌年から五銭に決した。民費は県、大区、小区費のための地方税。六年の太政官布告により、民費と町村費は地租の三分の一以内と決められていた。旧藩時代の税制を引きずっていた青森県も、ようやく税制を改め、具体的な徴収方法を決めたのだ。

地租（国税）だけで年貢より重税となった下北に、戸課、民費・町村費の徴収はさらに負担増となり、それやこれやで八、九年の諸税金が「二千円余もの増額」となった（『草案』一〇年四月二三日付）。儀助は九年一〇月、窮民の戸課と、民費不足分の免除を県に求めた（『草案』「仏事葬式祭典費等減少の事」、「警察民費残金免除の義伺」）。

一方、戸課と民費からはまず県費分を上納しなければならず、収税率が悪いと必然的に大・小区と村の予算は苦しくなる。加えて、九年は地租改正、山林官民有区別の多額な調査費用も地元負担としてのしかかった。大・小区経費七千余円のうち不足が三七〇〇円に上り、儀助が同年八月、各大区に援助を要請したことは既に述べた。粘り強い懇願で援助は実現したが、『青森県議会史』によれば補助額は一八六二円で、不足の半額にすぎず、しかも九年限りという条件付き。税収の伸びは望むべくもなく、儀助は徹底的な経費削減と合理化を始めざるを得なかった。

山田秀典県令宛て「郷村社祭典費学資に換用致度儀伺」（『雑綴』同年一〇月二一日付）を見ると、儀助は、神社の祭典費は氏子や村民に任せ、その分の二七〇円余を小学校費用に充てたいと、県に許可を求めた。理由を、各大区の援助でしのいでいるのに祭典費に費やす余裕はないと述べた上で、「信神の道は政道と違い、人民各自の信否に存する儀は文明各国の通法なり。然るに規則を設け、強いて人民をして従わしむるは法のため自由の人民を束縛」することだと指摘している。現代日本では広く受け入れられている「政教分離」の原則を、明治初年、皇室畏敬の念の深い儀助が唱えた。驚くほど進取的で、合理主義的な儀助がそこにいる。また、儀助は九年一一月、大区内の小学校資金として一〇円を寄付した。予算不足の中、下北住民のため教育の維持・振興を図ったのである。

★4　地券の紛失と実印　地租改正に先立って土地所有者には地券が交付されたが、貴重な不動産の唯一の裏付けとなる地券を火災、盗難、遺失で失う事件が全国で相次いだ。青森県布達などにも地券の紛失、発見が多数記載されており、下北も例外ではなかった。また、地券交付によって土地売買が可能になったのに伴い、実印制度が導入されたが、無筆者がほとんどの下北では実印の重要性もよく理解されず、儀助は苦肉の策として村民全員の実印を村役場が預かり、まとめて保管・管理する制度を設けた。

県会ボイコット

地租改正は国民の怒りを招いた。明治九年一二月一九日から二三日にかけて三重、愛知、岐阜、堺の四県で大規模な農民一揆が起きると、内務卿大久保利通は不満緩和へ地租軽減を発議し、年明けの一月四日、正租を3％から2・5％に、民費（県費、大・小区費）を正租の三分の一以内から五分の一以内に引き下げる詔書が発せられた。国民負担は軽くなるはずだが、事はそう単純ではなかった。民費の上限が下がると、青森県六大区（下北半島）のような赤字自治体は不足分をさらに戸課（警察費、学校費など）で徴収せざるを得ない。戸課は毎戸一律で、低収入の家ほど重くのしかかる。儀助は「地課金の義に付伺」（『草案』同年二月一〇日付）で、地課を減じ戸課を増額するのは「煩雑を醸す而已《のみ》にて、その実益毫厘《ごうりん》あることなし。殊に俄然このうえ戸課を増課致し候にては窮民の苦情もこれ有るべく候」と地租引き下げを批判し、「本年限り実際の賦課方法は従前通りに」と県に陳情した。

一揆の続発は新政府を足元から揺るがした。加えて、九年三月二八日に廃刀令が発せられ、武士がその誇りまで奪われるに及んで、神風連の乱、萩の乱など士族反乱が相次ぐ。不穏な空気が全国に充満する中、明治天皇の東北、北海道巡幸が行われる。新政府の威信回復の切り札として敢行されたのだ。

同年六月二日、天皇は右大臣岩倉具視、内務卿大久保利通、大蔵卿大隈重信、内閣顧問木戸孝允ら二三〇人を従えて一路北上。七月九日に青森県入りし、一六日に「明治丸」で函館に向かうまで滞在された。天皇最初の巡幸地に東北が選ばれたのも、戊辰戦争以来の、新政府への東北の強い反感を払拭する狙いを秘めていた。迎える各県庁も天皇巡幸は民心を鎮める好機であり、受け入れに万全を期した。半面、準備には道路の新設・修繕、警備などに巨費を要した。青森県では巡幸の発表が第一回県会後の同年四月だったため、一〇年二月の第二回県会で経費の処理が話し合われ、県民からの徴収が決まった。

『草案』同年三月二九日付によれば、道路修繕費の増課が下北では一七〇〇円に及んだ。貧困にあえぐ住民には過酷な負担増である。儀助は「万一、昨春八大区の変の如きに至らば、その撼動するところ如何《いかばか》りや」と危惧を記している。八大区の変とは、九年、現青森県田子町の農民五、六〇〇人が鳶口、鎌などを手に集まった騒動のこと。同年、そうした騒動が県内で二六件も起きた。県民の我慢は限界を超えつつあったのである。さすがの儀助も、貧窮者救済と行政推進の両立に行き詰り、辞任を覚悟した。

思いとどまらせたのは同年二月一五日に勃発した西南戦争だった。下北の斗南士族は、戊辰戦争で朝敵の汚名を着せた薩長に対してなお恨み深く、西南戦争に「反《かえっ》て談笑喜色あり」という体だった（『草案』同年三月二九日付「御巡幸に付き一・二等道路修繕費、十ケ年賦上納願」）。九州出兵へいつ決起してもおかしくない状況であり、そんなときに儀助も区長の責任を投げ出すわけにはいかなかった。

西南戦争に際して政府が指令した巡査募集の費用も、地方の負担だった。雪だるま式に膨らむ経費に、儀助は県や他大区区長らを相手に大勝負に出る。三月二六日、道路修繕費を一〇年分割納付に―という要求書を県令山田秀典に提出。二七日の県会で同費の課税が可決してしまうと、全大区区長の調印のために開かれた翌二八日の会議を「県令に上申中であるから」との理由でボイコットした。

現在の「青森県議会」が一二年に発足する前の「青森県会」は、各大区区長、小区戸長、学区取締、各区名望人で構成され、六大区区長の儀助も議員であった。県の担当課長は「（儀助が）辞職という事態になれば、六大区に特例で認めた学区取締の官費支給や、前年の互救金支給も撤回になる恐れがある」と、脅しまがいの言葉で説得したが、儀助は頑として譲らず欠席を続けた。もとより辞職覚悟。己を捨ててかかる儀助の強みである。県はとうとう根負けし、「民力の及ぶだけの入金で構わない。どうか調印を」と要求をのんだ。三一日、儀助はおもむろに判を押した。

民権保護の一点

今後の研究が待たれる部分が大きいのだが、六大区区長の儀助は、青森県内では相当早い時期に一般民選選挙を実施した。

まず明治九年一二月、三小区（現青森県大畑町と風間浦村下風呂）の惣代人改選を民選で行い、当選者の中で副戸長の欠員補充選挙をさせた。町議会議員の互選で助役を選ぶようなもの。一種の重複選挙法である。惣代人、副戸長とも相当の人を得たと自信を持った儀助は翌年一月二九日、一般民選を大区内全小区の惣代人と正副戸長、村用係に広げて適用したい―という伺いを県に提出した。県の回答は、惣代人選挙は許可、正副戸長、用係の選挙は相談が必要であるから、しばらく従前通りに―という一部却下だった。めげずに儀助は山田秀典県令へ直談判に及ぶ。県令は、太政官からまだ一般民選の権利を付与されていないので公然とは認められないと渋ったが、儀助の食い下がりに結局「正規上は県の官選だが、県は実地経験が乏しく事実上は区長に任せている。各区で適宜民選してよい」と内許を与えた。

三大区（現在の弘前市と中津軽郡）では九年春に儀助が一小区戸長に当選したように正副戸長は選挙だったが、上位得票者の中から県が任命する事実上の官選だった。他大区はばらばらで不明の部分も多い。六大区は「名は官選にして、その実に至りては正副戸長は区長の人選に出《い》でて、用係以下は正副戸長の人選に出づ」だと、儀助が一〇年二月八日付文書に記している。お手盛りである。一方で、県庁も課長以上に県人は一人もおらず、地域の人材を知らない。山田県令も「各区で適宜に」と認めざるを得なかった。

以上の経過は『雑綴』にある。それによれば、儀助は三小区副戸長選挙を試行した前後に「惣代人撰方（＝選法）心得」と「各惣代人心得」の案文を作っている。有権者は当該町村に本籍と居宅を持つ二〇～六〇歳、被選挙権者は二五～六〇歳の者で、納税額による制限はなし。当選者は拒否できず、無給で集会旅費のみ支給―などとしている。

　一般民選を大胆に試行した理由を、儀助は先に挙げた伺い書（同年一月二九日付）で「太政官第百三十号御布告、人民共有物保護云々公布により、該区の如き未開の土地へ早晩実地経験せんと欲する日久し」と述べている。その布告は九年一〇月一七日に出され、各区と町村の公有財産の売買や貸借に「正副戸長と町村惣代二名ずつのうち六割以上の連印を要する」と定めた法令であるが、惣代人の選定法には触れていない。一方、県が「惣代人撰挙法」「惣代人心得」を制定するのは一〇年三月一四日（『青森県布達綴』）。儀助は数カ月先んじ、具体的な選挙法と当選人義務の条例を作ってしまったのだ。

「奉務中の苦心、唯民権保護の一点に止《とど》まる」。一般民選にこだわった訳を、儀助は転任の引継書「演説書」（『雑綴』所収）にこう書いた。民選が「人民の権利を保護し、村吏の専横、金銭出納の曖昧を破る等より、種々の公利益ある枚挙に暇あらず」だというのだ。

　この見解は、例によって実体験に裏打ちされている。村吏（小区正副戸長および用係以下の役人）が情実で決められていたため、帳簿、経理、公金保管のずさんな村が幾つもあることを儀助は突き止めた。同年五月には巡回先の脇野沢（現むつ市）で前用係による四〇二円もの使い込みを発見し、やっとのことで回収の目途を立てた。また、『草案』同年二月末の文書で儀助は、町村費徴収額が村により一戸一円から三円七〇銭まで格差が大きい上、区費や臨時費などを加えれば中産の家でも容易に払えない額になっていることを挙げ、「村吏たるもの大体、窮士族糊口の一助たるに過ぎず、故に民政の何たるを弁ぜず、諸職に当たる者も金穀徴収を第一義とす」と書いている。村吏の士族が住民の生活を何も考えていないと手厳しく批判しているのである。のちの『南島探験』において、沖縄県先島地方の役人に向ける視線と共通するものが見える。

一方、儀助は各小区二人の副戸長を一人に減員し、小区区費掛（＝会計係）を副戸長の兼務に改正した。重症の財政赤字の中、予算節約のため減員し、かつ困窮者の保護を図るには、能力と人望を兼備した人材が必要だった。それには民選に限るというのが、先進的な選挙制度を採り入れた理由であった。

自治行政の合理化

儀助の前の六大区区長・沢全秀は明治七年八月、「区長以下村吏は入札（＝投票）か広く人選の上で採用を」と県へ建白している。「未開の六大区の自治には真に人材を得ることが肝要だ」という趣旨のこの建白書を、儀助は読んだ可能性がある。

板垣退助らが同年一月一七日、「民撰議院設立建白書」を政府に提出し、民選の思想は急速に全国へ広まった。青森県では塩谷良翰《しおのやりょうかん》参事の主導により、九年二月一五日から三月九日まで最初の県会が開かれ、各大区一人ずつ公選による名望人も出席した。三大区からは儀助との因縁深いあの山田登、六大区からは小林和太郎が当選した。小林は佐井（現佐井村）の商人で、しばしば上京して学問を身に付けた才人。開化的思想の持ち主で、税制改革などを県に再三建言している。儀助は、実務に小林を重用したほか、建言に返答するよう県に催促するなどで小林を応援した。

一方、同年八月には八大区（三戸郡）の住民らから「区戸長係を公選し、人民投票の多少をもって決すべし」という建白が県に提出されている。

そうした情勢に儀助が無関心であったとは思えない。選挙権から納税額などの制限を取り払い、さらに「重複選挙法」という手法を加え、独自に実践したのが儀助の一般民選であろう。その実行力が際立つ。

では、重複選挙法という知識をどこから得たのか。『雑綴』一〇年一月二九日付の伺い書に、儀助は「かつて洋学者に聞けるあり。未開の人民を保護するは重複撰法を開いてその権利を助くるより善きはなし。欧州プロイセン等の諸国、この法によれり」と記した。この「洋学者」について、明治期の東奥義塾（弘前市）を研究する北原かな子氏（同市在住）は「東京などへ留学経験のない儀助が洋学者から聞いたとなると、人物は極めて限られてくる。少なくとも東奥義塾関係者である可能性は非常に高い」と推測する。いずれにせよ、儀助に一般民選の内許を与えた山田県令が数年後、儀助らいわゆる保守派と、菊池九郎、本多庸一ら東奥義塾を中心とする進歩派の合同を図って「弘前事件」が起きることを考えても、六大区区長当時の儀助の進歩派ぶりは注目に値する。

さて、経費節減のため儀助が打った行政合理化の次の一手は、小区区務所合併と合村であった。現代の市町村合併の背景に似ている。発端は同年一月四日に地租軽減の詔書が下されたこと。これを受け、青森県庁は二月、町村費削減を打ち出し、具体策として三月二七日に小区区務所の削減、四月二日には小区合併推進を通達した。もとより経費削減は六大区の急務であり、儀助は県方針を上回る改正を図る。五つの小区区務所を一気に一つにまとめて大区区務所（現むつ市田名部）に併設とし、村（ほぼ現在の大字単位）の合併も図ったのである。減税につながる小区区務所合併は惣代人たちも積極的に支持した。そればかりか、月四円五〇銭の借家だった大区区務所を、寄付三〇〇円をかき集めて土地家屋とも買い上げ、経費削減に協力した。

小区区務所合併に伴い、儀助は小区戸長の事務分担を決め、小区ごとに行っていた事務の分業化・効率化を図った。その上で同年五月、下北全域を巡回して区務所合併の趣旨、合村の必要性を演説して回る。

佐井の小林和太郎が事前に巡回説諭したためか、四小区の現風間浦村から佐井村長後までの村々は合村に進んで賛成した。だが、断固反対の村もあった。特に城ケ沢（現むつ市）の人々は、隣の大湊（同）について「薪炭や魚の商いにまで城ケ沢の無知に付け込む」「大事な防災林を無慈悲にも切ってしまった」「村境の橋の修理に五分の一も協力しなかった」などと涙ながらに訴え、田名部（同）との飛び地合併を嘆願する。牛滝（現佐井村）も佐井との合併に不満が強く、「大間か奥戸《おこっぺ》（ともに現大間町）に合併を」と陳情した。理由は城ケ沢と同じく住民生活における積年の軋轢。佐井村会計の不透明さに対する不安もあった。隣同士ゆえに愛憎深く、むしろ遠くの相手との縁組を望んだりするのは、現在の市町村合併のすったもんだと変わるところがない。

翌一一年一月三〇日の郡制施行を前に、ちょうど自治制度の模索期であった。儀助も、小区区務所合併や村吏民選を「不肖の身を以て草創の改正に付き、これまでの過失は速やかに改めたし」と、転任の際に引き継いでいる（『雑綴』七七年六月二七日付）。経費削減が目的ではあるが、儀助は県内の自治体行政改革を率先して試行した。

暮らしの民権

本州から北へまさかり形に突き出た青森県下北半島は、北海道渡航の主要ルートだった。幕末には北方警備の派遣者が激増し、佐井（現佐井村）、奥戸（現大間町）をはじめ各港は風待ちの旅客がひしめき、宿屋など沿道の店々も繁盛した。だが明治六年、北海道開拓使が函館と青森、安渡（現むつ市大湊）間に定期航路を開設すると、北海道への表玄関は青森へ移った。儀助は『草案』一〇年四月二五日付の「貸座敷廃止の義に付伺」に、年間数万人に及んだ下北各港の旅客を一人も見なくなり、貸座敷が増えたと記している。

貸座敷は、五年の娼妓解放令により、新たに開業が認められた業種だが、実態は名称を変えただけの女郎屋。生活に窮した下北の商人たちは続々とこれに鞍替えした。儀助は「土地の良民、色に溺れ酒に迷い、家産を傾するの一挙あるのみ」と、県に対して何度も貸座敷の規制を求めた。また、貸座敷に出入りする若者に父母、戸長、惣代人らが教戒を加え、効果がない場合は大区に申し出るよう通達した（『草案』同年二月七日付）。貧しい住民が酒色によって一層困窮する事態を儀助は放置できなかった。

青森県は六年、芸娼妓貸座敷賦金を創設した。税収の半額を病院費、残りを土木費や警察費などに充てる同県初の目的税である。その賦金が一〇年、大区予算への直接算入から、いったん県に納めて大区へ下げ渡す制度に変わった。火の車だった田名部（現むつ市）の六大区病院は入金が滞ってさらに窮迫した。

儀助は病院財政の改革に乗り出した。『草案』同年三月二日付の「病院維持法議問」や、のちの「演説書」によると、月給一五円を要する青森本院からの医師出張を休止し、地元医師を八円以内で一人採用し、安月給の代わりに医師には自宅開業も許すこととした。また、薬の仕入れ価格引き下げを図り、薬価差益を窮民の施薬代に充てる方策を立てた。ここでも儀助は、貧困者救済を念頭に置いて地域医療の維持を図っている。儀助は「演説書」に「奉務中の苦心、唯民権保護の一点に止まる」と書いたが、彼の言う「民権」とは、自由民権の民権ではなく、生存権のような「暮らしを営む権利」を指した。

一方、下北が遠隔地のため、儀助は青森・柳町の小笠原宇八に月一円で「村吏代」を委嘱し、県庁への税金納入から、許可証申請などの書類手続き、裁判手続きに至るまで一切を委任した。ところが、九年一二月五日に村吏代が禁止となったため、儀助は「一度青森へ出張すれば一〇円内外の失費」になると、禁止撤回を県に求めた。ちなみに小笠原は旅館業で当時二一歳。儀助との出会いから政治に目覚め、のちに国会開設運動の旗手となる。二四年には板垣退助招致を実現。菊池九郎らと東奥日報を創刊して副社長を務めたが、県議会議員一期目の任期中、数え四一歳で病没する。

また、九年九月一三日に裁判制度が国直轄になって府県裁判所が廃止され、全国二三カ所に地方裁判所、各県に区裁判所が設置され、民事訴訟の出願を奨励する達しが出された。下北も出訴が増えたが、多くは一〇〇円未満の訴訟だった。儀助は、その訴訟のため大枚の旅費を費やし、病の危険を冒して二四里の悪路を青森の区裁判所へ出向くのは獄舎に数日入るようなものだ―と矛盾を指摘し、判事が出張裁判を行う特例を設けるよう求めた（『草案』同年一月一七付）。

郵便集配を二、三日に一回から毎日にすることも要請した。地理的ハンディを抱える下北半島の「民権」を向上させようと、儀助はさまざまな努力を払ったのである。

百聞は一見に如かず

明治一〇年春、儀助に野辺地警察署警部への予期せぬ異動が内示された。これを受けて書いた区務引き継ぎの「演説書」（四月四日付）は、下北をこう総覧している。「物産極めて多し。材木、牛馬、海草、魚類、蕨根《わらび》、鉱砿物質は硫黄、鉄砂、石炭、白土、胡粉《ごふん》、燧石《ひうち》、砥石、赫石《しゃくせき》等を以て最とす」「開墾より物産採取に従事せしむる十ヶ年の歳月を貸す便宜事に従わしむる時は、陸奥国中へ更に一の陸奥国を生むと云うも又贅言《ぜいげん》（＝無駄口）に非らざるべし」「未開朴野、人を欺かぬこと篤厚《とっこう》に近し」

県の文書が、ひたすら不毛の地として描き、「野辺地以南の民に比較すれば頗《すこぶ》る狡猾」などと下北住民を蔑視しているのとは、実に対照的だ。土地土地の可能性を重視し、辺地の人民も見下さないことこそ、のちの『南島探験』にも顕著な、儀助の特長である。

さて、野辺地署警部への転任は同年五月三〇日付だったが、「六大区区長心得兼務」と判明し、区長の仕事は継続した。この前後に儀助は区内巡回を敢行した。五月一八日に田名部（現むつ市）をたった儀助は、川内（同）から脇野沢（同）へと下北半島南岸を時計回りに西進し、さらに舟で佐井（現佐井村）へ渡り、二七日に田名部へ帰着。六月七日に再び出発し、今度は大畑（現むつ市）から大間（現大間町）、佐井と半島北岸を反時計回りに進み、山道を縦断して川内、脇野沢を再訪し、一九日に田名部に戻った。

六年の大小区制施行以来、国公布・県布達などの重要案件は人民に文書で回覧させる定めになったが、識字率の低い地域では区長や戸長が巡回して説明する場合も多かった。儀助の巡回も同様に、小区合併・合村の必要性を直接説明するのが主目的である。延べ二三日間の半島巡回では、合村に関して城ケ沢（現むつ市）の住民が、隣の大湊（同）との合併に涙ながらに反対するなど、意外な地域感情を知った。儀助は初日の記録に早くも、「百聞一見に如かずと。真哉《まことかな》。見て大いに不肖を悟《さとる》あり」と書いている。

珍事も相次いだ。大畑では夜九時過ぎに斗南士族が代わるがわる宿舎に押しかけ、村吏への採用を陳情し、五、六円の借金を請う者もいた。収入のある教職者まで区費免除を願い出て、斗南士族に同情的な儀助でさえ呆れる場面もあった。かくて、生涯最初の本格的な旅で儀助は、直接見聞することの重要性を痛感し、以後、実証主義的な姿勢を貫いていく。

初代の中津軽郡郡長に

儀助は明治一〇年八月二三日、六大区（下北半島）区長から青森県の本庁へ転任した。

振り返れば、相当風変わりな区長だった。「慣習法」という西洋の法概念を持ち出してヒバ山の民有権を主張したかと思えば、辞職覚悟で県会をボイコットし道路修繕費の分割納入を勝ち取るなど、大区の運営にあの手この手を尽くした。大島美津子著『明治国家と地域社会』は、大区区長・小区戸長は選挙の場合でも得票上位者から県が選ぶ方法が多かったことを挙げ、「区戸長を新政府の統治組織の一員として官吏の鋳型にはめ込む努力が続けられた」と指摘する。だが、儀助に限っては「官吏の鋳型」にはめ込まれたとは言えそうにない。国や県に抵抗し続けた一年二カ月だった。ただしそれは体制への反発ではない。六大区の財政は事実上破綻しており、重税を冷酷に取り立てるか、国や県に歯向かってでも住民を守るかの選択肢しかなかった。儀助は後者を選んだ。

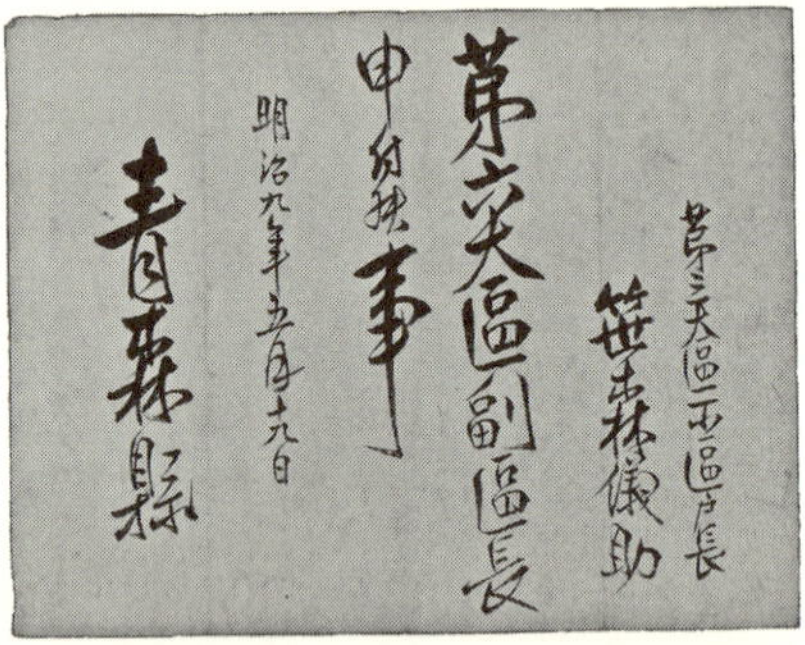
第三大區二小區戸長 笹森儀助
第六大區副區長
申付候事
明治九年五月十九日
青森縣

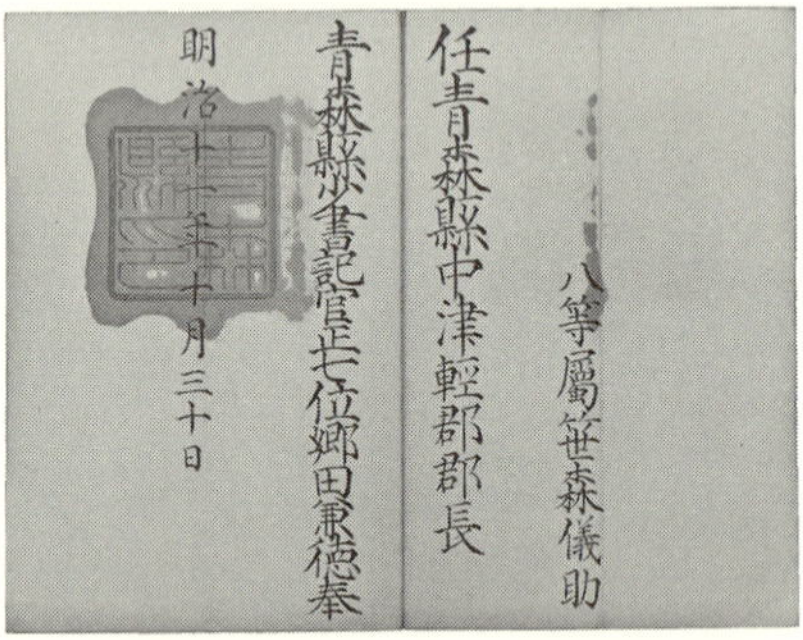
八等屬 笹森儀助
任青森縣中津軽郡郡長
明治十一年十月三十日
青森縣少書記官正七位鄕田兼徳奉

青森県六大区副区長（上）と中津軽郡郡長（下）の辞令＝笹森家蔵

そうした姿勢の根底にあるものは何だったのか。青森県立郷土館の瀧本壽史学芸主幹は「仁政思想だろう」と言う。藩政時代には、民を慈しんでこそ為政者たる資格を持ち得る—という仁政思想があり、武士が支配階級であり続ける理由付けともなった。下北における儀助の国や県への抵抗は、彼の侍として自負のなせる業だったのであろうか。

さて、県本庁では第五課学務と第二課勧業科を兼務し、第一四、一五両中学区の学田事項専務も担当した。学務と勧業の経験は、医学校移転問題や農牧社開設など儀助ののちの行動に影響したと思われるが、県本庁在任中の記録がほぼ皆無で、詳細は分からない。

学田は、各小学区に水田を開墾して小作をさせ、収益を学資に充てる青森県独自の制度である。学校費は一戸五銭の戸課金のうち三銭で賄われたが、同年九月、県令山田秀典の発した「学田告諭書」によれば、「一校一カ年の資金僅《わず》かに三十五、六円」にすぎないため校舎維持が精一杯。五人に一人と低迷する就学率の向上には資金が必要だが、地租改正などで民力の疲弊甚だしく、戸課は増やせない。そこで考えだしたのが学田制度だった。『弘前市教育史』上巻によると、県が一一月五日に学田管理法を布達し、係員を巡回させたところ、開墾申し込みが田地一二一二町歩余、畑地一四七六町歩余に達した。儀助の主な役目は第一四、一五中学区、つまり津軽全域の学田開墾の申請募集だったようだ。

異動一年後の一一年九月九日、儀助は三大区区長事務取扱に発令される。三大区は現在の弘前市と中津軽郡。城下町弘前は廃藩置県後間もなく県庁が青森に移り、急速に衰退していったが、なおも人口が県内最多の都市であり、かつ士族の政治的影響力が最も強い地域でもあった。儀助は筆頭区長格に抜擢されたと言える。下北時代にあれだけ県や国に抗った儀助を、県令の山田がむしろ評価したということか。

同年七月二二日に「町村編成法」「府県会規則」「地方税規則」の三新法が公布され、一〇月三〇日には大小区制が廃止されて郡町村制が敷かれた。津軽地方は中、東、西、南、北の五郡に、北郡は上北、下北の二郡に分割。三戸郡と合わせて青森県内は現在と同じ八郡に再編され、二戸郡は岩手県へ移管となった。これに伴い、儀助は同日付で初代の中津軽郡郡長に任命された。月給三〇円。西南戦争によるインフレもあってか、六大区区長時代の実に三倍である。

なお、「活人画」には、儀助が九年一二月、郡区改正に関する建白書を内務卿大久保利通に提し、大久保は改正に大いに参考にしたとあるが、建白書の内容等は不明である。

含英女小学の危機

下北時代の『草案』（青森県立図書館蔵）とは別に、郡長時代の『草案』一冊が市立弘前図書館蔵『雑綴』の中に残っている。その中に含英女小学の経費に関する文書がある。含英とは、美しさを含み持つ、あるいは蕾がまだ咲きそめない状態を指す。青森県内最初の公立女学校にふさわしい校名である。初代中津軽郡郡長に就任して儀助が最初に取り組んだのが同校の維持だった。

新政府は明治六年公布の「学制実施着手順序」によって「女子教育の振興」を打ち出した。『青森県教育史』によれば、同県内の男子就学率は一三年に全国平均を上回ったものの、女子は全国の半分以下にとどまった。それでも、地域によっては女子教育に熱心な所もあり、早く開校した小学には比較的多くの女子が入った。『青森県女性史　あゆみとくらし』によれば、八戸小学は七年に六六七人もの女子が在学。七戸では同年、全県に先駆けて私立の女子小学が開校した。

弘前では、白銀小学（現弘前市立朝陽小学校）が開校翌年の七年に女子部を設けたものの、入学者はわずか一五、六人だった。士族の多い弘前は、女子教育の必要性を認めながらも、儒教的観念から女子を就学させなかったと『弘前市教育史』上巻は述べる。男女七歳にして席を同じうせず、である。そこで、女子だけを収容する含英女小学を開設し、白銀小学女子部の年長者、高学年を移籍した。校舎は旧藩家老の森岡邸。ほどなく警察分署にもなったため、警察と女学校が同居する珍妙な状況が生じた。

生徒数は一時順調に増えた。だが、一一年一月、構内に青森県立女子師範学校が併置されたころには生徒数が減って、経営難に陥る。『草案』の中の「含英女学校維持の義願」に、儀助は「閉校説喋々と発《おこ》り、その実、該校を厭《いと》うにあらず。ただ各自連区の学校維持法に困難」なことが理由だと書いている。連区は九年一〇月に設けられた制度。人口六〇〇人（一〇〇戸）に一つの小学区では学校運営資金が賄えないため、小学区を統合して人口三五〇〇人程度の連区とした。だが、学区を定めず広く女児を入学させた含英女小学は連区を持てず、各連区の方も地元の小学維持に手いっぱいで含英女小学の窮状に手を差し伸べる余裕はなかったのである。

含英女小学の先生、生徒（『ふるさとのあゆみ』弘前Ⅰ　津軽書房、1981年）

含英女小学は小川昌子校長ら教員一同が協議を重ね、給料を年一〇八円削減し、授業料増額で二二八円余を補うこととしたが、なお七八円以上不足だった。儀助は、同校が廃校になれば県立女子師範学校にまで悪影響が及びかねないとして、「鮫校、三本木校の例を以て、一ヶ月金六円五三銭七厘づつ特別の詮議を以、補助金御下賜相成り」たいと県に請願した。鮫校（現八戸市）、三本木校（現十和田市）の補助の内容は不明だが、両校も資金難で何らかの県補助があったようだ。儀助は請願の末尾に「右は小川昌子に替わって書す」と書き添えている。自らの月給を減じてまで女子教育を守ろうとした小川の意気に感ずるところがあったのだろう。

儀助が郡会に提出した議案と思われる「含英校維持法案」も

『草案』にある。条文を見ると、予算の目途が付いたからには小川からの学資献金申し出は断ること、授業料は据え置くこと、不足金は献金で補うこと、裁縫科を設置して本町、土手町（註…ともに弘前市の商業地）から衣服仕立てを低価で引き受け、同科教員の給料に充てること、満一〇歳以上および五級以上の女生徒は必ず含英女小学に入れることなどを提案している。『津軽地方の女子教育』によれば、この後、中津軽郡は一戸当たり年四銭二厘五毛を拠出させ、各小学の女子全員を同校へ転校させており、基本的には儀助の提案に沿った改革がなされたようだ。なお、同校は一三年七月、県立女子師範学校の付属校となり、二カ月後、儀助は女子師範の校長兼務に任命されている。

ところで、儀助個人は女子教育をどう捉えていたのか。二女つる（戸籍上は三女。長女は早世）を女子高等教育の先駆けである東京の跡見学校（跡見学園女子大学の前身）に入学させた。この一事をもっても、答えは明らかであろう。

★5 弘前の女性教師たち 弘前は優れた女性教師が多かった。青森県立女子師範学校教員と兼任の含英女小学校長・小川昌子もその一人。北陸金沢の出身で、結婚した夫が一年もたたずに罪を得て打ち首に処され、針仕事で一家を支えながら学問を身に付けた人である。弘前の後に京都高等女学校で教え、のちに宮内省に召された。

他山師の教え

明治一二年のものとみられる「工藤先生教示録」という儀助の記録が市立弘前図書館にある。工藤先生とは、儒学者工藤主善（号他山）。弘前藩の藩校稽古館から江戸、大阪に遊学したが、帰郷後は不遇で現青森県中泊町や青森市に寺子屋を開いて糊口をしのいだ。幕末に稽古館助教に招かれ、のちに東奥義塾の教授に就く一方、弘前に私塾思斎堂、次いで向陽堂を開き、陸羯南、外交官珍田捨巳ら多くの人材を輩出した。晩年は塾を閉じ『津軽藩史』七巻を編む。儀助は三大区区長事務取扱として久々に弘前へ戻ってから向陽堂の門を叩いた。既に三〇歳を過ぎ、県人行政官のトップ級に至った彼が教えを請うた理由は不明である。

「教示録」の「居官編」は、官吏の使命、誠心誠意従事すること、住民に親切に応対することの大事さを説いている。儀助は「清夜一読、針莚《むしろ》に侍する如く実（に）恐懼《きょうぐ》置く所を知らず。各員に於ても余暇を以て御一読あらば幸甚」との添え書きを付して中津軽郡郡役所内で回覧させている。

以後、儀助は公職にある間、酒をほとんど口にしなくなる。三五年に青森市長の儀助と面談した新聞記者が、夕食後にもかかわらず酒気がないことを問うと、儀助は「師、われに誨《おし》えて曰く、人間は事務を勤める間は酒を飲んではイケナイ。飲みたいなら職務を辞せと。それで私は堅く先師の教えを遵奉し、これまで何処に居っても職掌を執る間は杯を手にせぬと決めております」と答えた（「活人画」）。教える師も厳しいが、守り抜く教え子の意志も堅固。他山は、儀助の生き方に大いに影響を与えた。

儀助が青森県庁で担当した学田募集は、学田を開墾すれば学資金賦課を免除されることもあって、相当の応募があったが、弘前は荒地や遊休地がほとんどなかったためか、一〇年の段階では田畑とも申し込みゼロだった。『弘前市教育史』上巻によれば、「朝陽小学校沿革史」一一年五月の項に、「南溜池跡地の四町三反八歩を数区画に分割して、東奥義塾その他に抽選で分配し、当校は四反九畝二一歩を十カ年期限で借り、開墾に着手した」旨の記録がある。儀助の生家に近い南溜池は現在、弘前大学医学部野球場。元は公有地であり、学田化には郡長の儀助が関与したと思われる。だが、野球場程度の面積の分割貸与では、学資金への貢献度はたかが知れている。ほかの学校の資金も確保しなければならない。

「教示録」は学校維持法について、学田開墾が困難な場合は「一戸一人、老若男女の別なく日曜日に学校に集会し、わら仕事をすること」「一〇歳以上の生徒にも活計の稽古として簡単なわら仕事をさせよ」などと、細かい数字を示して学資金確保策を教え、「堀池などに近い所は鯉やアヒルなどを養うのもよい」と指導している。工夫と努力次第だという教えは、儀助の肌にしっくり合ったと思われる。

儀助は一一年一二月、白銀《しろがね》小学の新築資金として一〇円寄付した。同校は儀助個人にとっても地元の学校である。六年一〇月一日の開校時は一番小学といい、本町の商家（現在の東北電力弘前支店南隣）を借りて校舎とした。翌年二月に上白銀町の現弘前市役所の場所へ移り、白銀小学に改称。校舎は元藩重臣の西舘宇膳邸で広くゆったりしている半面、武家屋敷をそのまま教室に用いたため相当不便だった。そこで、寄付を募り、南隣の本町（現在の弘前税務署と消防署の位置）へ移転新築した。寄付は豪商・金木屋など数百人から八〇〇円余が集まったが、本町など一六町の町費も投入されていることから見て、この新築にも郡長の儀助が関与したはずだ。新校舎は一一年七月に落成し、朝陽《ちょうよう》小学（現弘前市立朝陽小学校）と改称した。儀助は一二月、真新しい校舎で講演し、なぜ教育が必要なのかなどについて熱弁を振るった。

なお、儀助は一四年一一月、郡下小学の優秀生賞与として二〇円を寄付している。

医学校再移転

郡長の儀助が、最も力を注いだ案件の一つが青森県立弘前医学校の再移転問題である。

紛争の種は開学時にあった。明治九年二月二五日の県会で参事塩谷良翰が「弘前会社病院の中に医学校を置き、各大区からの戸課金五千円を学資に充て、県税で補う」と提案。開校に異存は出なかったが、「なぜ弘前という偏った場所か」という質問が集中した。開校地を弘前とした背景には、県庁移転後の弘前の人口減少があった。『弘前市教育史』上巻によれば、弘前は町勢回復に必死で、官庁であれ学校であれ、あらゆるものを誘致し、医学校も猛烈な運動の末に勝ち取った。塩谷参事がなぜか弘前士族とうまが合ったともいわれる。県会の質問に塩谷参事は「弘前に限るわけではないが、人口の多い所が適当である」と答弁し、どうにか可決した。

かくて一〇年三月一日に県立弘前医学校が開校。弘前会社病院は既に解散しており、同年二月一五日開設の公立弘前医学病院の付属校として誕生した。ところが、一一年一一月一日になって、県令山田秀典が「弘前病院附属医学校を青森病院附属医学校と改称する。青森病院敷地内に教場、教室が間もなく落成するから、一二月一日に移転する」という一片の通達によって、青森移転を実行してしまう。あれよという間の強行に、弘前側は当然ながら猛反発する。急先鋒が儀助であった。

小野士格編『弘前市史編纂資料』九（市立弘前図書館所蔵）に、医学校の再移転問題に関する記載がある。署名はないが、筆跡は儀助のもので、「明治十一、十二年の交《みぎり》、一時医学校を青森に移すは一、二の人の私情に出て、正々堂々の論議あるに非らず。故に是を以て青森を本校と見做すは理由を解せざるもの也」

と書いている。一、二の私情とは、山田県令の専断や、その陰にある青森側の工作を指すとみられる。

文書の中で儀助は、「医学校開設は経済のためではないが、地域経済に大いに関係する。医学校の消費額は一年五千円にすぎないが、十年を積めば五万円の巨額となる」旨を率直に述べ、「青森移転は弘前衰退に関わる一大干渉である」と山田県令を非難した。

もう一つ、儀助が医学校の弘前再移転にこだわる理由があった。一三年五月一五日の弘前大火である。後で詳しく紹介するが、千余戸を焼いたこの火事で公立弘前病院も焼失し、被災者の治療をはじめとする医療に非常な困難が生じた。一一年一二月に同病院監督兼務に就任していた儀助は、自ら一五円を差し出し、郡内の豪農・豪商に病院新築費の寄付を求めた。家屋再建や生活復興に大変であるにもかかわらず、弘前の人々は一五〇〇円の浄財を献納し、病院が再建された。懸命に寄付を集めた儀助にしてみれば、この病院を弘前のために生かさぬ訳にはいかない。

医学校の場所に青森よりも弘前の方がふさわしい理由として、①弘前は戸数が多いために学生も多い②官費生は青森に移しても関係ないが私費生は大いに困る③南部の生徒が弘前に来るのも、青森に至るのも一日しか違わず、弘前は物価が安いので損はない④弘前設置は会議の決定に基づく⑤青森移転は県令の失徳を醸す―ことを挙げ、儀助は弘前への再移転を迫った。儀助を中心とする弘前側の攻勢に押され、山田県令は「医学校校長に魚住完治氏を招き、医学校の場所を同氏に委ねる」と表明する。魚住氏は石川県生まれ。弘前出身の海軍軍医佐々木文蔚《ぶんい》（陸羯南の従兄弟）と東京帝大医学部で同期であった。青森に着くや魚住氏は「青森は土地が湿っている。飲料水が悪い。港町で風俗がよろしくない。物価も高い。弘前の方が良い」と答えた。これによって、一三年一〇月七日、医学校の弘前再移転が布達された。

一二年九月二九日の教育令制定により、青森県内には中学が六校開校。弘前中学創立には儀助も一〇円寄付した。弘前には、前年三月に中津軽郡町村連合会から中学教育の委任を受けて開設された東奥義塾中学科もあった。生徒数は弘前中学が一〇六人、東奥義塾中学科が一五五人。他地域では最多の南津軽郡中学でも三三人で、弘前は圧倒的に生徒が多かった。また、青森県立女子師範学校もあった。弘前の標榜する「学都」は、自然に出来上がったのではなく、住民が努力してつくり上げたものであり、儀助もその一翼を担っている。

相次ぐ災厄

明治一〇年、上海から長崎、横浜へ入り込んだコレラが、死者約一万人という全国的大流行となった。一二年にはさらに猛威を振るい、全国の死者一〇万人余に上った。青森県でも数百人が犠牲になったといわれる。一一年末から公立弘前医学病院監督を兼務していた儀助は一二年八月一七日、県から検疫委員長に任命された。儀助が同月二八日、弘前市街地の便所新築に三円六〇銭余を寄付していることや、履歴書に「十三年六月一日、十二年中のコレラ事務勉励で手当三円給与」とあることから、コレラ対策が仕事だったことが分かる。

相次ぐ大流行に、県令山田秀典は一二年七月一二日、「コレラ病予防心得」を発した。未熟な果物は食べないなどの事項も見えるが、井戸の周囲で不潔なものを洗わない、ゴミだめを掃除し便所を洗浄する、飲み水は煮沸する、患者の吐瀉物は検疫委員の指示を受けて消毒を行う―など、現代医学から見ても妥当な対策が並ぶ。だが、県民はまだ伝染病の正体を知らず、「ころり病」と称していたずらに恐怖に震えるばかり。患者が発生すると村中の人々が仕事を放棄して家に閉じこもったり、煙が流れてくるのを恐れて病死者の火葬を拒否したりした。儀助が検疫委員長として働いたのは四カ月間だったが、大変な仕事だったであろうことは容易に想像がつく。この経験が、後年、奄美大島の島司時代に生きることになる。

ところで、『草案』に一一年末の記録と思われる「養育院規則御備に付き願」がある。この文書で儀助は、東京府下の上野養育院がわが地方の人情・時勢に見事に合うとして、同養育院の規則などの写しを取り寄せるよう県に請願した。養育院は五年、大実業家渋沢栄一が上野に開いた慈善施設で、旅行中の病人、貧窮者、孤児などを保護・養育した。それに儀助が着目したのは、金禄公債証書の交付以来、士族没落が著しく、西南戦争によるインフレで米価も高騰していたためだ。自身、一二年一二月、貧民救済に三〇円を寄付している。当時の青森県内は社会不安が急激に膨らんでおり、儀助は右の請願に、水害や干害が起これば悲惨な状況になる―との危惧を記している。予感は別の形で現実のものとなる。弘前大火である。

一三年五月一五日夜一一時過ぎ、元寺町の劇場柾木座から出た火が強風にあおられ、一〇時間以上も燃え続けた。儀助は翌一六日早朝、鶴ケ坂（現青森市）辺りで知らされた。県庁への出張帰り、弘前の人々に便利さを見せようと県庁から借りてきた荷馬車に自ら鞭を振るっていたのだが、大火と聞き即座に荷車を外し、馬に飛び乗った。弘前に駆け付けた時、街の中心部は灰燼に帰していた。小学二校、郵便局、病院などを含む一〇六四戸を焼失、三人焼死という甚大な被害であった。

儀助は焼け出された人々を東奥義塾、亀甲《かめのこう》小学と隣接の倉庫、貞昌寺に収容。被災を免れた土手町、和徳《わとく》町などの豪商六人に依頼し、炊き出しさせた。収容者以外の困窮者にも引換券を渡し、鍛冶町や元寺町などに急設した炊き出し場で食事を配っている。さらに郡役所に指示し、被災者に米、味噌、薪などを支給。縄、むしろなど仮小屋の材料を払い下げ、住宅再建用の材木などを割安で入手できるように手配した。ひと儲けしようと買い占める動きがあったからだ。儀助からの急報に、県令山田秀典はただちに郷田兼徳大書記官を派遣。身寄りのない困窮者向けの仮小屋三棟を学校の焼け跡に建設し、九六世帯を収容した。

儀助はまた、自ら三〇円を拠出し、義援金集めを開始。旧藩主・津軽承昭が二千円を送ってきたのを皮切りに、宮内省、山田県令、郷田大書記官以下の県官一同からも浄財が届いた。金木屋など豪商、豪農たちも先頭に立って県内一円から寄付を募り、義援金は総計七九〇九円余に及んだ。

大火で士族の没落と離散が急加速した。だが、商家は瞬く間に復旧。一年半後の一四年九月、弘前の新しい街並みを明治天皇巡幸の大行列が通る。

天皇巡幸を招致

明治天皇二度目の東北・北海道巡幸は明治一四年七月三〇日から一〇月一一日までの七四日間で挙行された。弘前への初の来駕を実現させたのは儀助だった。

この巡幸は、一度目（九年）の巡幸経路から外れた山形、秋田両県民の招致運動によって実現した。北海道にも渡られることが決まり、当然津軽を経由されるという期待が高まった。ところが、各新聞に「秋田県の船川港から小樽港へ渡航されるようだ」との記事が載る。驚き、落胆した東奥義塾の菊池九郎、青森県議会議長の大道寺繁禎、弘前の豪商・金木屋の武田熊七らが県に経路変更を陳情した。

儀助も猛然と招致に乗りだした。まず、五年に明治天皇の東北巡幸を請願した経験を持つ元弘前藩権大参事・杉山滝江らに相談。要路に請願を出すことを決めた。その請願書「御巡幸の竜駕を津軽地方へ枉《ま》げらるるを請い奉る哀願書」（一四年六月一七日付）が市立弘前図書館の岩見文庫にある。また、一部字句の異なる同題文書の掲載された新聞（紙名不詳）の切り抜きが同図書館の八木橋文庫にある。記事には「左の一篇は出京中、内務卿へ差出されたるものなり」とあり、内務卿松方正義に提出した請願と分かる。

要点は①青森県の人口四七万人のうち三〇万人を津軽五郡が占める②私をはじめ殖産奨励を図っている者どもが天覧の機会を失うことがあれば、津軽人の不幸は千年の遺憾となる—などである。儀助の期待は、巡幸が大火に打ちひしがれた弘前の人々の奮起を促すことにあった。城下町弘前は急速に衰退し、特に士族の大方は就産の当てもなく、赤貧洗うが如し。その中で殖産に立ち上がった士族もいた。儀助と同じ在府町の人で、養蚕に取り組んだ山野茂樹、廃絶寸前の弘前の漆器を再興して「津軽塗」と名付けた山田浩蔵らである。儀助自身も洋式牧場の開設に向け、一〇年九月に大道寺と常盤野（現弘前市）を視察。一四年一月には社員募集を開始し、政府に起業補助金拝借願いを提出していた。緒に就いたばかりの弘前士族の殖産事業をなんとか勢いづけたいという思いが、儀助にはあった。

根拠は示していないが、横山武夫著『笹森儀助の人と生涯』は、「品川弥二郎に依頼し山県有朋参議等要路の大官に弘前方面への御巡幸を請願した」と書いている。品川は当時、内商務少輔である。

弘前の郷土史・リンゴ史研究家斎藤康司氏によれば、『佐々木高行日記』に、儀助が上京し、佐々木にも招致への協力を依頼したことが記されている。佐々木は当時、元老院議官。政府内では傍流だったが、明治天皇の信頼は厚かった。儀助は前年の一三年一月、天皇の命により東北を巡視中の佐々木に幾度も面会し、殖産興業の重要性を説かれた。巡幸の請願成就も佐々木からの内密の書状で知らされ、儀助は一四年六月二一日、滞在先の「京橋区南紺屋町板橋啓次郎方」から、弘前へ「電報の件成れり、その手配あれ」と電報を打つ。県庁から弘前への正式決定の報は、七月四日になってからである。

かくてご来県が実現。明治天皇は随行員三五〇人を従えて同年八月二三日に三戸に至り、八戸、三本木（十和田市）、野辺地、青森を経て二九日に函館へ。九月七日に青森に戻り、翌日弘前に向かう。儀助は黒石から弘前病院長、警部長らと人力車で行列に従った。残暑厳しいこの日、家々は日章旗と提灯を掲げ、人々は沿道にござを敷いてお迎えした。若く颯爽とした明治天皇の姿を目にし、東北の片田舎の人々は皇国日本の一員であることを初めて実感したことだろう。

『弘前市教育史』上巻は、「道路交通、通信、その他各般の面で集中的に整備された事も見逃し得ないところであった。これを機に、みちのくの奥のこの地方に文明開化の風が一段とふきこんだこともたしかであった」と総括している。

九月九日、儀助は弘前町民総代の大道寺とともに行在所で拝謁を許された。弘前大火から一年半足らず。復興と巡幸準備に心血を注いだ儀助は、大火見舞いの五〇〇〇円ご下賜にお礼を申し上げる機会を得た。後日、儀助は佐々木に「閣下の御執成《とりなし》により生涯の面目を得た」との感謝の書状を送っている。

★6　弘前での明治天皇　明治一四年の巡幸で明治天皇は弘前滞在中、雅楽やネプタ運行を楽しまれた。行在所は本町の豪商金木屋邸。当主武田清七は二カ月の突貫工事で本宅の上に土台を張って宮殿造りの楼を建てた。新築や調度に要した費用は六八〇〇円。郡長儀助の月給が三〇円の時代である。行在所は愛宕山橋雲寺（現弘前市）に護摩堂として寄進され、現存する。

「弘前事件」勃発

天皇巡幸の熱冷めやらぬ明治一四年秋、儀助に転機が訪れる。同年から翌年にかけ、青森県内のいわゆる保守派と進歩派が衝突した「弘前事件」である。「弘前紛紜事件」とも呼ばれる。政府や津軽家も巻き込み、各方面に多大な影響を与えた。

一四年一〇月二八日、県令山田秀典が県内有力政治家を青森の大書記官郷田兼徳宅に集めた。参集者は儀助をはじめとする津軽地方の各郡長、県議会議長の大道寺繁禎、東奥義塾を母体とする自由民権派結社・共同会の菊池九郎、本多庸一、石岡周右衛門らである。一同に山田県令が「二三年に国会を開く勅諭が発せられた。国会議員になるには相当の財産と知識が必要であり、学校教育を盛んにし、産業も興さねばならない。弘前は県下一の都会で士族も多く、一県の精神となる所である。諸君は皆弘前の有志であるから、速やかな団結を忠告する」と訓示し、郷田大書記官も団結の必要を力説。各人が意見を述べ、結局、大同団結を図ることに決した。

翌二九日は北津軽郡郡長・工藤行幹《ゆきもと》の旅寓に会し、団結を再確認。全員を発起人として同志を募ることとし、本多が筆を執って「勅諭に奉答して政治思想を渙発せしむ」「学校を盛んにして智識を拡充す」「産業を盛んにして国本を固うす」の三カ条から成る趣意書を作成した。

ところが同志募集を行動に移す前の一一月一四日、儀助が突如、山田県令に辞表を提出する。翌一五日には大道寺も県議会に辞表を出し、本多に「到底団結に従事し難い。発起人から除いてほしい」との書状を残して上京。儀助は辞表を出したその足で中津軽郡郡役所に戻り、吏員を集めて辞任理由を説明し、事務引き継ぎ準備を指示すると、在府町の自宅にこもってしまう。

慌てた山田県令は一六日にすぐ弘前へ向かい、県官吏を儀助宅へ差し向けた。翌日さらに弘前の豪商数人に説得を依頼し、夜にはまた官吏を訪問させたが、儀助は固く門を閉ざして全ての面会を拒絶。山田は困り果て、郡官吏を遣わして儀助にどうにか辞表を返し、「結社の手続きをしたのは私の趣意と食い違っている」と、誤解である旨を伝えた。儀助の目の前で大同団結を説いたのはほかならぬ山田県令である。儀助は納得せず、逆に県令を厳しく批判する書状を送った。

青森に戻った山田県令は二〇日、正式に辞表を却下したが、儀助は翌日再び辞表を提出。山田県令はついにあきらめ、二七日付で儀助を依願免職とし、後任に共同会会員の東津軽郡郡長・館山漸之進を据えて、その後には菊池九郎を任命。自らは地方官会議のために上京した。

儀助の辞意は固かった。だが、彼を慕い、反共同会の指導者として必要としていた郡吏員たちは、菊池楯衛を中心に館山新郡長排斥・儀助復帰運動を起こし、一斉辞職する。なお、楯衛は函館近郊の七重勧業試験場でリンゴの接ぎ木、育苗法を習得して帰った人で、のちに「青森リンゴの始祖」と呼ばれる。

残った郡吏員はわずか三人だった。館山は共同会会員を郡役所に採用して穴埋めしたが、これが反館山の火に油を注ぐ。儀助復帰運動はさらに加熱し、上京して政府に山田県令罷免を要求する者もいた。

山田県令は政府の厳しい糾弾に遭う。心労のためか、年明けの一月六日に東京の宿舎で急死する。自殺説も流れた。かつて儀助が「天下の難県」と嘆いた青森県にあって、山田は在任五年五カ月に及んだ。一三年に東北を巡視した佐々木高行が「県令山田秀典、この県に赴任し、始めて真正の県治を布くが如し」と復命書に書いたように、実績の多い人なのだが、最期はあっけなかった。

山田の死後、郷田大書記官が県令に昇格する。郷田は儀助の辞任以降、反共同会側へすり寄っていた。菊池九郎と館山は郡長を辞任。県政を制覇しかけた共同会は一掃されたが、それで終幕ではなかった。

★7　菊池九郎と東奥義塾　菊池九郎は明治二年、藩命により慶応義塾へ入学し、自由・進歩、私学の必要性を痛感。二年後に鹿児島留学から帰って藩校の後身・弘前漢英学校の幹事となり、翌五年、藩校存続のため吉川泰次郎、兼松成言らと私学を設立。慶応義塾にちなみ東奥義塾と名付け、自ら幹事となった。開学式は六年二月。東北で唯一、外国人教師を招き、高水準の教育を行った。菊池は八年、津軽家から毎年三千円の寄付を取り付け、経営も安定した。

共同会に距離

「弘前事件」は民権派と、儀助、大道寺繁禎ら保守派の衝突であるとされてきた。それまでの進歩的で民権派的な儀助の姿からすれば、戸惑いを禁じ得ないものがある。

下北の区長時代に儀助が一般民選を率先して実施するなど極めて民権的な行政運営をした背景には、東

東奥義塾の教師と生徒。右端が菊池九郎、左端が本多庸一（明治９年、東奥義塾高校蔵）

奥義塾関係者との親密さがあったと思われる。同じ在府町生まれの本多庸一からは聖書の講義を受けた。一一年九月の蔵書目録には聖書『旧約全書』『新訳全書』が見える。また、東奥義塾関係者からしか得られないような西欧の政治思想、制度も知っていた。儀助ばかりではない。東奥義塾の基礎を築いた宣教師ジョン・イングが九年、殖産興業の可能性を探るために県内の鉱山を視察した際には、大道寺やのちに儀助の下で農牧社社員として働く長尾介一郎らが帯同している。東奥義塾の人々も弘前士族中の重要人物となった儀助を重んじた。菊池九郎は一二年一〇月、儀助とともに農牧社開設に向けて函館近郊の七重勧業試験場を視察。「弘前事件」直前までは農牧社開設へ同一歩調をとった。

弘前士族にとって東奥義塾は藩校稽古館の後身、津軽家の学校である。東奥義塾が地域の開化や殖産興業に指導的役割を果たすことはごく自然なことであり、儀助が反感を抱くようなことではない。そうした良好な関係にどこかでズレが生じた。

青森県の近代史に詳しい上越教育大の河西英通助教授は、共同会の複雑さも「弘前事件」に影響したとみる。共同会は一三年春創設の前期共同会と、一四年春からの後期共同会に分けられ、前期共同会は結成時の檄文によれば「宜しく愛国の心情を発達し、自由の精神を燿揮し、以て国会を開設」することを目的とした自由民権派組織だった。

しかし菊池は、儀助と一緒に行動したように士族授産にも心を砕いており、共同会の主義を広げて地域振興全般をカバーする総合結社へ再編しようとした。これが後期共同会。当時青森にあった反官的新聞で、のちの「東奥日報」につながる「青森新聞」は後期共同会を「東奥共同会」の名称で呼んでいる。同会には生産・法律・演説の三科が設けられた。儀助が「弘前事件」の経緯を記した『雑綴』所収文書には「書生会にては佳《よろし》からざるに付、大道寺君を社長に仰がんと再三依頼すれども聞かず」とある。同様の記述は、津軽家から事件の真相を詰問された本多の答申書にもある。後期共同会は大道寺と儀助を引き入れようとしたのである。だが、二人の入会は最終的には実現しなかった。

河西助教授は「一四年六月四、六、八日付の『青森新聞』は東奥共同会の主義として、国権と民権の両方を挙げている。しかし、実態は前期共同会と同様に民権結社的色彩が濃く、いわゆる保守派は抜けていかざるを得なかった。これが『弘前事件』の本質の一つだろう」と分析する。

翻意を促す山田県令に対し、儀助が送った書状（一四年一一月一七日付）の控え（『雑綴』所収）がそれを裏付ける。「在来の共同社は純粋の民権論者にして既に社名を以て奥羽七州同盟社員と往復致し候体に付、右等の者へ官吏の身分を以て交通致しては少しく朝廷の嫌疑をも会釈し、且つ官吏等の身を以てするは真正の民権社を組織するの難《かた》きを悟り、故に該社には知己友人も多く有之候得共《そうらえども》謹んで交通不通なり」。儀助から見れば、後期の共同会もやはり純粋な民権結社だった。

儀助は後期共同会設立に際し、官吏の入会の是非について、山田県令に伺いを立ててもいる。津軽家への本多の答申書によれば、県令は「法律を犯し政談等に従事せざる以上は自由たるべき」としながら、「加入する者は事由を具上すべし」という別の内訓を添えており、実質的には加入を抑止した。その山田県令が、「弘前事件」直前の同年一〇月、共同会会員の館山漸之進を東津軽郡郡長に任命したことが、儀助の目には変節に映った。

儀助の書状からは「朝廷の嫌疑」を恐れていたことも分かる。自ら懸命に運動して実現させた天皇弘前行幸から二カ月足らず。儀助の皇室主義が高揚しているときに、山田は共同会と儀助らの融合を図った。最悪のタイミングである。しかし、山田県令にも理はあった。維新以前からの弘前士族の派閥抗争がいまだに尾を引き、県勢発展の大障害になっていたのだ。ましてや山田県令は、六大区区長当時からの儀助の民権派ぶりをよく知っていた。あの儀助ならば大同団結も可能だろうと山田が判断したとしても不思議はない。だが、時代は「民権派」の意義を大きく変化させていた。

★8　東奥義塾と共同会　東奥義塾は、慶応義塾で学んだ菊池九郎らの方針で英学と政治学を重視した。明治七年一二月に招いた米国人宣教師ジョン・イングは民主的代議政治の重要性を説いた。神の前に人間は平等だとするキリスト教的世界観は、民権思想と通ずるものがあり、教師や生徒に深い印象を与えた。八年、一七歳の生徒工藤覚蔵（他山の子、のちの外崎覚）がいち早く国会開設の建白書を提出する。また、自由民権運動の高揚期を迎えた一三年には、菊池と本多庸一が共同会を結成。学校に悪影響のないよう別組織としたが、実態は東奥義塾が拠点で、義塾党とも呼ばれた。

民権運動に疑問

儀助が東奥義塾の菊池九郎、本多庸一ら自由民権派と袂を分かつに至った背景について、東京経済大の有山輝雄教授は、陸羯南の影響が大きいのではないかとみる。

羯南は本名・中田実。藩の御茶道格・中田謙齋の長男として、儀助と同じ在府町に生まれた。叔父の中田謙三は儀助の幼なじみである。羯南が、同級生のいたずらの処罰をめぐり、司法省法学校の校長と対立して一歩も引かず、原敬らとともに放校に処され、帰県したのは明治一二年の春だった。秋には編集長として「青森新聞」に身を寄せる。同紙は同年三月六日創刊の反官的論調の新聞で、一四年三月には菊池が東奥義塾の運営資金を確保するために経営権を得るが、羯南の入社はその前である。入社数カ月後、学校建設費に関わる記事（一三年四月二二日付）が罰金一〇円に処されるなど、羯南は何度も讒謗《ざんぼう》律違反に問われる。当時、反官的新聞への弾圧は厳しく、新聞紙条例や讒謗律で処罰を受けることはざら。二〇歳過ぎの羯南が編集長に据えられたのも、実際の経営者に刑罰が及ぶのを避けるためだったとされる。

羯南は本多、菊池らが同年三月二七日、青森の蓮華寺で可決した国会開設建白書の起草委員二一人に加わっている。羯南は、国会の必要性は認めていたが、青森県内で国会開設運動、自由民権運動が高揚するに従い、その在り方に疑問を抱く。のちに羯南は、板垣退助や中江兆民の自由民権思想を「観念的である」

と痛烈に批判する。儀助もまた、宛て先不明書簡の草稿（『雑綴』所収）で、国会開設は大事だがまず足元の国民生活から固めるべきだとの見解を述べており、相通ずる視線が感じられる。

羯南は同年九月、「青森新聞」を去る。もともと生活のための入社で、居心地がよくなかった。内務省勧業局の紋鼈製糖所（現北海道伊達市）に入った羯南は、木こり一〇〇人雇い入れの斡旋を依頼する書簡（一四年一月一九日付）を儀助に送る。「在郷中は万端御厄介に相成り、御蔭を以て碌々と座食罷在《まかりあり》」とある。将来展望を持てず、経済的にも苦しい状況にあった若き羯南を、儀助はあれこれ支援したようだ。

後年、羯南は新聞「日本」を創刊し、明治期を代表する言論人となり、一方の儀助は実践者としての道を歩むが、二人には大きな共通点がある。新聞「日本」は政府批判によって八年間に三〇回、計二三〇日もの発行停止処分を受けるが、羯南はいささかもひるまなかった。儀助もまた「弘前事件」に見る通り、比類のない強情ぶり。二人とも、こうと決めたらてこでも動かない、津軽弁で言うところの〝じょっぱり〟の典型であった。

革命的色彩を懸念

明治一〇年九月二四日、西郷隆盛の自決によって西南戦争が終結。以後、不平士族の集団的武力闘争は影を潜め、戊辰戦争から間断なく起きた藩閥政治・官僚専制への攻撃は政治闘争へと様相を変えていく。民権派的だった儀助が、保守色を強めていく過程は、ちょうど、この政治情勢の変化と重なる。

板垣退助らの「民撰議院設立建白書」によって産声を上げた自由民権運動は、西南戦争で竹馬の友西郷を葬り去って全権を掌握した大久保利通の強権政治に矛先を向ける。東京・紀尾井町で大久保が暴漢六人に刺殺されたのは一一年五月一四日の早朝。主犯格の島田一郎は、板垣の民権運動に共鳴し、愛国社第一回会合（八年）に参加しており、大久保を「公議を途絶し、民権を抑圧し、政治を私す」と糾弾する犯行声明を所持していた。

板垣の参議復帰などでいったん自然消滅した愛国社が一一年九月に再興され、一三年三月の第四回大会で「国会期成同盟」と名称を変えると自由民権運動は燎原の火のごとく全国へ広がっていく。東奥義塾の菊池九郎、本多庸一らは同年春、前期共同会を結成。一一月に東京で開かれた第二回国会期成同盟大会に菊池が青森県から初めて出席した。全体の参加者は二府二二県の同盟員一三万余人の代表六一四人に及んだ。橋本正信は「青森県の自由民権運動―弘前地方を中心に」（弘前大学『国史研究』第三三号所収）において、この大会をもって「民権運動は平民運動へと傾斜し革命的色彩を帯びてきた」と指摘する。

自由民権運動の過激化を危ぶむ政府は、同年四月五日に「集会条例」を制定し、弾圧を強めていった。郡長という官職にあった儀助が、国会の必要性を認めながらも、共同会入会の可否について県令山田秀典に伺いを立てたのも当然であろう。

儀助は一四年一一月二〇日付の宛先不明書簡の草稿に、「皇室の御為なる政略何の点にある、万一誤て吾が輩○○（二文字不明）県令を補《たす》けば、遂には仏国の転覆を鏡に照らす如し」と書いている。自由民権運動に官吏が手を貸せば、フランス革命の様相になりかねないというのである。このころ儀助は既に牧場開設の準備を着々と進めていた。窮士族であふれ返る今は、維新期の混乱に戻るより、国の安定を図り、士族授産の実務を進めて民力を高めることが先決だと儀助は確信していた。

　東北の自由民権運動家としては福島県の河野広中がよく知られる。愛国社再興を主導した河野が一三年一二月に開いた東北連合会には、青森県からだけ参加がなく、同年一一月の会合にようやく菊池が出席した。だが、工藤覚蔵（のちの外崎覚）が八年に国会開設を建白したように、青森県は決して後発ではない。また本多、菊池らの活動は地域の力で独自の運動を展開したという点において特筆すべきものがあった。ちなみに、徳富蘇峰は本多を河野、盛岡の鈴木舎定とともに民権家「東北の三傑」に挙げている（岡田哲蔵著『本多庸一伝』）。

明治10年ごろに洗礼を受けた弘前の婦人たち（東奥日報蔵）

　青森県内では同年中に政治結社が続々と誕生した。日本ハリストス正教会の源晟、関春茂らを中心に結成された八戸の暢伸社（のちの土曜会）を除けば、いずれも共同会に刺激を受けて生まれた津軽地方の結社である。『青森県史』資料編・近現代1によれば、一三年から一五年にかけて県内で開かれた政談演説会七五件のうち、実に七一件は弘前警察署管内で開かれた。すなわち、青森県内の自由民権運動の主戦場は弘前であった。
　県令山田秀典が儀助ら県内の有力政治家を集めて大同団結を促した一四年一〇月二八日は、東京で国会期成同盟を母体に自由党が結成される前日だった。「弘前事件」が国内、県内とも自由民権運動が最高潮に達しようという中で起きた以上、儀助の意図がどうあれ、重大な結果を招かずにはおかなかった。

中央高官の介入

秋永芳郎著『東奥の炬火　菊池九郎伝』は「行政の末端につらなる県議会議長の大道寺繁禎、中津軽郡長笹森儀助、同書記菊池楯衛の一派と、その末端にさえ連なることの出来なかったかつての上士に属する不平士族があった」と指摘する。だが、義塾派を左派とすれば、不平士族は右派で、大道寺、笹森らはその中間的存在であった。周囲はそういうふうに客観視はしなかった。郡吏員の八、九割を占める反民権勢力は大道寺と儀助を指導者とみなし、世間も「大道寺・笹森党」と称した。本多庸一は津軽家の詰問に対する答申書（明治一五年三月）の中で、大道寺と儀助について「県庁属官の弘前より撰挙せらるる者、大概二子の推挙なり。故に二子の威望甚だ高く、恰《あたか》も弘前人民と県庁との間にある関門の如くなりき」との噂を書いている。一方、山田登一派は、九年の山田死去以後も、東奥義塾を支える津軽家の家政運営に不満を抱き続けていた。「弘前事件」は、彼らにとって絶好の反撃機となった。

それらを背景とした、儀助と大道寺辞職後の「弘前事件」の展開について、河西英通著『近代日本の地域思想』に沿って述べる。

一五年一月六日に県令山田秀典が急逝し、書記官郷田兼徳が後任に就くと、菊池らは辞任に追い込まれ、共同会は失勢したかに見えた。ところが同年三月、大道寺辞職に伴う中津軽郡の県議補選で共同会員の寺井純司が当選。一〇月の県議改選においても、中津軽郡では改選定員四人のうち三人を本多、菊池、館山漸之進の共同会員が占めた。危機感を募らせた反民権派＝山田一派は東奥義塾批判を強め、同年九、一〇月に津軽家に請願書を提出。東奥義塾の法学科設置、家令西舘孤清による津軽家の家政運営を非難した。山田の影響を強く受けた川越石太郎（儀助が郡長当時の郡筆生）や七戸仲行も津軽家の家政改革を要求。西舘の養嫡子・武雄が本多庸一の弟だから西舘が義塾に便宜を図っていると中傷する者までいた。

津軽家が東奥義塾に毎年資金援助していることは、反民権派に攻撃の口実を与えたばかりか、さらに重大な危険も招いた。華族として新国家の体制に組み込まれた旧藩主家が民権派に寛容なことに、政府の憂慮が急速に膨らんでいたのである。

辞任直後に上京した大道寺や、儀助復帰を求める元郡官吏らによって、「弘前事件」の経過は政府にも知らされていた。また、儀助も天皇巡幸の請願や、農牧社の開設準備などの過程で中央政官界とのパイプが太くなり、彼自身や一四年に再上京した羯南を通じても、情報は要路に届いていた。

自由民権運動の台頭に強い危機感を抱く右大臣岩倉具視や、元老院議官の海江田信義らが、津軽家家政に介入してきた。公卿出身の岩倉は幕末期、近衛家と細川家を通じ弘前藩の奥羽越列藩同盟脱退を斡旋した経緯があった。海江田は近衛家顧問でもある。近衛家は津軽家の宗家であり、最後の弘前藩主津軽承昭《つぐあきら》の正妻尹子《ただこ》も近衛家の出。尹子の甥が承昭の養子英麿《ふさまろ》である。

海江田は種々の建白書を著し、徹底した民権運動弾圧を政府に求めていた。「弘前事件」の起きた一四年の一一月には、『真政大意』など加藤弘之の著作を絶版に追い込んでいる。津軽家には事件発生直後から大道寺や菊池楯衛らが頻繁に参邸して陳情を繰り返し、津軽家も一五年二月、やむなく調査に乗り出した。本多から津軽家への答申書を手にした岩倉は、同年四月二四日、津軽家家扶（家令に次ぐ職）の神《じん》盛苗を呼び出し、今後注意するよう厳しく言い渡した。海江田は、同年一〇月二一日に長岡護美とともに津軽家を訪れ、義塾への援助金打ち切り、西舘の辞職を要求したのを皮切りに執拗な家政干渉に出る。

「弘前事件」の意義

河西英通著『近代日本の地域思想』は、津軽家家扶の『桜庭太次馬日記』の「弘前事件」関係部分に、津軽家と縁戚関係にある近衛家、細川家、醍醐家をはじめ、太政大臣三条実美、大蔵卿松方正義、参議兼工部卿佐々木高行、農商務大輔品川弥二郎、元老院議官渡辺洪基や板垣退助、大隈重信らの名前が登場していることを指摘している。さらに明治一五年一〇月以降、近衛家顧問の海江田信義、旧熊本藩主の弟・長岡護美が津軽家の家政に介入。家令西舘孤清の解任、東奥義塾の処分を強硬に求めた。『津軽承昭公伝』によれば、政府は「恰《あたか》も孤清は義塾を根拠として自由党の勢を張らんとする如く」見ており、海江田らは政府の意向を受け、華族（旧藩主家）と自由民権運動の結びつきを一掃しようと、両者の結節点である東奥義塾の解体を狙ったのである。

津軽家の家職内でも対応の意見は割れた。西舘は引退を渋ったが、このままでは東奥義塾が廃校に至るとの桜庭らの説得により、同年一〇月三一日、ついに辞表を提出した。

海江田らは追及の手を緩めず、一二月三日の海江田、長岡、新県令郷田兼徳の三者会談で、東奥義塾を私立から県立へ移管すべしとの結論に達する。だが、菊池九郎の猛抗議に、海江田らも折れ、津軽家からの年三千円の補助を打ち切る代わりに一万円の一時金を支給することで決着。私学としての東奥義塾の廃校は瀬戸際で回避された。その際、菊池は津軽家への誓約書を持参した。具体的内容は判明していないが、義塾における政治活動を自粛するという趣旨であったと推測できる。北原かな子著『洋学受容と地方の近代』によれば、菊池は事件後、先鋭的な民権運動家だった塾生石郷岡文吉（のちの弘前市長）らに言論を禁じたばかりか、ついには任意退学させているからだ。

東奥義塾は存続したものの、海江田らは津軽家と義塾の関係断絶、義塾からの自由民権運動の排除には成功したことになる。それはまた、華族の津軽家が民権運動を擁護する―という図式が清算されたことも意味する。津軽家は非民権派へと〝転向〟を余儀なくされた。これこそが、「弘前事件」の最も重大な結果であった。

津軽家ばかりではない。長岡は雑誌で民権論を唱え、慶応義塾関係者によって設立された交詢社の副会頭も務め、民権華族ともいうべき一群の中にいたのだが、「弘前事件」においては明らかに反民権であった。河西氏は『近代日本の地域思想』で、「長岡も転向したと言わざるを得ない」と指摘する。明治政府は、廃藩置県によって新体制の軸に取り込んだはずの旧藩主＝華族が、反政府の軸となるのを断固阻止する必要があった。「弘前事件」は、「近代天皇制国家への忠誠にかかわる象徴的事件」（河西氏）だった。

弘前藩が菊池、本多らを国内留学させ、維新後に東奥義塾を支援したのも、東奥義塾が米国人宣教師を雇い入れ、自由民権運動に力を注いだのも、全ては東北の片田舎であるがゆえの、後進性からの脱却が狙いだった。一方、儀助は皇室、新政府からにらまれることで弘前が後進地域のまま取り残されることを恐れ、民権派との合同を拒否した。ともに郷土の生き残りをかけた行動であり、どちらが正しいかという設問は適当ではあるまい。

★9　津軽家の家政改革　幕末以前からの士族抗争を引きずる津軽家の家政問題は、「弘前事件」に伴う家令西舘孤清辞職によって決着したかに見えたが、西舘引退は表面上だけで家政に隠然たる影響力を持ち続けたらしい。このためか邸内のごたごたは続き、明治二〇年二月には殺人事件まで発生し、三八年の津軽英麿による本格改革まで問題は続いた。なお、同年の家政改革の際、儀助は英麿から相談を受けている。

事件の演出者は？

「弘前事件」に深くかかわった人物が、ほかにも何人かいる。一人は斎藤元三郎。青森の「陸奥日報」記者で、のちの明治三〇年代には地元新聞二社の総代を務める。早くから儀助の信奉者だったらしく、県令と民権派を批判し、激励の書状を儀助に送った。この斎藤を通じ、郷田兼徳は事件発生以来、儀助と書面を往復させていた。郷田は鹿児島出身。六年に青森県庁に赴任し、一三年に大書記官（副知事に相当）へ昇進したが、「策略家」「姑息」など当時の評判はあまり芳しくない。

郷土史家の斎藤康司氏は東奥日報に連載した「明治14年の笹森儀助」（昭和六〇年）の中で、「中央政情に明るい人物の扇動教唆がなくてどうして（儀助が）県令に背くことができるだろうか」と疑問を呈し、首謀者は郷田だと名指しした。傍証として、事件の一年以上前の一三年三月、郷田が県属日下鉄字に「ある老人が『郷田を県令にせよ』と佐々木高行議官に推薦したため、議官が自分を疑っている」などと妙な話をしたことなどを挙げている。郷田は事件発生後、儀助や県議会議長の大道寺繁禎と連絡を取る一方で、政府高官らに「県令党は僕を退けようとしている」と、被害者のそぶりで盛んに報告をしていた。儀助が郡長辞職というやや極端な行動に出た訳も、県令を失脚させるよう郷田が陰謀を巡らし、儀助を扇動したとすれば合点がいく。

佐々木高行も事件に影響を与えた。

色川大吉著『近代国家の出発』によれば、明治天皇の巡幸経路は自由民権運動の強い所に重点が置かれた。巡幸の発案者はおそらく大久保利通であり、大久保暗殺後は、大久保体制崩壊の危機を天皇親政の実を上げることで切り抜けようとしたグループ（リーダーが佐々木）と、明治政府の威厳と決意を地方人民に披瀝しようとした参議たち（藩閥）が手を組んで大巡幸を実現した。

佐々木は一三年一月初旬から二月にかけて民情視察のため北東北四県を巡ったが、巡幸先選定の調査という使命もあった。巡幸先から漏れ、経路変更活動を展開して弘前巡幸を実現したのが儀助であり、最大の協力者が佐々木だった。この巡幸によって儀助の皇室主義が高まり、「弘前事件」で自由民権派と衝突したことを考えると、天皇巡幸を反民権運動に活用しようとした佐々木や藩閥政府の狙いは、結果として的中したことになる。

さて、佐々木が儀助と初めて会ったのは、右の民情視察の時で、青森県内滞在中に四回面会している。最初の一月一三日、青森の宿泊先を訪ねた儀助と大道寺に、佐々木は次のように殖産興業を促した。

「弘前は七千余戸の都邑《とゆう》にして、三千余戸の士族あり。而して一も見るべき実業に着手するものあらざるが如し。（中略）宜しく実業に着手するの奨励をなすべし。率先者には政府も応分の世話あるべし」

儀助が牧場開設を思い立ったのはこの時ではなく、一〇年九月には既に大道寺とともに常盤野（現弘前市）を訪れ、牧場計画を話し合っている。しかし、天皇側近である佐々木の「政府も世話する」という一言は大いに勇気を与え、計画実行へ背中を押したはずだ。儀助と大道寺は数カ月のうちに、土地拝借願の提出など牧場開設の実務に着手する。そこに「弘前事件」が起きた。同事件による儀助の郡長辞任はさまざまな見方ができるが、儀助の関心が殖産興業の実践に移り官吏にとどまる気が失せていたという点も多くの研究者が指摘している。儀助を牧場経営へと踏み出させたという意味でも、佐々木は「弘前事件」のキーマンであった。

なお、「明治14年の笹森儀助」は、一五歳年長の佐々木が儀助への書簡に「笹森雅兄」「笹森老兄」と尊称を付けていることも指摘している。

第二章　農牧社時代

道南視察と周到な準備

中津軽郡郡長を辞して半年、儀助は岩木山西麓の常盤野（現弘前市）一帯の高原に洋式牧場を開いた。三七歳にしての一大転身である。だが、郡長辞職後の身の振り方として牧場経営を思いついたのではない。五年も前から計画を練っていた。自身の残した創業からの記録『農牧社沿革記事』（以下『沿革記事』と略す）に沿って、まず周到な準備ぶりを見てみる。

明治一〇年九月、儀助は大道寺繁禎とともに常盤野を訪れ、地元の長老柴田長兵衛、その親戚の柴田福次郎らと地形を見て歩き、大農場設立の相談を巡らした。そこは元和元（一六一五）年に津軽信枚《のぶひら》公が創設した弘前藩の馬牧場のあった所で、良馬を産したが天明の大飢饉で廃場。文化年間（一八〇四―一八年）に再興されたものの、天保の飢饉で再び廃場になった。儀助と大道寺は荒れるに任せていた藩牧場跡に目を付けたのである。

案内した柴田長兵衛は近くの湯段《ゆだん》で温泉宿を営んでいた。賤ケ岳の戦いで自刃した柴田勝家の子孫が岩木町賀田（現弘前市）に落ち延び、享保九（一七二四）年、岩木山麓に温泉を発見して同地に移住したと伝わる。代々長兵衛を名乗り、藩の牧頭も務めた。長男元太郎（のちに長兵衛を襲名）はまだ弘前中学の生徒だったが、卒業すると儀助が郡役所の筆生見習に取り立てた。農牧社開業時には社員として招き入れ、開業二年後に長女じゅん（順。戸籍上は二女。長女は早世）を嫁がせる。よほど人物を見込んだのだろう。余談になるが、湯段温泉は秘湯、津軽農民の湯治場として根強い人気があり、儀助の曾孫の手により今も同じ場所で営まれている。

さて、儀助は一二年一〇月、郡書記の長尾介一郎、東奥義塾の菊池九郎、父方の甥中畑清八郎らと津軽海峡対岸の函館へ出かけ、物産会社を視察。現七飯町にある開拓使七重勧業試験場に足を運んで場内を一覧し、湯地定基場長に自費農学伝習生として中畑の受け入れを依頼した。さらに菊池らと別れて単身、有珠郡紋鼈村（現伊達市）に向かい、開拓の沿革、実績などの詳細を聞き、多くの資料を入手した。

帰着後の一二月二八日、儀助は再び常盤野に赴き、最低気温、降雪・積雪量、水脈、薪炭運搬の便利、雪道往来の難易など生活上の必要事項を一カ月にわたって調査。年が明けると、計画通り中畑を七重勧業試験場に入れた。元老院議官佐々木高行が弘前を訪れ、儀助と大道寺に殖産興業を説諭したのはこのころである。佐々木の督励を受け、儀助らは大規模牧場開業に不可欠な公的支援を取り付けるための行動を開始する。

七月一三日には大道寺、菊池、芹川高正（後の青森市長芹川得一の父）の連署で県令山田秀典に土地拝借を願い出た。願書の「農牧社創立致度官地所拝借願」「岩木山上地拝借願」、付属図「岩木山神社境外地牧場絵図面」が市立弘前図書館に残されている。一〇月、常盤野を視察した山田県令が牧場開業に賛成し、翌月には農商務省勧業局員による実地調査が行われて土地貸し下げに見通しが立った。そこで儀助は長尾らと結社規約を制定し、一四年二月、中津軽郡郡役所、各町村有志を通じて農牧社入社の勧誘を開始。同時に儀助と大道寺の連署による起業補助金四万五千円の拝借願を政府に提出した。

その後、儀助は明治天皇の弘前巡幸誘致などのために上京。六月までの滞在中、農牧社開業資金について右大臣岩倉具視らに陳情を重ねる一方、下総種畜場（千葉県）に二回、計一〇日余り滞在して昼は農場を見学し、夜は事務管理規則などを書き写した。品川弥二郎農商務大輔からは「願書すでに本省の議を経て太政官に上申せり。帰県して命を俟《ま》つべし」との色良い知らせも届いた。だが、正式通知はなかなか来なかった。同年九月に天皇巡幸が実現し、儀助は受け入れなどで多忙を極め、時間は瞬く間に経過。そうこうするうちに「弘前事件」が勃発し、儀助は同年一一月二五日に郡長を辞任する。開業資金一万八千円の貸与が決まったのは年が明けた一五年の二月一八日。二〇日には用地拝借の許可も下りた。

★10　七重勧業試験場　通称・七重官園。慶応三（一八六七）年、箱館奉行がプロシア国副領事の兄R・ガルトネルに農業指導を依頼したが、箱館戦争の混乱で開墾地が千《ヘクタル》の租借にすり替えられて外交問題に発展。政府は明治三年、六万二五〇〇《ドル》を払って土地を買い戻し、七重開墾場と改めた。以後、エドウィン・ダンやクラーク博士も指導に当たり、二七年の廃止まで一一回も名称を変えつつ、畜産、畑作、果樹、養蚕など北海道農業の発展に大きく貢献した。

和魂洋農

儀助が北海道南部、噴火湾沿いにある有珠郡紋鼈村（現伊達市）の開拓を丹念に調べたのには訳があった。

同地では、戊辰戦争で実質的な取り潰しに遭った旧仙台藩亘理領二万三千石の領主・伊達邦成ら主従が挙げて自費移住し、活計の道を開きつつあった。儀助の志も相通ずるところがあったのである。

弘前藩は戊辰戦争の半ばで奥羽越列藩同盟を脱退して朝廷側に付き、参戦の遅れを取り戻そうと箱館戦争に巨費をつぎ込み、大借金を抱えた。解消のための藩札発行が新政府に止められ、何度も家禄削減を行う一方、農地を強引に召し上げて士族に分与したが、〝武士の農法〟はほとんどが失敗した。新政府は明治九年から金禄公債証書を発行して秩禄処分を断行する。減禄が相次いだ弘前士族の公債額は微々たるもので、なけなしの公債も商家や金貸しに吸い取られ、士族は次々と無産化していった。『弘前市史』によると、一八年三月に東北を視察した内務省係官は、弘前士族を「青森県下士族の中で最も貧困」とし、士族三二〇〇戸のうち生計の成り立つ者は「三百五、六〇戸に過ぎずと聞けり」と報告している。

士族救済には新政府も、青森県もさまざまな努力を払った。だが、斗南（旧会津藩）士族のための三本木開拓を除き、国・県の施策は奨励の域を出ず、特に津軽の殖産興業は有志者らの努力に負うところが大きかった。元家老の大道寺繁禎らが六年に養蚕・製糸の有勤社（のちの盛蚕社）を開いたり、儀助と同じ在府町の山野茂樹が上州で養蚕を習い、蚕種（卵）の生産事業を興したりしたのも士族授産のためである。儀助の農牧社開設も同じ目的だった。

笹森家に『農牧社事業略誌』（以下『略誌』と略す）が残されている。『農牧社沿革記事』の自筆草稿だが、第一項の「発端」だけ内容が大きく異なっており、草稿だけに儀助の思いが直接伝わってくる。その『略誌』の「発端」冒頭に、儀助は「農牧社は何等に起ると問わば、答えて言わん。着実の事業に衣食し、以て苟《いやしく》も国家の基礎を補わんを欲するなりと」と書いている。

儀助にとって農牧社開設は、郡長職にとどまる以上に公的な行動だった。殖産興業に尽力した多くの弘前士族が共通の精神を持っていたが、県内政治家トップ級の地位と安定収入を捨ててかかる儀助の無私の精神は、見事というほかない。明治という時代は個人と国家がなお不可分でありえた時代といわれる。個を捨てて公的存在であることを求められた武士の心が、まだ残存していたのだろう。儀助も一典型であり、その意味では古い人間であった。そんな儀助の目に、旧仙台藩亘理領の主従が生命を賭して荒野を切り開いた紋鼈村は、これぞ我ら弘前士族が目指すべき道と映ったことだろう。

紋鼈村で儀助に懇切丁寧に説明したのは元家老の田村顕允。主君邦成に蝦夷地移住を勧め、開拓一切を主導したその人である。辛酸をなめた開墾も一〇年目にして盛隆に至ろうとしていた。儀助は聞き取り調査の内容を書き写し（『雑綴』所収「開拓使管下有珠郡の開拓を見る」）、入手資料と一緒に残している。それによると紋鼈村開墾は、最初の三年間は「困苦、実に言うに忍びざるもの」があったが、「明治七年、西洋農具の至便を得しより農事漸々改良に趣《おもむ》き、即今に至っては皆 各《おのおの》 競うて『ブラオ』を用ゆ。乃ち『ブラオ』の数百十八挺」にもなった。ブラオは牛馬二頭引きが便利なため、にわかに家畜業が盛んになり「明治三、四年の表を験するに牛馬の数、僅々八十余頭に出ざるも、本年の調べに至って既に一千十六頭」に至っていた。ブラオは英語のプラウ。紋鼈村は七重勧業試験場に伝習生を送り込み、洋式農機を用いた大規模農法の導入に成功していた。

侍が土にまみれて未来を開く。手法は洋式農業。いわば和魂洋農である。それは儀助がかねて描いていた農牧社の青写真でもあった。儀助は役人時代、貧困対策などに地道な努力や質素倹約を最重視したが、時に応じて非常に先進的な手法を採り入れた。保守と進取、堅実と豪胆がうまく同居する人であった。

廣澤安任を追って

儀助が農牧社を開く前に、青森県内には有名な農場があった。廣澤安任《やすとう》が小川原湖東岸の谷地頭（現三沢市）に開いた本邦初の民間洋式牧場、開牧社である。農牧社、開牧社という名前の類似は当時ほかにも例があるが、それを抜きにしても、政府資金を借り、遊休荒地を活用し、洋式牧場という新しい農業で殖産を図ろうとしたことなど、両者は多くの点で共通する。儀助は第二の廣澤になろうとしたように見える。

明確に分かっている儀助と廣澤の直接的な接触は、儀助が明治一一年一〇月に中津軽郡郡長に就任してからのこと。外崎覚の編んだ『史談会速記録』所収の「外崎覚君の廣澤安任翁の事蹟に関する談話」に記された逸話がそれである。「或時分、翁は弘前に参りましたが、県庁の役人或は郡長銀行頭取などという人が沢山訪うて参って居りましたが、私も東奥義塾の教員をして居る際でありましたから、其処《そこ》に尋ねてまいりました」。文中の翁は廣澤、郡長は儀助、銀行頭取は大道寺繁禎を指す。当時、弁二が東奥義塾に学んでいた。弁二は廣澤の兄安連《やすつら》の次男だが、安連が戊辰戦争で戦死し、廣澤が養子にしていた。

一方、弘前市の笹森家には儀助宛て廣澤書簡が三通残っているが、いずれも家畜購入に関する内容で、儀助が農牧社を開いた一五年以降の書状である。重要なのは儀助が洋式牧場開設を決意する以前の廣澤の影響だろう。その辺りを、時間をさかのぼって見てみる。

儀助が大道寺と初めて常盤野（現弘前市）を調査したのは一〇年九月。前月末に六大区（下北半島）区長から県の本庁に転任したばかりだった。異動前から牧場開設の意思を抱いていた可能性が高い。

六大区区長時代の記録『草案』一〇年三月一五日付に、優良事業者に関する文書がある。「本年二月十三日第六十四号達」によるとあり、同年八月二一日から東京・上野で開催する第一回内国博覧会への出品候補者を、政府が各県に推薦させたものとみられる。この文書で儀助は、具体的な被推薦者名は挙げていないが、下北地方は未開で資本も少ないから、津田仙や廣澤安任タイプの事業者が該当する、と述べている。津田は言うまでもなく、明治初年、東京に数千坪の西洋野菜専門農場を開き、全国に知られた人。のちに女子英学塾（現在の津田塾大学）を開く津田梅子の父である。下北にゆかりはないが、廣澤と同じく、土があればできる農業で新たな局面を開いたことに儀助は感銘を受けていたと思われる。一方、廣澤に儀助がそのころ会ったという記録はない。しかし、廣澤の洋式牧場は儀助の身近にある士族授産の見事な先例だった。

廣澤安任肖像（三沢市先人記念館蔵）

当時、心ある政治家・為政者で士族の窮乏に心を痛めない者はいなかった。とりわけ下北は、儀助が区長を務めた九、一〇年に至っても斗南士族の餓死・凍死が懸念されるほどだった。儀助は必死に救済に動いたが、減税や救援米などの対症療法をいくら重ねても解決しないことを思い知り、思い切った士族授産策が必要なことを痛感していたはずだ。

戊辰戦争に敗れた会津藩が、斗南藩として再興を許されたとき、下北移住を最も強く主張したのが廣澤だった。広大な原野の開墾に会津二三万石復活を賭けたのである。厳しい自然条件を前に開墾は進まず、廣澤は廃藩置県後、斗南県と弘前県の合併を図った。六県合同で青森県が誕生したのを見届けると、五年五月二七日、下北半島付け根の谷地頭に、以前から計画を温めていた洋式牧場の開設に踏み切った。

元斗南藩少参事の廣澤は、斗南士族の生計の道を開く責務と、下北移住の主唱者として開墾が可能なことを立証する責務を自らに課した。畜産は当時、陋業《ろうぎょう》、つまり卑しい仕事と見なされ、士族階級には考えも及ばない生業だったが、廣澤は洋式牧場という全く新しい手法で既成概念を打ち破った。苦難の牧場経営もなんとか軌道に乗りかけていた九年七月一二日、廣澤の牛馬が、東北を巡幸した明治天皇の天覧に供され、五〇円が下賜された。洋式牧場が殖産に有効であることが認められ、廣澤の責務が果たされた瞬間であった。同じく士族授産の必要を痛感する儀助が、いつか自分もと誓ったことは想像に難くない。

大久保が東北に力注ぐ

廣澤安任を目標としたのは儀助だけではない。明治九年、廣澤の洋種牛馬が天覧に供された後、青森県内では雨後の筍のように牧場開設が相次いだ。

『青森県農業改革史』によれば、工藤轍郎は一〇年、現七戸町の官山二〇〇〇町歩の貸し下げを受け、廣澤牧場に模した洋式経営を始めた。のちに廣澤、三本木開拓（十和田市）の新渡戸伝と並ぶ「開墾王」と称される。一一年には、斗南士族・小池漸が廣澤の協力を得て大室牧場を開いたのをはじめ、小国、雲雀《ひばり》、表館、戸来《へらい》、淋代《さびしろ》、袰川《ほろかわ》の各牧場、一二年に大平牧場、一三年に日沢牧場が創立された。三戸郡の小国牧場を除き下北、上北両郡に集中しており、明らかに廣澤牧場の影響である。いずれも旧藩牧場の払い下げ・貸し下げを受けており、工藤の個人経営を除いて士族の結社であることも共通している。

開牧社の洋種馬（明治13年、三沢市先人記念館蔵）

偶然ではなく、廣澤の開牧社を見た内務卿大久保利通が、士族の結社・団体による中小規模の開牧にも保護奨励を加える方策を打ち出したためだった。

農業に関わる殖産政策の流れを少しさかのぼってみると、新政府がまず目を付けたのは原野の残る関東北部から北の地域だった。下総小金原（千葉県）の開墾、北海道開拓などが代表例。ほかに官立試験場、農学校を設置して西欧の野菜、果樹、牛馬や羊の導入、試作、改良を進め、各府県へ種苗などを頒布し、農具の扱いなど西洋農法の教育、普及を図った。

しかし、殖産興業は重い財政負担を伴うこともあり、力の入れようは政情が変わるごとに移ろい、重点施策も変転する。積極推進派の大久保は四年一一月、岩倉使節団の一員として欧州を訪れ、殖産興業への思いをさらに強くした。六年五月、一足先に帰国し、井上馨財政の下で後退した殖産興業を積極推進へと再転換。一〇月、西郷隆盛ら征韓派が下野すると、内務省を創設して自ら内務卿となり、当時の政治・経済の要である勧業・警察行政を完全掌握した。

九年、天皇の東北巡幸に同行した大久保は、牛馬天覧前日の七月一一日、現七戸町から馬を駆って谷地頭（現三沢市）にある廣澤の牧場を訪れ、つぶさに視察して洋式牧場の可能性を確信した。これが中小規模の開牧を保護奨励するきっかけとなったのである。儀助の農牧社もその流れの上にあるが、儀助は他の牧場開設者に比べてはるかに慎重で、五年もの歳月をかけて周到に準備した。

なお、政府の洋種果樹導入策を受け、青森県庁は八年春から翌年にかけて三回、リンゴ苗木を配布し、菊池楯衛、菊池九郎、山野茂樹、大道寺繁禎、中畑清八郎ら儀助と関係の深い人々も試植に取り組んだ。特に一〇年から七重勧業試験場でリンゴ栽培を学んだ楯衛は、中津軽郡郡長の儀助の右腕となった。

草莽の人

儀助と廣澤の最も印象深い共通点は、「草莽《そうもう》」という言葉にある。草莽、すなわち「下野した臣下」である。

廣澤は明治九年七月十二日の牛馬天覧の後、「膏沢所降下、洽被草莽微」と漢詩に詠んだ。天皇の恩恵が草莽の所までも降りてきた、という感慨である。会津藩の公用役、あるいは藩と新撰組を結ぶフィクサーとして幕末の京都で縦横に活躍した廣澤は、慶応四（一八六八）年四月二七日、江戸城内の西郷隆盛に面会しようとして捕えられ、英国大使館の書記官アーネスト・サトウの嘆願により処刑を免れた。会津藩が斗南《となみ》藩として再興を許されると少参事に任ぜられたが、自身の工作で青森県が誕生するのを見届けて谷地頭（現三沢市）に牧場を開設。以後、新政府からの度重なる要路就任の懇請を「野にあって国に尽くしたい」と固辞したと言われている。その理由めいたものを廣澤は七年ごろ、やはり詩に詠んでいる。「碌々《ろくろく》生を偸《ぬす》む四十年」。死すべきときに死なず、四十年も生きながらえてしまった…。自分が役に立てずに藩を潰したという痛恨が消えることはなかった。

儀助もまた、戊辰戦争のころ二年半の蟄居《ちっきょ》に処され、弘前藩のために何の役目も果たせなかった。のちに『南島探験』の緒言に「余は草莽の士なり」と書く。幾度も役人を辞め、中津軽郡郡長という地位を捨てて洋式牧場を開いたのは、廣澤の思いに通ずるものを胸の奥にずっと秘めていたためであろうか。

ついでながら、その後の儀助と廣澤についても述べておきたい。

儀助は牛乳の販路拡大のため、一九年、東京芝に支店を開設する。これが青森県内企業の東京進出第一号といわれているが、二一年、今度は廣澤が儀助に習うように東京角筈（現新宿区）に東京出張所を開く。谷地頭の牧場を息子弁二に任せて東京に居宅を移した廣澤は、牛乳生産・販売業の傍ら、自らの経験に基づく牧畜業の普及・振興活動、政治経済にかかわる著作などに力を注ぐ。二三年には日本畜産協会（のちの大日本畜産会）を設立し、幹事長に就任。顧問は松方正義。幹事の一人に儀助が就いている。

ところが翌二四年二月、廣澤はインフルエンザでその波乱に満ちた生涯を閉じる。明治天皇の供花を先頭にした葬列は、榎本武揚、牧野伸顕（大久保利通の二男）ら要人もこぞって加わり、新宿から青山斎場

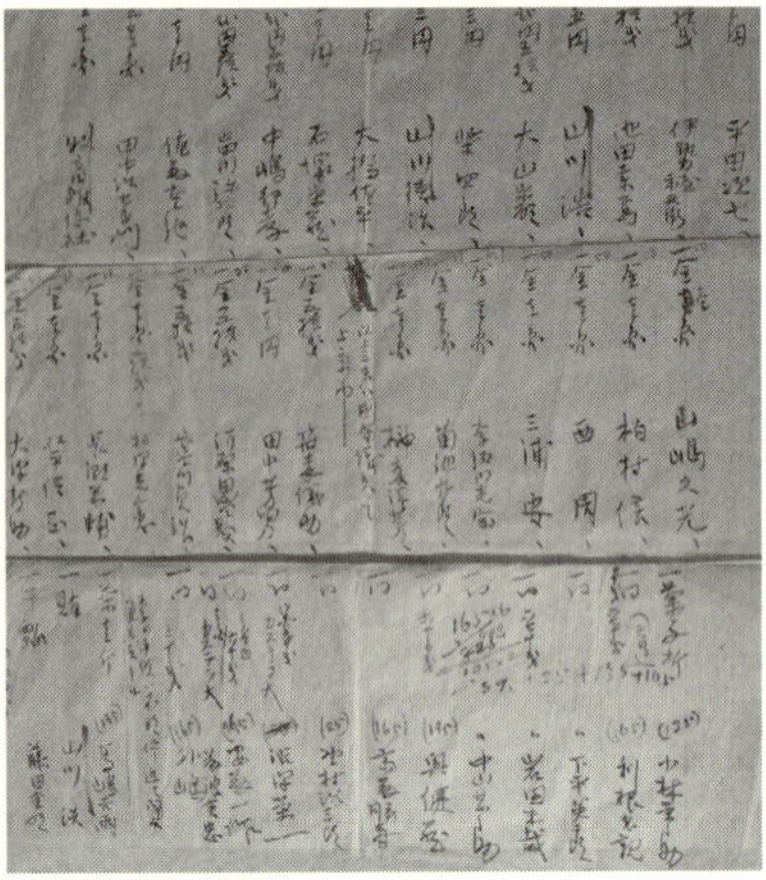

廣澤安任葬儀の参列者名簿（部分）（三沢市先人記念館蔵）

まで途切れることがなかった。無論、儀助の姿もあった。

それから三年半後、廣澤の遺族の元に一通の手紙が舞い込む。「曩《さき》に先生の遺勲に遵《したがい》て本団を組織し、将《ま》さに大《おおい》に先生の志を天下に行わんとす」。差出人は九州柳川の馬場某。廣澤の企画した遠征団の幹部を名乗った。廣澤は東京に移り住んでから、盛んに南洋探検を目論んでいたのである。実際に同志を慕ったこともあるが、渋沢栄一に資金援助を請うと「ほとんど空中に楼閣《ろうかく》を築かんとするが如《ごと》し」と反対され、実現はしなかった。馬場某は、廣澤の『囚中八首衍義《えんぎ》』などの遺稿を出版して遠征団の費用を工面しようと、その序文を遺族に手紙で知らせたのだった。

『南嶋探験』緒言の下書き「南島探験記発端」（青森県立図書館蔵）に儀助は、内相井上馨の嘱託による探検だと明記しているが、一方で、その前に南洋探検への私見を滔々と述べており、以前から南方に興味を抱いていたと受け取れる内容になっている。

廣澤は、千島諸島を探検した儀助と同じく、北方にも非常な興味を抱いていた。文久二（一八六二）年、ロシアとの外交交渉団の一員として蝦夷地（北海道）へ行き、道南各地を踏査した経験を持ち、蝦夷地探検の先駆者松浦武四郎と親交を結び、松浦の『東蝦夷日記』の跋《ばつ》文を書いてもいる。

廣澤は『重訂萬國全図』『松前より嘉牟察津價《カムチャツカ》まで嶋続地図』などの地図を飽くことなく見つめ、内外に思いを馳せていたという。儀助の明治一一年九月の蔵書目録にも『輿《よ》地新図』『國郡全図』といった地図本がある。弘前市の郷土史研究家・稲葉克夫氏によれば、儀助は壁に地図を貼っていつも見ていた。

補助は半額以下

儀助が大道寺繁禎との連署で政府に提出した貸付金四万五千円の拝借願いは、一年後の明治一五年二月一八日になってようやく許可が下りる。補助額は申請の半分にも満たない一万八千円だった。そうなった訳は、時期からおおよその見当がつく。

まず、政府の士族授産資金制度の問題である。廣澤安任の開牧社を視察した内務卿大久保利通は一一年、起業公債を募集して貸し付ける「起業基金」を創設。それだけでは足りず、政府は一四年に「勧業委託金」、さらに一六年に「勧業資本金」制度も設けた。

吉川秀造著『士族授産の研究』によると、それら勧業費の総額は明治一二年度が約四八万円。一三年度は一気に約一〇二万円に急増したが、翌年から減少に転じ、一四年度が約六二万円、一五年度が約四五万円となっている。補助申請が殺到し、貸付総額が予算を上回ったため、追加制度を設ける一方、貸し付けがずさんに陥らないよう慎重になった――。そんな政府対応の変化が読み取れる。同書で吉川氏は、審査の厳重さを指摘し、「申請の却下せらるるものも極めて多く、或は数度の申請に依りて漸く許可せらるるものあり、又其の貸付金額に至っては削減を受けしもの甚だ多く、寧《むし》ろ出願の通りの額を貸与せらるるは極めて少数であった」と記す。半額以下とはいえ、補助金を得た儀助はまだましということになる。

さらに重要な背景は、いわゆる明治一四年政変と松方デフレとみられる。一四年四月に農商務省が設立され、内務省と大蔵省の勧業関係部門が引き継がれたその年、北海道開拓使官有物払い下げ事件が起き、同年一〇月、政府追及の黒幕と噂された参議大隈重信一派が罷免された。大久保暗殺以降、大隈によって推進された内務省による殖産興業政策の時代は終わり、代わって伊藤博文参議と松方正義大蔵卿が経済政策を掌握した。西南戦争によるインフレの抑制を最優先とした松方は、戦費捻出のために乱発された不換紙幣の整理、兌換制度確立を図る一方、酒税を中心に増税を行い、一五年度から三年間の歳出据え置きを打ち出すなど、徹底した緊縮財政策を執った。儀助らの補助金申請が半年ほど早ければ松方デフレの前に裁決が下り、補助額も違っていたかもしれない。

牧畜、特に洋式牧場は規模が大きいだけに初期投資がかさむ。よって、資金力が経営を左右する。廣澤安任の開牧社でさえ、英国人マンシロの出資がうやむやになったこともあり、創業（五年）から四年ほどは借金まみれの経営を強いられた。だが、あるとき廣澤が上京して大蔵省に五千円の融資を願い出たところ、かねがね廣澤を尊敬していた松方が七千円も貸し付ける。七年、廣澤が青森県庁に種馬の貸与を申し込むと、参議兼内務卿の木戸孝允が一筆書いて県に指令を下した。幕末から多くの要人と親交のあった廣澤ならではの優遇である。

儀助は、農牧社を設立した翌月の一五年六月に東京から帰郷する際、品川弥二郎農商務少輔から「特に牛馬買い入れにはあくどい弊習があるから」と、沿道各地の牧場視察を強く勧められた。そこで下総、下野、常陸、磐城、岩代、陸前、陸中の各社を訪れ、内情を聞いた結果、「一も困難にあらざるものなし。而してその困難は、多くは資本の欠乏にあり。資本の欠乏は役員給料、旅費の多きによる」と把握した（『農牧社沿革記事』）。この経験から、儀助は当初予定した農牧社の役員給料を全廃し、従業員も食費のみの支給とすることとした。補助金が希望の半額以下だったことで、そうせざるを得なかったのである。

羯南が要人紹介

儀助もその人脈の広さに大いに助けられる。例えば、右に述べた明治一五年六月の帰郷時、東京から引き連れてきた九頭の馬の中には、宮内省貸与の御料馬・雷号、農商務省下総種畜場貸与の寿号、松方大蔵卿から寄贈された雷振号などが含まれていた。

士族授産の熱意が評価されたにしても、東北の片田舎の、一介の元地方役人にこれだけの良馬が簡単に与えられるはずはない。まして松方は時の大蔵卿。最高権力者の一人が持ち馬を贈ったのだから相当の肩入れである。儀助は、陸羯南の忠告の適切さを痛感したことだろう。

羯南が諭したのは、「弘前事件」直後のこと。郡長を辞して上京した儀助が羯南を訪ね、「開墾之事に尽力中なれば可成《なるべく》彼之小児輩と争い度《たく》なし」と、政治に距離を置く意を示すと、羯南は、幾分か政治に思いを致さなければ事業を妨害される可能性があると「懇々説破」した（一五年四月一四日付品川宛て羯南書簡）。明治前半、士族授産に限らず、政策関連事業への中央政治家や官僚の影響力は絶大だった。羯南はそのこ

品川弥二郎肖像（京都大学附属図書館蔵）

とを言ったのである。

　では誰か首領と仰ぎ、万事に教えを受けるべき人はいないかと問う儀助に、羯南は「突然の交際には少しく嫌疑もあるべし。足下の既に知る品川少輔は如何」と提案し、儀助も賛成して品川との仲介を依頼した。品川は当時、内務省農商務少輔。儀助は一四年、明治天皇の弘前巡幸の請願書を、品川を通じて山県有朋参議ら政府要人に提出したことがあった。沼田哲青山学院大教授は「単なる知己以上の関係へ、つまり自身にとっての政治上の指導者として品川を選んだことを示しており、またその仲介者としての羯南の役割をも知ることができる」と指摘している（『「東北」の成立と展開』所収の論文「「北方」の人の「南嶋」への視線」）。羯南は北海道の紋鼈製糖所時代、同製糖所を所管する内務省勧農局長の品川と出会い、人物を認められた。一四年春に退職し上京した後は翻訳で生計を立てていたが、一六年六月に品川の手引きで太政官文書局の官吏となる。同局局長平田東助は品川の義弟である。

　一方、製糖所時代、羯南は山田寅吉所長を通じて松方正義とも近しくなった。儀助は郡長当時の一三、一四年、士族の窮状を訴える文書を松方に呈したことはあったが、馬を贈られる間柄ではない。羯南から働き掛けがあったとみられる。

　さて、右の品川宛て羯南書簡には「原田氏より書面には（中略）政党組織にも容易ならざる状態と遙々悲歎《ひたん》致居候」ともある。立憲帝政党の青森県内組織として企てられた陸奥立憲帝政党の結成がうまく運ばないことについての報告である。小野久三著『青森県政治史』明治前期編によれば、東京日日に「津軽弘前の有志・山崎清良、津軽平八郎、同尚志、同八十五郎、小林忠右衛門、菊池幸八、川越石太郎、七戸仲行、笹森儀助等の諸氏は彼詭《かのき》激《げき》論者（註…共同会会員らを指す）の為に我国体を過《あやま》られん事を憂え、同地に於て陸奥帝政党を組織せられ」との記事と、盟約書の条文が掲載された。しかし、『新聞記事に見る青森県日記百年史』は、「弘前事件」後に県令に昇任した郷田兼徳が帝政党の県内組織化を目論んだが、青年層に反対されて失敗したと記している。結局、同党は結成には至らなかったのだ。

儀助は陸奥帝政党の前にも、一度、政党に加盟しようとしたことがあった。変則国会党である。斎藤康司氏の東奥日報連載「明治14年の笹森儀助」（昭和六〇年）によると、儀助は「変則国会党結成が内定したら教えていただきたい」旨の書状（一四年一〇月六日付）を佐々木高行に送った。同党は佐々木の側近・安場保和が結成趣意書を作り、岩倉具視に見せて意見を聞くなどの動きを見せていたが、結局は幻の政党に終わった。

士族移住の応募なく

政府から勧業委託金一万八千円貸与の指令が出て二日後の明治一五年二月二〇日、青森県庁から岩木山麓・常盤野（現弘前市）の土地拝借許可が下りた。儀助は甥の中畑清八郎を七重勧業試験場（現北海道七飯町）から召還し、牧畜開墾担当に据えた。三月一日には、弘前・本町の第五十九国立銀行内に農牧社仮事務所を開設した。同行頭取は、農牧社社長就任予定の大道寺繁禎である。同月に再度の社員募集を行い、儀助は上京。翌四月、農商務省から一万八千円の補助金を受け取り、うち六千円で洋種牛馬と洋式農具を購入し、残り一万二千円を農牧社仮事務所へ送金した。

　五月には常盤野に現地事務所、畜舎を建てた。現在の枯木平バス停の辺りである。そして、正式開業日の同月二四日。第一回社員総会が開かれ、社長に大道寺、副社長兼場長に儀助、牧佃掛に中畑、会計掛に芹川高正、監督に長尾介一郎と菊池九郎を選出した。菊池の名前が印象深い。実質的には同社に関与しないまま去るのだが、「弘前事件」で衝突した菊池を、名前だけとはいえ儀助は同社に迎えた。

　社員総会の「社員」は結社の人員、つまり現在の「株主」に近い。『沿革記事』『略誌』一七年四月の記載には「株金皆納者に本株券を交付せり」とある。儀助は広く出資者を募り、収益から配当金を出そうとした。士族救済のためである。東喜望著『笹森儀助の軌跡』は、「社員は全部で二〇人ほど」と推定する。社員のうち、常盤野に住んで農牧の実務に従事したのは儀助と中畑、柴田元太郎ぐらいとみられる。儀助が目指した陣容とは相当かけ離れている。『沿革記事』に「その目的大意は牧畜、開墾、樹林にして逐次移住者百戸を募り、成業は二十五年を期するの予算なり」とある通り、彼は無産士族の新天地を切り開く夢を描いた。あの紋鼈村（現北海道伊達市）や、廣澤安任の開牧社のように。ところが、再三の募集にもかかわらず、開業当初、移住に応じた士族はただの一人もいなかった。儀助自身がその理由を「本場は四境みな山野にして寂寞、不便、かつ冬季六ケ月間は穴居同様の地たる」と書いている。

　常盤野は標高五〇〇メートル前後の高原。弘前市街に比べ2℃ほど気温が低いうえ、日本海からの西風が岩木山にぶつかって豪雪をもたらす。常盤野で越す最初の冬を、儀助は「寒威猛烈、積雪丈余、昼間灯光を借り業務を執ること三日間に及べり」と記した。里ではまだ冬本番前の一二月のことである。

開業しても初年は準備段階にとどまり、開場式は翌一六年八月二六日を待って行われた。県令代理・稲田某氏は、草木が繁茂して水利のある常盤野を「すこぶる良場だ」としながら、「欠点は弘前市街を隔てること六里の間、道路粗悪にして運輸極めて不便」なことだと指摘した。当時は百沢の岩木山神社を過ぎると細い悪路が一本あるきりだった。江戸時代の紀行家菅江真澄も通った、鰺ケ沢に通じる古道である。稲田の忠告に従い、農牧社は多大な費用と労力を投じて道路の改修を進める。また、同年一二月、常盤野―百沢間に板小屋を作り、雇い人を配置した。冬季の行き倒れに備えてである。賎業と見なされた牧畜というだけで士族は二の足を踏んだうえ、そんな僻地では移住応募者がなかったのも無理はない。

だが、引き下がる儀助ではない。彼の記録に散発的に出てくる「場員」「雇人」、つまり牧夫などの従業員には、のちに「リンゴの神様」と称される外崎嘉七、弘前出身で札幌に渡って西洋農具の使用法を身に付けたという今枝幸吉ら一〇人余りがいたが、儀助は彼らの先頭に立って働く。それは、粉骨砕身という以外に表現が見当たらないほど猛烈なものだった。

リンゴ史変えた出会い

農牧社における儀助の日々を語るには、従業員の一人、外崎嘉七に登場してもらわなければならない。

牛馬飼料の草は、なたでこつこつ切り刻む。時間と根気を要するので誰もが敬遠する仕事だったが、場長の儀助が朝食前の日課にしたため、牧夫たちも嫌々ながら出て行かざるを得ない。まずは「おはようございます」とあいさつを言うのだが、儀助は応えず、手を休めることなく草切りを続けた。外崎はふと「ああ、そうか。これは出るのが遅いからだな」と思った。よし、それならば一戦交えてやれという茶目っ気もあって翌朝早めに出て行くと、儀助はもう草切りを始めていた。次の日は顔立ちが見えないほど薄暗いうちに出て行ったが、儀助のひざの前には切られた草の山が小高くなっている。翌日も、翌々日も時間を早めて出たが駄目だった。外崎はある日とうとう、夜半に出て手探りでなたを振るった。夜明けの気配がほんのり感じられる頃に儀助が出てきて「おお、感心感心」と肩を軽く叩いた。以来、外崎は儀助から大事な仕事を任されることが多くなった。

外崎正義、秋元岩五郎編『外崎嘉七翁伝　全』に描かれた逸話である。

厳格な儀助は、従業員の目に初めは冷酷に映った。けれども、苦境にも音を上げず、多忙を極めても率先して農作業に汗水たらす姿がしだいに彼らの心を捉え、いつしか「天長」という渾名を付けて儀助を敬愛するようになっていた。

農家の三男に生まれた外崎は、相撲と弘前ネプタ祭りの喧嘩が好きなやんちゃ坊主で、寺子屋でもろくに勉強しなかったという。一四歳で豪商・金木屋に奉公に上ったが、わずか二年で逃げ帰った。二〇歳のとき本家の長女と結婚する。新妻みよはまだ一一歳。徴兵逃れの婿養子入りだった。三年後に実家と婚家が相次いで火災に遭ったのがきっかけで、明治一五年春の農牧社創業時から、妻とともに住み込みで働き始めた。農牧社が経費を極端に切り詰めたため、夫婦二人で月給二円五〇銭。一割が貯金のために天引きされる。倹約・貯蓄の奨励に、儀助が強制的に行ったものだ。薄給ゆえ、ときには食べ物にも事欠き、塩マスの切り身一つを夫婦で代わる代わるしゃぶっては飯を食べ、しまいには切り身の形は残っているが魚の匂いがしなくなったこともあったという。

　だが、そうした日々によって、無学で粗野だった外崎はすっかり人間形成を果たした。農牧社に六年間勤めた後、清水村樹木（現弘前市）に帰ってリンゴ園を開設。結実まで七、八年間のどん底を乗り越え、リンゴ栽培の第一人者にのし上がっていく。樹木辺りは水位が高く、火山灰質で果樹栽培に不向きだったが、外崎は大規模な暗渠排水を施し、堆肥をつぎ込み、見事なリンゴを実らせた。害虫大発生に袋かけを導入し、留め金入りの袋も考案。褐斑病の蔓延にはボルドー液散布を推進。青森リンゴが壊滅の危機に瀕すると、決まって外崎が乗り越えるすべを示した。儀助が実践して見せた通りに、工夫と努力で苦境を跳ね返し続けたのだ。

外崎嘉七が描かせた千島探検時の笹森儀助肖像（弘前市立博物館蔵）

　四一年九月二四日には皇太子、のちの大正天皇が外崎の一号園を視察する。行啓は青森県下全生産者の誉れであるとして、外崎は翌年に記念碑を建て、門弟や同業者を集めて祭典を行った。今に続く

「りんご祭」である。毎年その日は、外崎が儀助に感謝を奉げる日ともなった。儀助の姿を特別に描かせた掛け軸に御神酒を供え、礼拝する。生きながらにして「リンゴの神様」と称された外崎にとって、儀助こそが神様だった。「今の自分があるのは全て笹森先生のおかげ」というのが外崎の口癖。そして、農牧社での苦しい日々を、喜々として語るのだった。

斎藤康司著『りんごを拓いた人々』は、「りんご史上、出会いはたくさんあるが、一人の人間が生まれ変わり、その人間がりんご産業の起死回生を成し遂げたという点で、儀助と嘉七の出会いに匹敵するものはなく、将来もありえないだろう」と述べる。同書はまた「外崎が儀助から学んだものは、煎じ詰めれば〝無私の心〟だと思う」とも書いている。外崎が「リンゴを作るなら人を作れ」と言い、損得抜きで多くの後進を指導したからだ。外崎の人格を変えたのは、「私」をなげうつ儀助の生き方そのものであった。

相次ぐ土地問題

多難な農牧社経営で、とりわけ儀助を悩ませたのが土地問題だった。

最初の事件は創業準備段階に起きる。常盤野村は農牧社に土地を提供するため、一帯の住民に秣場《まぐさ》として貸与していた土地の返却を求めた。旧藩牧場だった常盤野は何度か廃村になり、村有地の境界が不明確なため明治九年の官民有区分事業で官林に編入されていたのだが、住民らは入会権を主張して常盤野村への返還を拒否。ついには訴訟となり、特に八幡村民との争議は長引いた。

常盤野村の惣代人・柴田多三郎、戸長代理・柴田善吉が一四年二月二三日付で各村戸長に宛てた土地返還要求書が『岩木町誌』に掲載されている。それによると、村役場は農牧社への積極支援で村の興隆を図り、かえって住民の反発を招いたのである。農牧社は訴訟の当事者ではなかったが、執拗な中傷を受けた。県官吏が何度もやってきて係争地の測量を行い、多忙な儀助も立ち会いや書類の提出などに振り回された。三年近く揉めた末、一七年一〇月にようやく解決する。示談に際して農牧社は牧場内の二カ所、計約六〇町歩を秣場として八幡村に提供することに同意した。同社に落ち度はないにもかかわらず、大幅な譲歩である。儀助は『略誌』に、「常盤野村にして敗訴すれば、本社は買い入れたる百八十町歩の牧草地を失い、罷業のほか術《すべ》なき」ため、「一、二長者の忠告」に従ったと記している。

一方、政府に拝借を出願したのは、岩木山南麓の百沢（現弘前市）から西麓の赤沢（現鰺ケ沢町）にかけての一帯とその周囲の官有地。一部は現深浦町までかかる、総面積一二六〇町歩の広大な土地だった。市立弘前図書館に残る県令郷田兼徳からの許可通達（一五年二月二〇日付）によれば、無料貸与されたのは、提出図面の四区画のうち三区画、計四二七町歩余である。これにも後でトラブルが生じる。

原因の一つは、土地拝借願に添付した絵図面の着色。見やすいように小高い場所に緑色を塗ったのだが、役所が勘違いしたのか、出願地内でも着色のある所を、貸与から除外したのだ。おかげで、数カ所については幾度も出願し直さなければならなかった。それら六八町歩は一八年末に貸与が許可されたが、無料ではなく、月二円五〇銭の有料になった。さらに大ごとになったのは、枯木平の土地約五二町歩。農牧社側では拝借地に含まれているものと思って牧場事務所や畜舎を建てたのだが、役所が除外していたため、官山無断使用の疑いで何回か取り調べを受ける羽目に陥った。罪に問われることはなかったが、これも拝借を再出願し、月二円六二銭三厘の有料でようやく貸与が認められた。

儀助は厄介な土地問題を一つひとつ解決し、周辺の土地も買い入れて牧場を広げていった。だが肝心の、最初に政府から貸し下げられた四二七町歩がなかなか思い通りにならなかった。無償貸与の三区画は、二三年一二月まで貸与と指定されていたが、士族授産の趣旨からいって早晩、低価で払い下げられるものと期待していた。例えば廣澤安任の開牧社も七年に、二三九〇町歩余りの広大な土地をたった一一九円五〇銭で払い下げられている。儀助は二〇年七月、六四七円五〇銭の予算を立て、払い下げを出願した。だが、官林管理強化の余波で、二二年七月、ついに「払い下げは不許可。貸地のまま青森大林区署に引き継ぐ」との通知が来た。士族の農牧場への夢が霧散しかねない。儀助は懸命に出願を繰り返した。中央政界にも人脈を有する儀助には、政治的工作で事を運ぶことも可能だったはずだが、郷土史家の斎藤康司著『津軽りんごの精神史』が指摘するように、儀助はそれを一切しなかった。誠意を尽くして願書を書くこと三度にして、ようやく払い下げが実現する。

混同農業

農牧社の営農形態は「混同農業」である。簡単に言えば、家畜飼育に穀物・蔬菜・果樹栽培などの畑作を組み合わせた洋式農業で「混合農業」とも言った。畜産物の生産はもちろん、堆肥生産、農具牽引に家畜をフル活用し、生産の効率化を図る。日本では開拓史のお雇い外国人によって始まり、駒場農学校（東大農学部などの前身）の実習農場で日本農業の利点も加えて普及を図ったが、北海道以外ではあまり広まらなかった。農牧社では、創業前に北海道の七重勧業試験場などを視察した儀助が構想し、同試験場で研修を受けた中畑清八郎が実践の先頭に立ったとみられる。

当初、農牧社に士族の入社はなかったが、儀助や勤勉な従業員らによって開墾が進み、土塁が築かれ、柵が巡らされ、農場は着々と整えられた。特に力を入れたのが植樹。防風、放牧牛馬用の日陰づくり、薪炭材と日用材の確保が目的だった。まず明治一六年、松の種をまき、杉、栗、マルメロなどの苗約千本を植えつけた。山林局から試験委託を受けた各種苗三一九本も含まれている。中郡郡長時代の儀助の部下で、のちに「青森リンゴの始祖」と呼ばれる菊池楯衛の寄贈した苗も四九本あった。育苗と植樹は毎年続けられ、一九年には苗木総数一七万六七六〇余、生長した杉苗八万四八〇本という膨大な数に至った。その成果は農牧社跡地に現在も見ることができる。

樹木は手入れが行き届き、すこぶる生育が良かったが、それゆえの問題も起きた。盗伐である。一帯は岩木山神社や百沢寺の管理下にあり、みだりに木を切ることはご法度だった。だが、明治になって官林に編入されるや盗伐、乱伐が頻発し、禿山の様相を呈し、勢い農牧社の樹木が狙い撃ちにされた。農場内に炭窯を造る者や、集団で堂々と盗伐する者も現れ、山林局や弘前警察署に出張を願ってようやく制止したこともある。そんな被害を再三受けたにもかかわらず、農牧社は二二年、社有の雑木林を地元民に開放して炭焼きをさせた。冷害のため一帯でほとんど作物が実らず、住民の餓死が心配されたからである。

開墾が進んだ割には、畑作はあまり順調ではなかった。例えば一六年は四町四反歩を開いたのに、種まきができたのは一町歩だけ。馬を使う西洋農具の扱いに不慣れなためだった。畑作の品目をざっと挙げる

岩木山麓の高原に広がる農牧社の農場跡。開場後に植えた樹木が見える

と、ジャガイモ、大豆、小豆、トウモロコシ、大麦、燕麦、アワ、ヒエ、ソバ、大根、ニンジンなど。それでも一八年には雑穀だけで百俵余の収穫があり、十俵は貯蔵に回すことができた。

しかし、農牧社の主力はあくまでも畜産。それも牛馬の繁殖と酪農の二本立てである。馬については宮内省や農商務から貸与を受け、松方正義の寄贈もあったことは既に触れた。牛は創業時に東京でも購入したが、洋種の良い牛は入手できなかった。そこで儀助は一五年七月、札幌県庁に行き、短角種とアイシャ種の雄牛各一頭の払い下げを取り付けた。ところが、津軽海峡の運搬に困った。当時は郵便汽船三菱が青函航路を担っていたが、小型の客船のため、家畜運搬は何度頭を下げても拒否された。泣く泣く牛の返納を札幌県庁に申し出たところ、同県庁勧業課の細川碧課長がわざわざ函館までやって来て、三菱側を説得。ようやく牛を渡海させることができた。本州での畜産にかける儀助の熱意が伝わった結果であろう。

翌年、岩手県や青森県南地方でも牛馬を買い集めた。このころ中畑が廣澤安任の開牧社で実習を受け、牛の去勢法などを習っているので、同社の牛馬も購入したと思われる。こうして、二年目の一六年末には牛三一頭、馬三二頭を所有するに至った。翌年以降の保有頭数を見ると、牛は三二頭、四四頭、五三頭、七五頭、七五頭とほぼ順調に増えた。一方、馬は四五頭、四七頭、四二頭、三二頭、三四頭と伸び悩む。飼育法の問題ではなく、種馬アニトル号に難があった。

苦心の経営

明治一六年の拝借から四年が経過した農商務省農用種アニトル号は、老齢のため牝馬の妊娠率が低い上、死産・流産も多かった。そこで儀助は、八方手を尽くし、宮内省の御料馬・浅間号の貸与を取り付けた。

浅間号は気性の荒い馬だった。二〇年一月、東京から牽引してきたのが外崎嘉七と柴田恵助。東北本線が開通する前、二人はこの勇み馬を金塊でも運ぶかのように、神経を張り詰めて引いてきた。外崎がのちに語って言うには、浅間号入手に儀助が注いだ熱意と苦心をじかに見ていただけに、東京出発の時に聞いた「これは牧場の宝だぞ」という儀助の一言が深く頭に刻み込まれていたのだという。

この年、雌馬全体の妊娠率は五割に届かなかったが、浅間号に交配した雌馬の妊娠率は八割を超した。ところで、浅間号が四月下旬に常盤野に着いてから一カ月とたたないうちに、不幸な事故が起きる。用度係・小野貞太郎が浅間号に胸を蹴られて即死したのである。外崎は、自分が外出するときは浅間号の癖を十分に話してある兄万吉に飼育を頼み、ほかの従業員には厩舎に入ることを禁じていたのだが、二人とも不在の折に小野がどうしたわけか浅間号に近づいたらしい。儀助はその死を悼み、遺族に葬儀代、弔慰金を贈っただけでなく、五年後の二五年七月二〇日、「小野貞太郎君之碑」を建立した。碑は現在も、枯木平の神社の鳥居付近に残っている。碑文には、小野が藩校に学んだ士族で、農牧社の熱心な実践家だったとある。

それからも分かるように、当初ゼロだった士族の入植が少しずつ増えていた。最初の移住者は儀助の家族。初めは儀助の単身赴任だったが、一七年八月、妻子六人を弘前から移した。移住募集に応ずる者がないのは雪深い常盤野の暮らしが敬遠されているためだろうと考え、ならば、ちゃんと生活できることを自分の家族で実証して見せるのが一番だと儀助は考えたのだ。これが効を奏してか、翌一八年に四家族・男女二九人が移住。二〇年までに四六戸となった。同年五月に入植した蛯名精一郎は、農牧社内の子供たちに読み書き、算術などを教えたりもしたという。

儀助の家族が常盤野に住んだのは一年半足らず。二〇年一月、儀助が東京出張店に常駐するのを機に、家族は子供たちの教育のため弘前に戻っている。

儀助は従業員教育にも力を入れた。農牧の実務主任的な立場にある中畑清八郎には、開業前に七重勧業試験場で二年間学ばせたが、儀助は「官設・民営は大いに趣を異にする」として、一六年から廣澤安任の開牧社をはじめ各地の農場へ研修に出した。柴田元太郎は、儀助の長女じゅんを娶る直前の一八年五月から、混同農業見習いのため下総種畜場（千葉県）に入った。第二代場長の波多野尹政が前年九月に農牧社を訪れ、「（混同農業の普及のため）志願者があれば、官給をもって衣食せしめる」と勧めたのに応じ、柴田を遊学させたのだ。

同年七月には葛巻恒四郎を弘前銀行に派遣し、西洋記簿法（註…現在の簿記か）を学ばせた。儀助は『略誌』に、「駒場農学校傭教師ヤンソン氏、ある地方の牧場を巡視し、人に語って曰く『日本の農場は記簿法いまだ正確ならざるをもって、一見その損益を確知するあたわず。あに欠点ならずや』と。（中略）断然、記簿法を改正するに決するなり」と記している。また、柴田にも二一年一月から兼松氏（註…東奥義塾の初代塾頭・兼松成言師か）に付けて記簿法を習わせた。

後年、儀助は青森商業補習学校（現青森県立青森商業高校）を創立するが、その原点は案外、農牧社で実業教育の重要性を痛感したところにあったのかもしれない。

一日三升しか売れず

創業した明治一五年の一一月、農商務局長・田中芳男が同局係官、青森県庁勧業課員を従えて農牧社を視察。一七年八月には農商務省・札幌農工事務所副長の菊亭脩季《ゆきすえ》侯爵、宮内省主馬頭の藤波言忠《ことただ》子爵、翌月に下総種畜場の波多野尹政場長と内務大輔・土方久元、二〇年七月には陸軍省看守の長峯知柄、さらに翌月は農商務省参事官の鬼頭悌次郎らが来場した。同社への全国的関心が窺える。

間の悪いことに、創業翌年の一六年から松方デフレによる不況が顕著になった。加えて青森県では同年の不作（八分作）、翌年の凶作（半作）が大打撃となり、農牧社の収支も悪化した。牛馬の価格も著しく低迷する。廣澤安任の『奥隅馬誌』によれば、二歳雄競走馬の平均価格が一四年の四七円から、翌年以降、二三円、九円、六円と暴落した。しかし、洋種馬が必要になるという廣澤や儀助の予測は、間違ってはいなかった。富国強兵政策の中で次第に軍馬の必要性が高まり、需要も回復していく。一八年六月には三本木（現十和田市）に陸軍軍馬出張所、のちの軍馬補充部ができ、洋種雌馬が国や県により導入される。農牧社も良馬を生産し、津軽地方の馬の改良に大きく貢献した。

牛の飼育も次第に軌道に乗り、同年七月の計測では、放牧洋牛の乳量が、九頭で一日平均約六一五《リットル》という好成績を挙げた。問題は販路だった。牧場のある常盤野は弘前市街地から二〇《キロ》以上離れているため、儀助は一七年六月、結社社員で会計係の長尾介一郎に委託し、弘前に牛乳販売店を開設した。だが、結果は惨憺たるもの。一日わずか三升（約五・四《リットル》）しか売れなかった。

青森県内の牛乳店はこれが最初ではない。一〇年七月二四日付の「北斗新聞」（註…東奥日報の前身）に、青森の牛乳店開業の記事が掲載されているし、弘前でも一二年に舘山征吉が牛乳製造所を開いた（『青森県酪農史』）。両店のその後は定かではないが、おそらく経営は不振だったと思われる。今日に続く長尾牛乳店も、県下最大手になるのは長尾介一郎の長男・富士麓の代。二九年に弘前に設置された第八師団が大量に購入するようになってからである。

なお、半年余り前の一六年一一月、儀助は長尾に依頼し、弘前に牛肉販売所も試験的に開いている。これも県内第一号ではない。古くから畜産が盛んだった県南地方では肉食の隠れた伝統があり、七年ごろには斗南士族の渡部某が田名部（現むつ市）に牛鍋屋を開き、繁盛したという。一三年には八戸にも牛肉屋が開店した。だが、津軽地方では牛乳や牛肉に対する抵抗感がなかなか抜けなかった。

光明はある日突然差した。牛乳店を開いて三カ月後の一七年一〇月、儀助が東京で開かれた畜産諮詢会に出席したときである。同会は、民間事業者の意見も聞きながら畜産振興を図ろうと、政府が初めて開催した。招集委員は二府二七県の三〇人。ほかに各府県に募った自費参加者四一人（八人は欠席）も加わった。儀助もその一人だった。会議は一〇日余りも続き、牛馬改良、売買慣行など「すこぶる有益の説」を聞くことができた。芝公園内にある最高級料亭・紅葉館での宴会、軍馬局、下総種畜場視察などを通じ、他の出席者と触れ合う機会も多かった。

牛乳の販路拡大に必死だった儀助は、各地の同業者などに積極的に意見を聞いて回った。その中に千葉県の酪農家で一二年から東京・築地に牛乳店を開いている竹沢弥太郎、栃木県の安生順四郎（同県議会初代議長）もいた。彼らは儀助に「東京には故《こと》さらに借金して乳牛を買入、営業する者あり。況《いわ》ん や乳牛不尽の牧場を有する者、牛乳出張店を開くは洵《まこと》に至当の事ならずや」と助言した。

腹は決まった。儀助は一八年三月の農牧社第四回総会で「全国の牧畜者の苦しむところは皆販路の不便にあり、「東京の出張店はもっとも必要のことにあらずや」と訴えた。だが、出席者の多数が「危険恐るべし。かの有名な廣澤（安任）氏におけるその販路維持に甚だ困難せしも、なお東京に出る意なし」などと強く反対し、案は否決された。

不眠不休の東京店経営

「危険だ」という論をはね返すために、儀助は東京店の運営資金を十分に蓄えることにした。まず経費削減へ、弘前本町の阿部某宅に置いていた本社を、明治一八年七月に常盤野の牧場内へ移転した。

従業員たちも儀助を助けようと立ち上がった。中畑清八郎と、農場見習の渡辺邦之介が同年一月、農牧社から牛を借り、鰺ケ沢に自費で牛乳販売所を開いた。店を任されたのは外崎嘉七。だが、毎日足を棒にしても牛乳は一滴も売れなかった。食事もとらず、布団をかぶって考え込むこと三日三晩、外崎はついにあるアイデアを思いついた。

翌朝、搾りたての牛乳を持って鰺ケ沢監獄（刑務所）を訪ね、「残ってしまった。捨てるしかないので、試しに飲んでみてください」と大缶二つを置いてきた。翌日は警察署、次の日は郡役所。これを三日サイクルで繰り返すうちに「あの店の牛乳はうまい」と評判が立ち、注文の声がかかるようになった。

こうして店を軌道に乗せたというのに、半年もしないうちに儀助から「鰺ケ沢店を閉めて引き揚げよ」との指令が下る。一九年一月の第五回総会で再提案した東京店開設が可決。儀助が外崎を監督に昇進させ、東京店の主任格に抜擢したのだ。一八年の支出が前々年、前年からほぼ半減。この実績を前に、今度は誰も東京店開設に反対できなかった。

四月、儀助は下総種畜場を訪ね、第三代場長の宮岡正吉に開店の方途を相談した。宮岡場長は初め猛反対したが、二日がかりで頼み込んだ結果、千葉町（現千葉市）で牛乳店を営む親戚の水谷健二を紹介してくれた。東京の事情にも明るい水谷の斡旋で、芝区西應寺町六〇番地、現在の芝公園近くの一画を五〇年契約で借用することができた。

五月二八日に店舗が落成。「乳牛を急送せよ」との儀助の電報で、外崎らが牛一一頭と下総種畜場へ返却する雄馬雷震号を引いて上京した。着いたのは六月末。旅の疲れを癒やす間もなく開店準備に追われた。七月一日、待望の開業。外崎はそのままとどまり、儀助を補佐し店を切り盛りすることになる。

農牧社の店は、近隣で「津軽屋」と呼ばれた。東京は顧客が多い分、競争相手も多かった。本州北端から出てきたばかりの儀助たちは、地理に不案内というだけで相当不利だった上、津軽弁はろくに通じない。当然ながら、当初はまったく売れなかった。儀助はある日、四合瓶をかき集めてきた。客の来店を待っていても活路は開けないと、牛乳の訪問販売を考えついたのだ。自ら瓶を持って品川弥二郎や佐々木高行の邸など、つてのある所はどこでも訪ねる。そんな日が二、三カ月続いた。

のちに儀助は、「活人画」の記者に「弘前城の明け渡し当時と、この時ほど心身を悩ましたことはない」と述べる。生死をかけた探検を何度も経験した後に、である。何がそれほど大変だったのか。儀助は『沿革記事』にこう記している。「昼は乳牛飼養、配達人指揮の間にあるいは客に接し、または花主（＝得意客）を周旋し、飼料および需用品を購入し、夜はさらに乳牛を飼養するの後、翌朝の準備を了《お》え、十一時に至らざれば寝に就くこと能わず。而して午前二時に至れば起きて飼養搾乳に着手せざるべからず。ゆえに食餌十分ならず。安眠を得ざるもの数カ月。その辛酸、名状すべからず」。睡眠三時間の生活はさすがに無茶というもの。ついに倒れ、三〇日間も寝付く。だが、少し回復すると儀助は元の猛烈な仕事ぶりに戻る。医師に「命にかかわる」と諌められ、しぶしぶ弘前に帰って二カ月静養した。

横領事件

東京店開業翌月の明治一九年八月、「弘前事件」後に県令になり、今は参事院議官補の郷田兼徳が妻子を伴って来店。また、儀助の六大区（下北半島）区長時代に県令だった北代正臣・農商務参事官らも慰問に訪れた。得意客になった品川弥二郎や佐々木高行を含め、儀助の広い人脈は、精神的な意味でも東京店の大きな支えになった。この年、コレラが再び猛威を振るい、「牛乳がコレラの予防、回復に効く」という噂が広まり、牛乳の需要が急増。農牧社の東京店も経営の目途がついた（「活人画」）。

同年一〇月、第五十九国立銀行頭取で農牧社社長も務めていた大道寺繁禎が中津軽郡郡長に返り咲き、農牧社は臨時総会を開いて後任社長に儀助を選出した。そのころ儀助は東京にいて不在。一二月に帰県した折に再度臨時総会を開き、農牧社の有限会社化を決定した。また、儀助が以前過労で倒れたこともあり、東京店は中畑清八郎に任せる案が出たが、儀助は「（東京では）大小二百余の同業者盛んに花主を争」っているから、「出張店の基礎を確定」し、「牛馬販売の道を博《ひろ》め」たいと演説。中畑には本社を監督させ、東京店は儀助が三年間管理することに決した。

翌二〇年、東京店の牛乳販売額は一一五〇円余に上り、一三〇円の利益を上げた。また、牛のレンタルであろうか、地方牛乳業者に預けた乳牛の収入が九五円五〇銭あった（『略誌』）。儀助の見込み通り、東京店は農牧社の切り札になったのである。

儀助は同年四月から三カ月間、東京西ケ原（現北区）に開設されたばかりの農務局蚕事試験場に入り、得業証を得た。農牧社には高齢者や女性向きの仕事も必要と考え、三年前から農場に桑の木を植えていたため、同試験場の伝習生に応募したのだ。翌年一月には、元老院議官となった田中芳男の紹介で、米国帰りの加藤懋から同国の牧畜業の現状を教わった。一方、葛巻恒四郎を横浜・根岸にある英国人ジャフレーの店に派遣し、住み込みで牛乳店の経営を学ばせた。

こうして農牧社が初めて軌道に乗ったところに冷水が浴びせられる。横領事件である。

二二年八月、本社に帰っていた儀助の元に、東京店雇い人の奈良岡、岡本、大竹が「乳牛取引賭金（註…売掛金か）を盗み出して遁亡」したと電報が入る。儀助は急ぎ上京したが、奈良岡らの行方は杳として知れず、九月になって警察に告訴する。

奈良岡、大竹は同月二四日、岡本はしばらくして大阪で逮捕された。調べによると、奈良岡が岡本らを誘って品川遊郭で遊蕩した挙句、金に窮し、儀助の不在を狙って持ち逃げした。預金も引き出していた。臨時雇用者の人件費や事件処理の雑費も加え、社の損失は千数百円に及んだ。東京店の利益数年分が消えた勘定になる。それ以上に「花主（＝得意客）の信用を失」ったことが痛かった（『略誌』）。一〇月、儀助は雇い人の一町田宗六を東京店支配人に抜擢し、乳牛七頭と雄馬一頭を移して同店を強化した。

一方、外崎は浅間号を引いて帰県した二〇年の秋、リンゴづくりをしたいと一念発起して農牧社を退社。儀助は快く送り出し、六年間の天引き貯金を渡した。それが、外崎が一号園を開く資金になった。

経営安定見届け辞任

経営立て直しに目鼻がつき、明治二二年一一月、儀助は政府貸付金の返納願いを青森県庁に提出した。

翌年一月、「事業の目的を変えず、拡張を図り、将来も官の指揮を順守すること」などを条件に「十カ年賦一割利引き計算」によって一九九九円六二銭を返納。これで全額返済となった。

拝借金一万八千円の九分の一を返すだけで完済というのも妙な話だが、これは元金の一部を返納すれば、それを政府が数十年間運用して元金の残りを埋めていく―という理屈。手品まがいの借金棒引きである。吉川秀造著『士族授産の研究』によれば、政府の勧業貸付金に対して国民から疑惑の目が向けられ、見るべき成果も表れていないことに批判も出始めたため、大蔵卿松方正義が二二年二月、この貸付金整理方法を考案した。帝国議会開設を二三年末に控え、政府の財政・財務を拘束する会計法の実施が同年四月に迫っていたことも背景にあった。

儀助は拝借金完納の翌月に帰県し、第一〇回総会を開いて報告した。その中で「(貸付金で)商投機をなさんとする者、事業目的を変ぜんとする者、特に甚だしきは結社外の人にしてその分配を受けんとする者等」があるという農商務省当局者の話を紹介している。政府が貸付金整理に躍起になるゆえんである。

『士族授産の研究』によれば、授産金貸し付けを受けた諸事業の大部分は失敗に帰し、八、九割は返納延期を出願。事業解散、借金の帳消しを嘆願する者も多かった。農牧社の場合も、返納期限は二〇年だったが、一九年五月、「未だ目的を達する能わざるのみならず、経済甚だ困難を感ずる事情やむを得ず」返納延期願を提出し、三四年六月までの延期が許可されていた(『略誌』)。だが、儀助は厳しい経営の中でも、一八年四月から返納準備金を積み立てていた。総会の演説において儀助は毅然として「我が帝国公有の財産は漫《みだ》りに一己一社に私すべきものにあらず」と述べた。

なお、この総会で農牧社は株式会社に改めた。半年余りたった二三年九月、儀助は社長の辞表を提出する。この時は却下されたが、翌二四年八月に再度辞表を提出し、二五年に受理された。

農牧社は創業以来一回も配当を出せなかったようで、牧畜が時代を先取りしすぎて失敗だったという評価が多い。なるほど儀助が夢見た「弘前士族の新天地」と言えるほどの大成果は得られなかった。だが、横山武夫著『笹森儀助の人と生涯』によれば、儀助が社長を退いた当時は社員四九人。二万円余の流動資産を保有し、一株二五円の株券が三五円から四〇円で売買されていた。曲りなりにも一つの産業を興し、基礎固めができた。儀助はそれを見届けて辞任したのだろう。

それにしても、またも辞職である。儀助は〝次に為すべき事〟を求めずにはいられない人であった。

後任社長には中畑清八郎が就任。翌二六年九月に組合に改組したが、次第に経営が悪化。三五年には農工銀行への負債七千円を柴田長兵衛ら有志が引き受け、儀助名義の土地を本人の許可を得て売却し、農牧社の維持を図った。翌年二月に中畑が組合長を辞任。数回の交代の後、四三年一月、柴田が組合長となった。その後再び経営が悪化し、大正八年、日本商工会議所初代会頭の藤田謙一（弘前市出身）に四万一千円で譲渡された。藤田が買い取ったのは偶然ではなく、母親の実家・佐藤家が枯木平にあったからだ。佐藤家は、儀助の募集に応じて浅瀬石（現黒石市）から入植した。子孫は今も、農牧社の事務所や畜舎のあった辺りに住む。藤田は昭和三年、かつて二年間学んだ東奥義塾の財政難救済へ牧場を寄付する。儀助の起こした「弘前事件」で東奥義塾への津軽家補助が途絶え、儀助が開いた農牧社が後で東奥義塾を救う。奇縁というべきか。

第三章　貧旅行

政治への思い再び

農牧社の記録『農牧社沿革記事』、草稿『農牧社事業略誌』は、どちらも明治二三年二月でぷっつりと途絶える。単に経営が軌道に乗ったというだけではないような、不自然な終わり方になっている。儀助にどんな変化があったのか。手掛かりを、青森市史編さん室嘱託員の中園美穂氏が数年前、青森県内の古書店で偶然発見した。「陸奥日報」記者斎藤元三郎が儀助に宛てた二二年三月一四日付書簡である。

「禎君に交誼上よりするも人物上よりするも老兄をば是非に国会議員たらしめざるべからずと申せしに、禎君も御同意に御座候」。二三年七月一日に行われる第一回衆院選への出馬要請である。だが、儀助は禎君、つまり大道寺繁禎の同意にもかかわらず、立候補しなかった。結局、総選挙には大道寺が青森県第三区（中津軽郡、西津軽郡）から出馬したが、結果は、同区の菊池九郎をはじめ、三区四議席全てに大同派が勝利した。全員、東奥日報関係者である。

自由民権運動は、政府の懐柔に乗せられたとの疑念を招いた板垣退助の洋行問題から崩壊に向かい、一七年に自由党が解散。同党との抗争に消耗した改進党も年末に大隈重信ら中枢が脱党した。だが、太政官制を廃して誕生した初の内閣・伊藤博文内閣は、鹿鳴館外交など極端な欧化政策が国民の反感を買い、旧自由、改進両党の党派を超えた反政府運動が起きる。いわゆる大同団結運動である。

青森県内でも一時は、県令郷田兼徳の弾圧によって政治活動は下火になり、菊池ら東奥義塾一派の共同会も一六年前半で半ば解散していたが、二一年夏、進歩派に起死回生の出来事が二つ起きる。一つは「無神経事件」（註…★11参照）、いま一つは大同団結運動の中心人物・後藤象二郎の来県であった。

八月二日から八日まで青森県内各地を遊説した後藤の熱弁は、どこでも大勢の聴衆を集め、特に青年層の熱狂を巻き起こした。菊池らは政治への志を再び燃え上がらせ、大同派を形成。機関紙として「東奥日報」を創刊した。一方、改進党県庁派は「青森毎日新聞」を興した。二紙の対抗に表れている通り、中央の大同団結運動と違い、青森県内の大同派と改進系は対立関係にあった。斎藤が儀助に出馬を促したのは、反大同派の切り札としてであった。

儀助の不出馬は、「弘前事件」から七年余を経ても政争への嫌気が薄らいでおらず、政治家になる気がなかったことを物語る。一方で政治への関心は頗る高い。そのジレンマが以後の行動に投影されている。二三年一一月二九日に第一回帝国議会が開会すると、東京店経営のため在京中の儀助は、一日も欠かさず傍聴した。「内務大臣樺山資紀に対する戦後経営の意見書」（三〇年三月一日付、以下「樺山宛て意見書」と略す）によると、儀助は国会で「議員中の知己に対し愚見を陳し、あるいはその嘱託を受けて力を調査に尽くし、毎《つね》に官民の間に奔走して国家の公益を謀《はか》」った。ロビーイストのように振る舞ったのである。

初期国会の一大争点は地価修正問題だった。最初の法案は立憲自由党の林有造（高知県）が二三年一二月の新聞紙上に発表した「地価地租特別修正法案」で、全国各地の地価に不均衡があるとして①京都（山城および丹波四郡)、山口、福岡(筑前・豊前)、大分(豊前)、福島、宮城、青森、秋田の一府八県の地価を増額し②田畑の地租税率を全国一律に五厘減じて地価の百分の二とする—という案だった。ところが、税率を減じても山口と福島の一部、宮城、秋田、青森は最大87％の地租増徴となることが判明。「奥羽地方は一般に激昂の色」(「郵便報知新聞」同年一二月三〇日号)をなし、激しい反対運動が巻き起こる。

★11　無神経事件　明治二一年七月二八日の官報に掲載された「演劇其他の諸興行に関する概況」に、「本県(＝青森県)の如き稍《やや》無神経の人民なれど之を喜ぶものの如し」との一節があり、県民を侮辱するものとして弘前有志三〇〇人余が鍋島幹知事に辞職勧告書を突きつけ、青森、八戸にも同様の動きが拡大。中津軽郡吏員一同が抗議の辞表を提出した。東奥日報記者・武藤金吉が知事に煙草盆を投げつけて重禁固四カ月に処されるなど、一年近く余波が続いた。旧六県寄り合い所帯の青森県で、誕生一七年にして初めて全県が意思を一つにし、民衆運動の有効性を自覚した事件とされる。

国会傍聴打ち切り

林有造が地価修正案を発表すると、青森県選出の工藤行幹《ゆきもと》、福島県の山口千代作らが即座に反対を表明。東北各県は有志団を結成して上京させ、超党的な反対運動を展開した。明治二四年一月一七日には、東京で東北七州大懇親会を開催。新潟を含む七県から二百数十人が参集し、工藤、河野広中(福島県)らが演説して大いに気勢を上げた。衆議院は立憲自由党と立憲改進党が過半数を占めていた。両党を中心とする民党、すなわち野党勢力は「地租軽減・民力休養」をスローガンに執拗に地価修正の実現を迫った。同年二月、立憲自由党の天春文衛《あまかすう》（三重県）が林案を一部修正した「特別地価修正法案」を国会に提出し、賛成派も各県で組織的な運動を展開。東北連合と一触即発の状態となった。

のちの「活人画」は、「東北の志士はどしどし詰め掛けて天春文衛をたたっ殺そうという大騒ぎ。それで氏（＝儀助）をばその先鋒をしろという勢いであったが、氏は体よくこれらを宥《なだ》め、一方には天春文衛に交渉してやっとの事、同人の首をつけてやった」と書いている。

注目すべきは、地価修正反対の理由が、儀助の場合、東北だけ増税はけしからん―という不公平論とは全く違うこと。「地租軽減・民力休養」そのものに反対だった。地租引き下げの恩恵に浴するのは農民ではないことを見抜いていたからだ。儀助は「樺山宛て意見書」で次のように述べる。「各々請願総代と号し一県下にして四万円の巨金を費やし、これをして東京に登らしむ。その議員たる者、酒色に耽り、互いに排陥を事とす（文中一部略）」。一県四万円もの巨費をひねり出せるのは、松方デフレと凶作の二重苦に行き詰まった農民から土地を吸い取った地主たちしかいない。土地に賦課される地租の増減で、損得が一番左右されるのも彼ら地主だった。

二四年一月、儀助は「国会議員諸君の熟考を煩わす」と題する一文を、陸羯南の新聞「日本」に寄稿する。それは、農家一軒平均一円三五銭の減租を実施しても、奢侈心を助長するだけであり、地主であればなおさら浪費すると指摘し、その分を府県庁が預かり、産業・貿易振興に使った方がはるかに民衆の利益になると説いた論文だった。

しかるに国会は、国や民の危機など眼中にないかのように、地租軽減を争点に「孰《いず》れも自家の勢力を張ろう張ろうとしたり、政府を乗っ取ろう乗っ取ろうという意向が見える」（「活人画」）有り様であった。納税額を基準とする制限選挙下、選挙権を持つのもまた大地主などの富裕層。地租軽減論議が政争の具でしかないことを儀助は看破した。初の国会に「ひそかに国家の公益のまさにここに興らんとするを喜ぶ」（「樺山宛て意見書」）と期待しただけに、〝政治屋〟どもに我慢がならなかった。二四年三月七日までの会期中、国会傍聴を一日も欠かさなかった儀助が、第二議会以降、二度と傍聴しなくなる。

西日本七〇日間

第一議会が終わると儀助は西日本へ七〇日間の旅に出る。その記録が『貧旅行之記』である。自筆の乾・坤二巻が青森県立図書館にある。儀助存命中に出版されることはなかったが、横山武夫氏が翻刻し、『笹森儀助翁伝』（昭和九年）と、同書を改稿した『笹森儀助の人と生涯』（同五〇年）に併載している。

『貧旅行之記』冒頭で、儀助は第一議会に関してこう記す。「徒《いたずら》に机上の一議を以て全国の地租を軽重せんとす。而して其為す所を見れば児戯に等し。是れを以て親しく民間の実況を察し国力の実際を究め、併せて宿志を達せんと欲し、遂に七〇日間貧旅行をなすに至る」。机上論ではない「民間の実況」「国力の実際」を知るために旅に出たというのである。「宿志」については後述する。

明治二四年四月五日、儀助は「駿河丸」で横浜をたち、三重県四日市に上陸して陸路を西に向かい、九州南端の鹿児島まで行き、宮崎から船で神戸に戻り、六月一三日に東京へ帰着する。

七〇日間の旅に要した費用は七〇円。元手について儀助は『千島探験』の「発端」に「農牧社設立以来

貧旅行の時の儀助（横山武夫『笹森儀助翁伝』今泉書店、1934年）

薄給あるを以て、其十分の一は社約に従て貯蓄し、一層又一層節倹を事とし、余裕有る時は月に一円より五円に至る貯蓄目的（＝目標）を立て、十円に満つれば之を払戻し別に確実にして利子多きに托し、昨二十四年一月一日の計算には元利金合して二百円となる」と記している。質素倹約は青森県内や大島における彼の行政や、農牧社経営の重要な基礎となったが、自らの道を切り開く武器でもあった。

旅行中も徹底的に節約する。『貧旅行之記』末尾に「双脚は続く限り歩行し、疲倦《ひけん》して始《はじめ》て一里三五銭の辻車を傭う故を以て、新調の半靴底皮盡《ことごと》く破れ、復《ま》た用い（る）可《べ》からず。足皮損して膿を生じ、面色天日に曝して黒きこと土の如く、旅衣汗に染まり、虱《しらみ》膚を侵し、一たび皮膚を掻けば塵垢《じんこう》爪に盈《み》つ」とある。むしろ痛快さ、誇らしさすら漂う。身なりには無頓着。身体苦も二の次に、ひたすら歩き、見聞する彼の旅の特徴が早くも表れている。

最初の目的地は「特別地価修正法案」を国会に提出した天春文衛の地盤・三重県の四日市だった。国会閉会後の天春の動向を探ろうとしたのである。

天春は儀助上陸より数日早く帰県した。有志者たちの掲げる大旗に伴われ、着飾った芸者数百人が伊勢踊りの行列を成し、人々は軒先に提灯を灯して拍手喝采で迎えたという。盛大な宴会も催された。その熱狂を儀助は複雑な思いで受け止めた。天春がただ議案を一回提出しただけで、選挙人に何の実益ももたらしていないのに郷民挙げて歓迎している。半ばあきれ、一方で地価修正への期待の大きさを痛感せざるを得なかった。「上下一致協力の状、細密にして大なる」とも記している。翻ってわが青森県を見れば、奮闘した代議士四人と総代七〇余人が帰郷しても、一度の歓迎会もないばかりか「無用の軽挙」と嘲る者もいた。儀助は、青森県民と政治家の乖離を思う。

四月八日、津の宿では男二人と一四歳から二〇歳の娘たち一〇人余りが一室に投宿していた。男どもは横須賀から来た女衒で、近郷の娘たちを買い集めたのだという。「人身売買の弊、妓楼の多き此地にして此俗ある。余最も之を悲しむ」。松方デフレによる不況で農村部では娘の身売りが横行し、世間も孝行娘と称賛する風潮さえあった時代に、儀助は社会の底辺に落ちる者に目を向ける。

「野に生きる」決意新た

儀助は津、奈良、門司（現北九州市）、熊本、大阪などで地価、田畑の収穫量などを聞き取りし、農業指導者をはじめ各地の有能な人物と意見を交わした。だが、地価修正に関する実態調査が目的の割には、旅の最初から、それ以外の見聞に多くの時間を費やしている。

例えば、津では三重県庁の書記官に面会して工業品陳列公園を案内してもらい、山林取締規則と精選米連合規約書を入手。翌日、県の栽培試験場と明野勧業試験場（三重県立勧業試験場）を視察。次の日は伊勢神宮参拝の後に農会員・原辻喜與藏（註…正しくは辻喜代藏か）宅を訪ね、さらに翌日には明野勧業試験場を再訪して養蚕関係の予算書を複写するという具合である。畜産関係では神戸の植田栄助の牧場、東京家畜市場会神戸支社、広島の牛市場、大阪や京都の牧畜会社などを視察。農業関係では山口の防長輸出改良米会議を傍聴し、山口農学校や下関の米商会社、福岡県農事試験場、鹿児島県谷山村の二毛作などを見学。福岡県の久留米では名高い士族授産会社・赤松社、鹿児島では幕末に島津斉彬公が開いた洋式近代工場を継いだ機織場も丁寧に見る。儀助はまだ農牧社社長の職にあった。東京店の盛況によって経営も軌道に乗り始めた今、士族授産の新たな展望を開くために視野を広げる必要があると考えたのだろうか。

山口県上郷村では林勇蔵に会った。新田開発や川の堤防改修などに尽くしたほか、幕末に藩内革新派諸隊を物心両面で支え、「勤王大庄屋」と呼ばれた人物である。突然の来訪にも林は快く招き入れた。儀助が、国民を忘れて党利党略、私利私欲のために紛糾する国会の体たらくを語ると、林は涙をこぼしつつ「あなたに貴顕某の引退勧告を託す」と言った。貴顕某とは天春文衛のことであろうか。酒を酌み交わしながらの語り合いは、日が西に傾くまで続いた。「余、家を辞して三十余日、始めて斯《この》快男子と快談するを得たり」と、儀助はその感激を記している。

広島県庁学務課員は県会議長や常置委員との面会をしきりに勧めたが、政治家には決して会おうとしなかった。「死を以て国事を任ずる精神のある人は身自ら手足を糞汁に浸し、朋友を求むのみ。何ぞ空言を以て財貨を得んと欲する偽政事家と座を同《おな》じうする」。このいささか苛烈な文言は、在野で国に尽くそうとする儀助の自己確認を映している。

岡山の中川横太郎にも会った。紡績などの士族授産事業の傍ら、独学で読み書きを覚え、医学校（岡山大医学部の前身）、薬学校（関西学園の前身）などを創設した教育事業家でもある。当時は五六歳で牧畜に励んでいた。儀助は本人から次のような逸話を聞く。「数年前、政党競争の時、土佐某〈自由党員〉両三名、岡山に来り氏を問いしが、（中略）我、諸君子に岡山の聖人を紹介せんと導て畑に出、耕耘の一農夫を指して曰う。是則《これすなわ》ち聖人なり。時間を徒費して政治を妄言空論するは我が知る所にあらず」。儀助はこれを聞き、自分の理想像や政治家観が間違っていないと確信する。

聖地巡礼

四月一五日、高野山（和歌山県）に登った儀助は、龍泉院の留守居僧・楠秀伝と午前二時まで語り合った。高野山の衰微を住職が嘆いていると語る楠に儀助は、女人禁制を解き、天皇の臨幸を請願すべきだと提案する。そして「開明を以て任する泰西諸邦は耶蘇教を以て国教とせり。日本独り無教国たるを得んや」と力説した。六大区（下北半島）区長時代、政教分離の原則を持ち出した姿勢とは明らかに違う。高野山には津軽家の遍照尊院を含む諸大名の菩提所があり、特別な聖地だという思いもあっただろうが、それだけではなさそうだ。

この旅で儀助は、とりわけ皇室ゆかりの旧跡や神社仏閣を熱心に参拝した。伊勢神宮、奈良県飛鳥・斑鳩地方の神武天皇陵や橿原神宮など、さらには天孫降臨の地・高千穂峰（鹿児島・宮崎県境）、神武東征などの神話に彩られた日向（宮崎県）の各所である。

高千穂峰は標高一五七四メートルで、高さこそ一七〇〇メートルの韓国岳に譲るものの、霧島連峰東南端にあって独立峰の趣のある堂々たる山容は、いかにも主峰の名にふさわしい。当時はちょっとした登山であった。儀助は五月二二日午前六時、鹿児島側を出発。正午に山頂にたどり着き、天逆鉾《あまのさかほこ》をスケッチした後、東の宮崎方向へ下山を開始。火山のため高地は草木もなく楽だったが、少し下ると鬱蒼とした森になり、断崖絶壁にも阻まれて進退窮まった。夕方、疲労困憊して座り込んだとき、偶然目に入った足跡をたどると二人の猟師の姿があり、大声で助けを求めた。「旅人の入る所ではない」と叱られたが、儀助は人生最初の遭難からやっと生還できた。そんな思いをしても、儀助は「伊勢太廟を拝し、遂に日向に向て旅し、祖宗興起せる霧島山の頂きに登り、祖宗の神霊を感拝」できたと感激した（『千島探験』冒頭）。

弘前巡幸の招致以来、儀助が皇室への傾倒を深めたことは既に述べた。ただ、明治という時代を抜きにそれを語ると、儀助という人物の実像は見えなくなる。周知のように、江戸時代中期以降の国学者らによって広められた皇国思想は、幕末、尊王攘夷運動の根本理論となった。明治維新の原動力になったともいえる。維新が成り、東洋の小国・日本が国際社会へ強制的に放り込まれると、今度は国の独立堅持、国民統一が至上命題となる。両者の実現は、皇室の存在抜きには考えられなかった。

自由民権運動の祖・板垣退助は論文「自由党の尊王論」に、「世に尊王家多しと雖も吾党自由党の如き尊王家はあらざるべし。世に忠臣少なからずと雖も吾党自由党の如き忠臣はあらざるべし」と書いた。

一方、儀助の盟友・陸羯南は近代国家の基礎を「国民」に置き、皇室を国民統一の唯一無二の求心点と定義。同じ植物でも地域が違えば必要な肥料も異なるとして、「日本の立憲政体は日本の国民精神に依りて培養せざるべからざるなり」と主張し、皇室敬愛は「忘るべからざる国民的精神なり」と断じた（「近時憲法考」第一〇「天皇の大権及皇室」）。羯南が二二年創刊の新聞「日本」で高らかに宣した「日本主義」の基礎を成す思想である。フランス法学を学んだ羯南は、欧州の思想であるナショナリズム＝国民主義を、皇室という日本独自のものを土台にすることで日本にも適用させようとした。儀助はもともと皇室への敬愛が深く、保守的傾向がある一方で、進取的、民主的な側面も持っていた。皇室主義と民主主義が矛盾するものではないとする羯南の「国民主義」は、儀助には極く自然なことだったろう。貧旅行で皇室ゆかりの各所、神社仏閣を巡ることは、儀助にとって「日本国民」としてのアイデンティティーを再確認する作業ではなかったか。

西野、来島の遺族訪問

明治二二年二月一一日、文相森有礼が官邸玄関口で刺され、意識が戻らないまま翌日亡くなるという事件が起きる。西野文太郎という二三歳の暗殺者は、護衛官に即刻切り捨てられた。森文相が二年前、伊勢神宮に参拝した際、神前の御簾《みす》をステッキではね上げたという新聞記事を読み憤慨したのが動機だと、父母に送った遺書は記している。

同年一〇月一八日、今度は外務省の門前で外相大隈重信の馬車に爆弾が投げつけられ、大隈が右足を失う事件が起きる。犯人は福岡の結社・玄洋社に籍を置く来島恒喜、二九歳。その場で首に短刀を当て自決した。襲撃目的は大隈の条約改正阻止にあった。もともと黒田清隆内閣の内部でも条約改正への反対が強く、事件をきっかけに黒田内閣は総辞職に追い込まれ、条約改正案は消え去った。

　貧旅行の途上、儀助が西野と来島の遺族や玄洋社を訪ねたのは翌々年五月であった。山口県野田町の西野の遺族方には二度行き、西野の遺書を書き写し、懇願して西野自筆の書を譲ってもらった。数日後には福岡薬研町（現福岡市）に来島の遺族を訪ね、父明氏から来島の直筆書を得た。福岡では玄洋社や市内の豪商ら有志の建立した来島記念碑が三月三日に落成し、招魂祭が執り行われたばかりだった。五月九日、福岡西職人町の海岸にある玄洋社の門を叩いた儀助は、まれに見る盛況だったという招魂祭の写真を譲り受けた。午後には福陵新報社を訪ねた。玄洋社の実質的主宰者・頭山満が創設した新聞社である。応対した大内義瑛という三一歳の記者は、「外患は何か」と問う儀助に、「ロシアのシベリア鉄道、中国艦体《ママ》、東洋問題は皆、外患の種子だ」と答えている。

　西野と来島は、今の言葉で言えば、政治テロリストである。彼らや玄洋社に対する儀助の思いはどんなものだったのか。

　森文相の伊勢神宮での不敬の一件を新聞「東京電報」に書いたのは、のちに政界に転じて衆議院議員、貴族院議員を務める古島一雄だったと、古島自身が『一老政治家の回想』に書いている。「東京電報」は陸羯南が二一年四月九日、青木貞三の「商業電報」を改題して継承したが、翌年二月九日に廃刊。二日後に新聞「日本」を創刊した。創刊日が大日本帝国憲法発布の日であり、森文相はその式典に向かう朝に襲われた。古島は「日本」記者として文相官邸に取材に行き、西野の死体を見ている。

　欧化政策は英国留学経験のある森文相が推進した。目的は開国以来の懸案である不平等条約の改正にあったが、鹿鳴館での屈辱外交と浪費は轟々たる非難を浴び、外相井上馨が失脚。代わって登場した大隈外相は一転、秘密外交によって一気に条約改正締結を遂げようとした。ところが、大隈改正案を一八八九（明治二二）年四月、イギリスの「ザ・タイムス」がロイター電ですっぱ抜き、日本国内の新聞が転載すると世論は沸騰する。

一番問題となったのは、現在の最高裁に相当する大陪審判事に外国人を置くという条項だった。「独立国の尊厳を自ら放棄するのは不見識」「憲法違反だ」という反対論が次第に高まっていき、新聞「日本」は、後発ながら徐々に反対運動の中心となっていった。同紙編集部には谷干城、三浦梧楼といった将軍や杉浦重剛をはじめとする学者・評論家、熊本の国権党、福岡の玄洋社の壮士らが集まり、大隈案反対派の集会所の様相を呈した（柳猛直著『風蕭々―来島恒喜小伝』）。羯南と極めて近い儀助も、集会の輪の中にいたはずだ。おそらくそれが、西野と来島の遺族訪問の理由の一つではなかったか。

さて、貧旅行からの帰途、六月二日に京都へ着いた儀助は小川ていの大旅館に投宿し、旅の終盤で浮浪者と見紛う姿になっていたのに、思わぬ厚遇を受ける。福陵新報社の大内に紹介された玄洋社同志の宿である。同宿になった天田鉄眼に、西野と来島の書に七言絶句の賛を書いてもらった。儀助は十余年後に青森市長になっても、この書を自慢にしていたという（「活人画」）。

★12　天田鉄眼　福島県磐城平藩士・甘田平太夫の子。幼名久五郎、のちに天田五郎と改名。戊辰戦争出陣中に父母妹が行方不明になり、二〇年間にわたって全国を探すうち山岡鉄舟の世話になり、一時は清水次郎長の養子になった。そのころ書いた『東海侠遊伝』が多くの次郎長モノの種本となる。明治二〇年、仏門に入って鉄眼と号す。

儀助が会ったころは京都修学院にある林丘寺の禅僧。五年後、京都清水に庵を結んで愚庵と称した。漢詩のほか、万葉調歌人として優れ、正岡子規の和歌革新運動に多大な影響を与えた。友人国分青厓を通じて知り合った陸羯南と兄弟同様の仲となり、新聞「日本」にも執筆した。享年五一歳。

西郷への憧憬

哲学者丸山真男は『中央公論』昭和二三年二月号に発表した「陸羯南―人と思想」の中で、「どんな凶悪な犯罪人も一度は無邪気で健康な少年時代を経てきたように、日本主義の思想と運動も、大正から明治へと遡ってゆくと、最近の日本型ファシズムの実践と結びついた段階とはいちじるしくちがった、むしろ社会的役割において対蹠的といいうるほどの進歩性と健康性をもったものにゆき当たる」と書いて、新聞「日本」の評価見直しを促した。その指摘通り、新聞「日本」が偏狭な国粋主義になるのは、羯南死去のはるか後である。

似たようなことが玄洋社にも言える。第二次大戦の終戦時、玄洋社は大陸進出の先陣を担った超国家主義の結社としてＧＨＱに解散させられ、指導者の頭山満は国民的英雄から右翼の巨魁へと扱いが一変した。再評価が始まったのはごく最近である。福岡地方史研究会会長・石瀧豊美氏は「戦前の神格化、戦後の無視、どちらも間違いだ」と言う。「そもそも玄洋社は、特定の政治思想の結社ではないし、目的のため統一行動を取る〝組織〟ですらなかった。教育や殖産も含む、いわば地域振興のプロジェクト。思想的な寛容性があり、政治的踏み絵は何もない。政治家や官僚、教師、市井の人々などさまざまな人が集まっていて、共通するのはいわば人間性のレベルだけだった」と石瀧氏は解説する。「玄洋社憲則」（明治一三年五月一日制定）は「第一条　皇室を敬戴す可し。第二条　本国を愛重す可し。第三条　人民の主権を固守す可し」の三カ条から成る。新聞「日本」と同じく、玄洋社も自由民権に立脚していた。

第二回帝国議会が二四年末、国防費削減問題を巡って紛糾し解散すると、翌年一月、玄洋社は松方正義内閣と一体となって民党排除の大選挙干渉事件を起こす。以後、自由民権運動から遠ざかって海外へ目を転じたとされる。儀助が訪ねた後、大きく舵を切ったことになる。「それでも頭山は、現在は左翼の源流と言われる中江兆民と互いに信頼を寄せ、生涯にわたり友人だった。彼らは思想によって人を敵味方に分ける態度は取らない」と石瀧氏は指摘する。その上で、儀助が西野文太郎、来島恒喜の遺族を訪ねたのも「思想やテロ行為の是非ではなく、一種の美意識、武士道的精神によるものではないか」と推測する。

石瀧氏は分かりやすいように大隈重信の例を挙げた。大隈が自分を襲った来島の命日に香華料を供え続けたというのだ。大隈は、大久保利通を刺殺した島田一郎がその場で自刃せずに縄目の恥辱を受け、刑場の露と消えたことを「真の武士道に背馳した見苦しい最期だ」と非難し、対比して来島を「我輩は彼のために片脚を奪われたが、彼は実に心持のいい面白い奴と思っている」と語ったという。

さて、二四年五月一九日、鹿児島に着いた儀助は、県庁書記官に来県の意図を問われ、「実に簡単なり。一たび西郷翁の墓を弔せんとのみ」と述べる。「宿志」は、このことであった。その言葉通り、儀助は西郷の墓や自刃の地、自宅などを訪ね、西郷側近だった野村忍介に会いに行き、征韓論を述べた西郷自筆の書き物を読ませてもらった。

西郷の何に憧れたのか。その手掛かりが、玄洋社にある。一〇年三月、西郷が西南戦争に立ったのに呼応して矯志社（福岡）の武部小四郎ら志士たちが蜂起したが、福岡城奪取に失敗し、一〇二人の戦死・刑死・獄死者を出した。「福岡の変」である。同じ矯志社の頭山らは萩の乱に連座して獄中にあり、釈放は西南戦争終結の日だった。多くの同志と死を共にできなかった痛恨が頭山の胸中に刻まれ、それが反政府運動としての自由民権運動、玄洋社結成へとつながった。頭山は床の間に置いた西郷の人形を日々拝み、「命もいらず、官位も金もいらぬ人は始末に困る」という西郷の言葉をよく引いたという。

儀助も戊辰戦争直前に蟄居に遭って藩のため何の役にも立てず、頭山と似たような悔恨、焦燥を抱いていた。それが西郷への憧れに結びついていたのではあるまいか。だとすれば、初の国会に失望して出た旅の究極の目的は、己を捨てて公に尽くす「侍の精神」の確認だったことになろう。

「武士は畳の上で死ぬことを恥とした。頭山の父親も息を引き取るとき『無念だ』と言ってわざわざ庭に降ろしてもらっている。笹森の場合も、そういうところから、わざと死地を求めるような感情が出てくるのだろう」。石瀧氏が、この後の、儀助の厳しい探検の底流にあるものをすくい取ってみせた。

第四章　『千島探験』

軍艦磐城に便乗成功

　貧旅行を終えて約八カ月後の明治二五年二月、儀助は社用で上京した折、千島列島へ軍艦が派遣されることを聞き付け、海軍に便乗を願い出る。農牧社に帰ると、未明に起床し、股引、半纏の薄着を常とし、わらじで山野を歩き回り、風雨に身をさらして体力づくりに励んだ。乗船の許可を確信していたように見える。「樺山宛て意見書」によれば、海軍省に斡旋したのは佐々木高行。それが自信の裏付けであろう。このころ樺山は海軍大臣であった。六月一二日、海軍省から「軍艦は函館に寄るが都合はどうか」と乗船意思を再確認する電報、三日後には「乗船を許可する。千島行きの目的書を艦長に提出せよ」との電報が届く。こうして儀助の千島行きが実現する。その記録が『千島探験』である。

　同月二二日に儀助は弘前を出発。青森で一泊して函館へ向かった。青森県庁には千島行きを届け出たものの、弘前、青森の知人で知らせたのは一、二人だけ。儀助は「実に脱走人に異なるなし」と記す。軍艦乗船に秘密を要したのはもちろん、近しい人々に話せば引き留められると分かっていた。夏とはいえ北の最果てへの旅。無事に帰れる保証はない。周囲には理解されないと知りつつ、死地を求めるような旅に儀助はあえて向かう。

同月二四日に函館到着。磐城艦の入港は七月二日だった。艦長は旧弘前藩士の柏原長繁少佐、四〇歳。外崎克久著『北の水路誌―千島列島と柏原長繁』（以下『北の水路誌』と略す）によれば、海軍兵学寮（兵学校の前身）の母体・攻玉社で航海術を学び、兵学寮で教鞭も執った測量航海のエキスパートである。ハワイやオーストラリアなど外洋航海の経験も豊富で、前年の二四年一二月一四日に磐城艦長に就いた。儀助は初めて会った七歳下の柏原を「天性真摯、自重。言論を好まず。頗《すこぶ》る能く部下の信親を得たり」と賞賛し、「予、窃《ひそ》かに艦長に意中を吐くの望を属せり」と記している。〝窃かな望み〟については後述する。

電報での指示通り、儀助は乗組願書を柏原艦長へ提出した。海軍大臣官房から連絡を受けていた柏原はその場で「願之趣允許《いんきょ》」と朱書きし、艦長印を押して儀助に返した。実物が青森県立図書館に残っている。

磐城は一般に「いわき」と呼ばれたが、正式には「ばんじょう」。『北の水路誌』によると、大砲四門を擁する木造汽船で、三本のマストも備えている。排水量は六五六トン（改造によって七〇八トン、六六七トンと変化）。この小艦に水兵一〇二人が乗船していた。柏原長繁著・外崎克久編『磐城艦航海誌』によれば、士官一一人も乗り組んでいる。これに儀助、札幌電信建築所長の吉田正秀、同技手の塩谷貞次郎、新聞「日本」の桜田文吾記者、千島義会会員の石原弘と森勘介が便乗した。札幌電信建築所の二人は根室から択捉《エトロフ》、国後《クナシリ》両島へ海底ケーブルを敷くための調査が目的だった。吉田は電話交換機の製造や電話線架設などに活躍した日本の通信技術史に残る花形技師で、磐城乗船当時は四二歳だった。千島義会の二人については後で述べる。

桜田文吾は筆名・大我居士。元仙台藩士。儀助が記す通り、取材のため飴売りに扮して大阪、東京の貧

軍艦「磐城」（『写真日本軍艦史』今日の話題社、一九八三年）

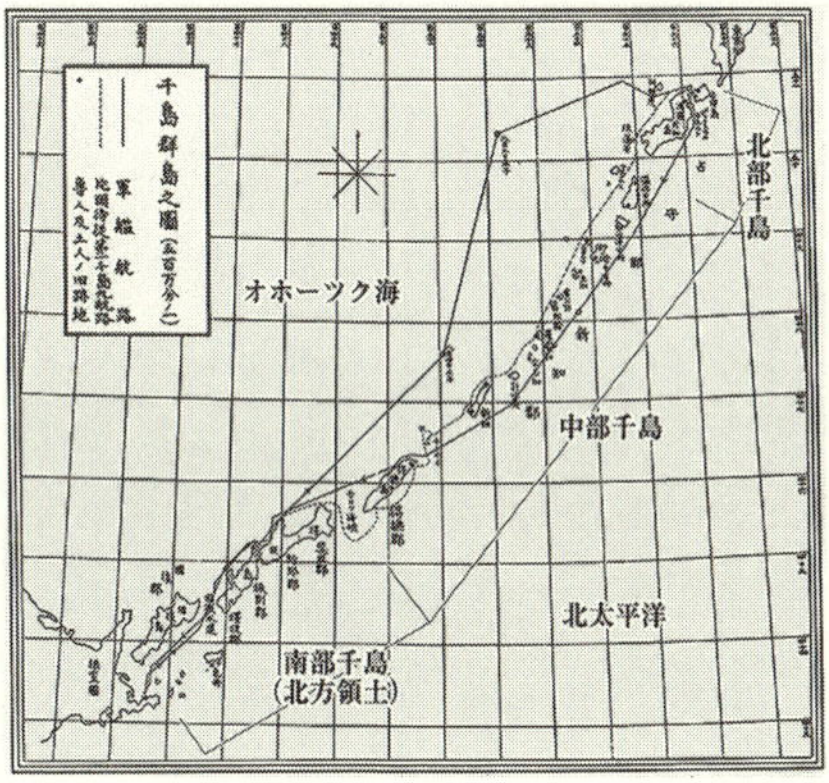

磐城艦の千島航海経路＝『千島探験』添付図を基に作製

民街に潜り込んだこともあるユニークかつ意欲的な記者で、のちに日清戦争の従軍記者としても活躍する。品川港から磐城艦に乗ってきた桜田は、儀助に返却するよう陸羯南から言いつかってきた書物『毛東環記』（註…『毛夷東環記』の誤りか）と、羯南からの信書を儀助に手渡した。

陸羯南の協力

陸羯南が親書で教示した調査事項を、儀助は『千島探験』に次の通り列挙している。境界と面積、海岸、気候と風土、山岳および河川、湖沼、海・林・鉱の産物、動植物の種類、人種と風俗、管理方法、言語と衣服、生業、家屋、宗教、種々の習慣、歴史、伝説、史跡、航路の難易、陸行の難易、牛馬運搬の便否、舟車の有無、根室までの距離。「其他海上・陸上、見る所は一切御記載して雑事の部に御入れ被下度候《くだされたく》」と付け加えてもいる（『陸羯南全集』第一〇巻）。この助言はのちの『南島探験』にも生かされる。

羯南が果たした役割はアドバイスにとどまらない。軍艦の行動予定は言うまでもなく機密事項で、特にこの時の磐城艦の千島行きは極秘だった（『北の水路誌』）。柏原艦長は明治二五年初夏、「千島周辺の密漁船を取り締まるべく、該海域に向け、廻艦せよ」との指令を受けたが、それは海軍大臣樺山資紀の密命だった。ロシア皇太子が襲われた大津事件の直後だけに、北方海域への軍艦派遣はロシアを刺激する危険があったのだ。国民が磐城艦の千島派遣を知るのは、航海終了後、新聞「日本」掲載の大我居士の体験記「霧影濤痕録」によってである。隠密行動の磐城艦に記者を乗り込ませたのだから、航海情報をつかんで儀助に伝えたのは同社社長兼主筆の羯南である可能性が高い。

さて、毛皮の宝庫シベリアに目を付けた帝政ロシアは、一七世紀末にはカムチャツカ半島にまで東進。一八世紀には千島列島を南下して着々と足場を固め、得撫島《ウルップ》を基地に松前藩へ通商を求めた。安政元（一八五四）年の日露和親条約により、得撫島と択捉島《エトロフ》の間が国境と定められたが、樺太（サハリン）は境界未定の混住地域とされた。国境画定は明治八年。樺太千島交換条約で樺太はすべてロシア領、千島列島はカムチャツカ半島手前の占守島《シュムシュ》までの全島が日本領土となった。

儀助は『千島探験』の「発端」に、北方探検は「十余年前からの志望」だと書いている。樺太千島交換条約成立のすぐ後、下北半島の区長時代からの宿願ということになる。

樺太千島交換条約によって千島列島が日本の版図に入っても、政府は自然条件厳しい千島の開拓に消極的で、警備も手薄なままだった。ラッコやオットセイなどの海獣の毛皮を求めて欧米の密猟船が跋扈《ばっこ》し、日本人を雇って堂々と密猟する船も少なくなかった。警鐘を鳴らし、政府と国民に行動を促したのは言論人たちだった。『北の水路誌』は、その中心に『東方策』を著した稲垣満次郎と、羯南がいたと指摘。羯南がのちに「明治二十四年は実に我東洋問題の動き始めたる時代にあらずや」と回想したことを挙げ、国民を日露開戦危機の恐怖に陥れた大津事件が画期となったと指摘している。

磐城が海軍初の測量艦に定められたのは二二年だった。四年前の巨文島事件をはじめ、列強の極東進出が加速し、南西諸島など国境の島々の測量が急務となったためだった。その磐城艦の千島航海も、新聞「日本」によるキャンペーンなど千島政策強化を求める世論に後押しされてのことだった。新聞「日本」二四年一二月五日付記事「北海道義勇軍設立の議を読む」で、羯南は「兵略上から最も危惧を感じる所は、北海道の北見・天塩ではなく、千島である。日本列島には北海から南下する寒流が衝突する。敵艦が一たびオホーツク海を発してこの海流に乗れば、瞬時に列島に達する」という趣旨の警告を発する。

函館で渡す親書に、羯南は「桜田氏にもこの書面を見せ、一切ご協議を」と書き添えている。桜田を儀助の補佐役にも任じたのだ。千島探検は、儀助に羯南が手を貸したというより、二人の共同作戦であった。

岡本監輔に中止進言

七月六日の磐城艦出航まで儀助は函館で情報収集を行い、また、かつての青森県令北代正臣に手配を依頼して各地の漁業者への紹介状を得た。この紹介状が後で大いに役立つ。一例を挙げれば、函館で栖原屋《すはら》の元支配人・若松忠次郎に会い、得撫島の漁場で漁師二〇余人のうち一二人が病死した顛末など、千島の漁業実態を聞くことができた。栖原屋は和歌山にルーツを持ち、一七世紀に下北半島の大畑（現むつ市）に支店を構えてヒバの商いで財を成し、一八世紀中頃から北海道、南千島の場所請負人として活躍した。

儀助は千島義会の函館支部にも行き、岡本監輔に面会した。岡本は旧徳島藩士。慶応元（一八六五）年に日本人として初めて樺太（サハリン）を一周した。明治元年、箱館裁判所から樺太全島の開拓事務委任を受けて樺太へ渡り、樺太開拓使設置と同時にその主任となったが、樺太千島交換条約の交渉に際し、開拓次官黒田清隆の樺太放棄論と対立して辞職。長く教育界にあり、二四年五月、五五歳で突然、第一高等中学校（東京大学教養学部の前身）教授を辞め、家財を売り払って現在の北方四島を探検。東京に戻ると同志を募り、千島義会を設立する。翌年、義会所有の占守丸で北千島探検を計画した。儀助と一緒に磐城艦に便乗した会員、石原弘と森勘介はその先遣隊である。岡本は函館で占守丸の到着を待っていた。

儀助は岡本と面識があって、東京で何度も千島義会加入を勧誘されていた。函館でも占守丸乗船を勧められたが、儀助は断っただけでなく、岡本の果たすべき役目は「主として千島拓殖の唱導に従い、声援を張り、大に全国の人心を興起せしむる」ことで、拓殖・漁業は北海道の有力者に譲り、「千島拓殖の先鞭は主唱の貴老と二、三の壮士の外は皆漁夫ならざれば甚《はなはだ》不可」であると諭した。

千島義会に懐疑的なのは、儀助がのちに親しくなる根室の柳田藤吉も同じだった。柳田は岩手県出身。函館で昆布を商い、一度倒産したが、のちに津軽海峡の生物境界・ブラキストン線で有名になる英人ブラキストンと知り合ったのをきっかけに戊辰戦争の物資輸送などで巨利を得、明治初頭に場所請負制が廃止されると根室に進出し、北洋の漁場開拓に挑んだ。屋号は丸本。のちに衆議院議員となる。北千島一周の経験も持つこの人は、千島義会が「他人の懐中」に頼っていることを批判し、真に国家に尽くそうとするなら「船大工と経歴のある漁夫五名也十名也を軍艦に便乗せしめ、一両年も越年して漁猟の傍ら取調」する必要があると指摘した。

儀助もまた、農牧社の経験から、厳しい自然相手の仕事に素人が挑むことの難しさが骨身に沁みていた。だが、岡本は「虎穴に入らずんば虎子を得ず」と言い、儀助の出航中止の進言を聞き入れなかった。

占守丸は八月一二日に函館に着き、岡本ら二六人を乗せて千島列島北端の占守島《シュムシュ》を目指す。儀助は北千島探検の帰り、択捉島《エトロフ》沖に停泊中の占守丸に遭遇する。だが占守丸はその後、同島で暴風に遭い難破する。

函館に帰り着いた儀助が、千島義会の者に聞くと、岡本ら四人は失意のうちに帰京。残りは択捉島でサケ漁と炭焼きをして越年する予定だという。実際は残りの者も同年一〇月から一二月にかけ、水産会社の第一千島丸に便乗して千島を探検しただけで函館に帰る。儀助や柳田の危惧は現実となった。

★13　場所請負　松前藩は近世初頭、直轄の渡島半島南部を除く北海道沿岸を「場所」という領域に区分けしアイヌ各部族に支配させ、各場所の独占交易権を家臣に分与した。一八世紀になると、場所経営を商人に委ねて運上金を徴収する「場所請負」制に変更。栖原屋、その援助で青森県下北半島の大畑に進出した飛騨屋（岐阜出身）などの場所請負人はアイヌに漁業を教えたり、使役したりして海産物の収益を上げた。次第に使役や収奪が過酷になり、寛政元（一七八九）年に飛騨屋支配人ら和人二二人が殺される国後メシナの乱などの蜂起事件が頻発。明治二年に場所請負制は廃止された。

外国船野放しに怒り

七月六日午前九時、儀助は元青森県令北代正臣、千島義会の岡本監輔らに見送られて磐城に乗船。翌朝函館を出航した。

艦内ではハンモックを使い、六尺四方、畳二枚分のスペースに九人ぐらいが何段かに重なって寝る。小艦に一二九人も乗り組んでいるのでは仕方ないが、並み外れて我慢強い儀助でさえ「苦しきこと口に述べ難し。郵船会社の下等船客も是れに比すれば上等と云うて余りあり」と弱音を吐く。

毎朝配給される五合の水だけで洗顔し、口をゆすぐ。三度の食事は、米飯なら昆布やワカメ、または缶詰肉入りの味噌汁か塩汁。肉のない日はたくあんか梅漬けだった。ビスケットの時は砂糖一口分と肉の缶詰。砂糖や味噌は尽きれば我慢するしかない。『北の水路誌』によれば、軍医総監高木兼寛（註…慈恵医大創立者）の研究によって艦内食に麦飯を入れるなどの改善が加えられ、ビタミン不足が解消し、脚気による遠洋航海の病死者は一八年以降ゼロになった。だが、改善されたとはいえ磐城艦の食事はいかにも貧弱で、儀助が数十日の航海で「衰弱し」たのも無理からぬことだった。

函館を出た磐城艦は厚岸を経て、一二日夕に北洋への最前線の町・根室に到着。柏原長繁艦長は厚岸でも根室でも儀助を優先して上陸させた。儀助は「艦長が老身を哀れみ、特命でボートを出してくれた」と書いている。

根室では郡役所地理課に勤務する旧弘前士族石郷岡準の紹介で、一カ月七円の下等下宿を借りた。三一日の出発まで日数があるため、下宿屋に桜田文吾記者と同居しながら情報収集することにしたのである。

翌日早くも、千島政策のお寒い状況を耳にする。前年夏、密猟取り締まりと称して軍艦海門が来航したが、根室に二〇日、色丹島《シコタン》に一〇日ぐらい停泊し、中部千島の新知島《シムシル》に一回航行しただけ。まるで密猟船に気兼ねして避けているようだというのである。外国密猟船はたいてい木造だが大砲、小銃、剣などの武器を備えている。地元の巡査や水産会社の船員では太刀打ちできず、逆に皆殺しの危険もある。なのに軍艦の警戒が名ばかりでは、儀助が「密猟者は白昼強盗するも、孰《いず》れか我に敵するものぞと云う意気あらんを信ず」と嘆くのも当然であった。

事態はさらに深刻だった。儀助の入手した元厚岸郡官吏・三上某の手記には、取締法を設けて日本人密漁者は処分しているが、「外国密猟に対してはこれを見て見ざるが如し」だと書かれていた。取締法とは一七年五月二三日付の「ラッコ、オットセイ密猟取締布告」だが、外国密猟船は実際に見逃されていた。

当時の日本は不平等条約に縛られて外国人犯罪者に対する裁判権がなく、身柄をいちいち横浜の外国領事館へ護送し、外国人に裁判させるという屈辱的な状態にあった。外国人犯罪者への刑執行は困難を極め、泣き寝入り同然のケースが多かった。

儀助は、密猟取り締まりの特権を与えられている水産会社の水夫が、自分たちの捕ったラッコを外国密猟船に横流ししているとの噂も聞きつける。背景にはやはり外国船に緩く日本人に厳しい取り締まりの矛盾があった。儀助は、取締法を全廃して内外の船に競争させた方が数年もなくラッコが全滅し、同胞は刑罰を免れ、外国密猟船も来なくなり「一挙両得」だと皮肉たっぷりに記す。

海軍の船・磐城に世話になっての探検だったことを思えば、海軍の取り締まりの手緩さを指弾する筆が鈍っても不思議はないが、儀助は決してそうしない。憂国の念が、筆を曲げることを許さないのである。

「占守島へ戻せ」

根室で儀助は桜田文吾記者とともに、弘前出身で内国通運会社根室出張店の取締兼支配人・対馬伍三郎に夕食に招かれた。その席で色丹《シコタン》アイヌの首長ストローゾッフ・ヤーコフと副長ブレチン・イヨン（註…儀助はイヨーンなどとも表記）に引き合わされた。両人と親しくなった儀助は、根室にいる間、時折会って千島の状況を教えてもらった。

イヨンは当時二六歳。ロシア語、日本語に通じ、水先案内人として磐城艦に乗り組むことになった。

彼ら色丹アイヌは、千島を巡る政治状況に翻弄された。明治八年の樺太千島交換条約によって千島全島が日本領となった際、政府は、食料その他の需要品を毎年一回輸送する—との証書をアイヌの人々に与えた。だが、千島列島は気象厳しく、差し渡し一二〇〇㌔にも及ぶため、特に北千島への物資輸送船はすぐに途切れがちになった。国籍選択の猶予期間三年が切れた後、政府は北海道近くへの移住を勧誘し、一八七九年には参事院議官・安場保和、根室県令・湯地定基ら巡回団を千島に送り、占守島《シュムシュ》に集まっていたアイヌ九七人全員を色丹島へ移住させた。

儀助は二五年八月一〇日、占守島に上陸し（註…桜田は「九日」と記述）、獣道をかき分けアイヌの廃村を訪れた。土塗りの竪穴住居が二〇棟ほどあり、首長の家には徳利や瓶、空き缶、獣骨が散乱していた。

このことを桜田が色丹島で話すと、アイヌの一人が「湯地県令のご馳走の跡だ。村人はたいてい飲み過ぎ、酔っ払って帰るのも忘れ寝込んだ者もいた。色丹島に移されたのは翌日だった」と涙をぬぐった。

桜田は根室帰着後に儀助と別れて色丹島へ渡り、同島アイヌの悲劇を新聞「日本」のルポ「霧影濤痕録」に余さず書いた。それによれば、湯地県令は占守島に着くやアイヌの人々に土産を配り、三日三晩の大宴を張って歓心を買ったうえで色丹移住を切り出す。だが、アイヌの長老たちは断ることで一決。すると、湯地は「保護を断つ」と脅したばかりか、アイヌの舟に火を放った。生活のすべを失った彼らはやむなく色丹島への強制移住に同意。湯地の上陸からわずか五日目のことだった。

儀助も、帰りに寄航した択捉島《エトロフ》での調査で、色丹アイヌの人口が五七人へとほぼ半減したことを知って愕然とし、『千島探験』で、彼らを占守島に戻すよう訴える。それはこう書き出している。「陸生動物を海洋に移さば其生命を全うせざると同じく、其境偶《きょうぐう》、総《すべ》て其身心に適さざればなり」

北千島アイヌに詳しい川上淳札幌大助教授によれば、彼らは島々を自由に往来しながら狩猟生活を営んでいた。政府は色丹移住後、農耕や牧畜をさせたため、食物の激変によるビタミン不足などで疾病が多発。さらに、感染症に免疫のない彼らは和人との接触でバタバタと倒れ、残った者も急速に気力を失っていった。儀助はそれを指摘したのである。

儀助は続ける。「内外非望を抱くの悪漢をして之を知らしめば立《たち》どころに一反旗を建るの口実となるや必せり。況んや毎年、東京ニコライへの通信あると。（中略）此土人あるが為めに金千円を費し一戸長役場・

病院を設けると。土人授産金千余円を毎年費すに非ずや。以上の諸事より観察する時は色丹土人は実に日本政府の厄介物なり」。色丹アイヌをお払い箱にせよと言っているのではない。厄介者の境遇に陥れた政策を糾弾しているのだ。

儀助はアイヌの人々に「土人」という単語を用いている。「土人」には①土地の人②原始的な人種―という二つの意がある。一一年には開拓使がアイヌの呼称を「旧土人」とする布達を出しているが、儀助の場合は下北住民を指して書いた「土人」（『雑綴』第六冊）のニュアンスからも、「土地の人」の意識しかないと思われる。沖縄や奄美における「土人」の記述も同様である。

日本国民は天皇の赤子として等しく撫育されなければならないという一視同仁の思想から、儀助は「僻村、寒村の民も亦た我邦《わがくに》の民なり。其増殖を計画するは治者の本職なり」と断じる（『千島探験』九月二日）。差別意識がないからヤーコフ、イヨンと「懇意となる」と書き、「占守に復帰せしめ、彼等をして小船を運用し漁猟に従事せしめば彼が長所を以て衣食を自給し、千島拓殖・密猟警備の主動力となり、大いに我が国利を増殖するの実益あるや断じて疑いなし」と言い切る。

色丹移住の際に湯地らの案内役を務めた柳田も似た意見を儀助に述べており、それを基にした見解であろうが、それぞれの土地に住む者が、それぞれの長所を生かして自活し、国に役立つ―というのは、儀助の信じて疑わぬ国民の理想像であった。

★14　首長ヤーコフ　『根室・千島歴史人名事典』によれば、ストローゾッフ・ヤーコフはアイヌ名コンカマークル。母親はロシア人。『千島探験』にもある通り、北千島は毛皮交易を通じてロシアの影響が強く、アイヌの人々はロシア語も話し、ロシア風の名前を付け、ロシア正教に帰依していた。色丹島移住後の同化政策でヤーコフは波越と改姓。末子波越愛太郎は捕鯨の名砲手になる。色丹アイヌは和人との混血が進み、第二次大戦の敗戦とともに北海道本島に移って全国各地に散り散りとなった。

カムチャツカ上陸密談

七月二一日、根室停泊中の軍艦磐城に郵船会社を通じて、片岡利和侍従の音信が不通―との知らせが入った。片岡は前年一〇月、天皇の命により、宮内省属・子林《ねばやし》精一、道庁属・多羅尾忠郎、省丁・早川彦重、従者・小川猛虎、写真師・遠藤陸郎を従えて千島調査へ出発。択捉《エトロフ》島で越冬後、水産会社のラッコ猟帆船で北上した後、行方不明になったのだ。郵船会社の船長によれば、八月三〇日の二百十日を過ぎれば千島は風波荒くなり、航海は非常に難しいという。儀助は自らの厳しい前途をも覚悟した。

磐城艦が根室を出港したのは七月三一日。少しでも石炭と食糧を補充しておく必要があり、翌日、択捉島の留別《ルベツ》に寄港して物資の調達をした。同港には海軍省の燃料補給所があった。ただし、野積みの石炭置き場である。また、柏原長繁艦長は、同港沖で備え付けの刺し網を入れさせた。さすがに北洋。三回でマスが五、六〇〇匹も揚がり、ボートに塩蔵した。柏原の用意周到さに儀助も感心しきりである。

準備の整った磐城艦は八月二日夕に出港し、濃霧の中、ひたすら北上。六日早朝には標高二三三九米《メートル》、千島富士とも呼ばれる阿頼度《アライド》島を望む北千島海域に達し、幌筵《パラムシル》島、占守《シュムシュ》島も視界に入ってきた。八月上旬にして、三島とも半ば冠雪していた。

同日昼、幌筵島と占守島間の小千島海峡で一隻の帆船に遭遇した。すると帆船から磐城艦に向かってボートが漕ぎ出てくる。片岡隊の一人子林であった。儀助はこの場面を、片岡一行の話として、こう描写する。「黒烟を吐き此方《こちら》に向い来る一大汽船あるを近寄りて之を見れば、彼艦《かの》も亦《また》我が方に針路を向く。接近して初めて我が帝国軍艦磐城号なるを知る。両船の人、互に見て喜悦の情に堪えず雀躍、甲板に登り手を揚げ、帽を振《ふる》うて喜を表し、歓声を発したり」。片岡一行が歓喜に咽んだのも無理はない。彼らの探査行は、聞く者を戦慄させずにはおかないものだった。

択捉島東北端の蘂取《シベトロ》で越冬した片岡隊は烈風・降雪を冒して一帯をくまなく調査。春を待って三隻のボートで同島中西部の紗那《シャナ》を目指したが、左右から迫る巨大な氷塊に押しつぶされそうになったり、見渡すかぎりの氷上を手でボートを曳いだり、氷塊をいかだ代わりにして進んだ。陸上ではアイゼン、ピッケルで氷壁をよじ登るという難所の連続で、やっとのこと紗那へたどり着いた。紗那港から第一千島丸に乗せてもらい、北洋の怒涛に揉まれながら、得撫《ウルップ》島以北の島々をたどって七月五日に占守島に上陸。草小屋を結んで根城とし、厳しい探検をさらに続けたという。

勇猛果敢な片岡隊に負けてはならじと奮起してか、儀助は片岡に招かれた磐城艦内の酒宴で、ある相談を持ちかける。カムチャツカ半島への上陸の企てである。この秘密計画を、儀助は根室で柏原艦長に打ち明けていた。外務省の手続きが必要だと言う柏原に、彼は「（ロシアの）警備十倍の手を尽くしたるを実験して防備の予算を要求すれば「議会何の辞を以て之を拒まんや」と目的を述べ、「貴下予に許すなくんばボートを盗んで予が素志を貫かん」と迫った。柏原は首を縦に振ったものの、乗り気ではなかったらしい。

片岡の酒宴の前夜、計画実行を念押しした儀助に、柏原は案の定「侍従の滞留を長くし其辛労を加」えるのは忍びないと約束を取り消した。そこで儀助は、酒宴を利用して計画復活を狙ったのである。片岡は身体頑強で武芸に優れ、天皇が「侍臣多くは蒲柳の質（＝弱い体質）にして、之が任に堪えざるを憂う。之を能くせんと思うものは唯利和のみ」と直々に千島探検を下命した。儀助は、この人物なら理解を示すと踏んだのだろう。豪胆な片岡は、儀助の目論見を聞き、「よろしい」と同意した。同席の柏原もうなずくしかなかった。一番の目標が叶う。儀助は喜び勇んで占守島のモヨロップ湾に上陸し、桜田文吾記者ら同行の三人とともに探検を開始した。

★15　屯田兵制度　新政府は明治八年、北海道の警備・治安と農業開拓を兼務する屯田兵を設け、青森、山形、宮城各県および北海道内から募集した士族一九八戸をまず琴似（現札幌市）に、そして順次北海道全域に入植させた。のちに平民も加えて三七年まで継続した。儀助は根室近郊の和田村で現青森県藤崎町出身の堰八主税に会い、屯田兵は畑の収穫が上がらず漁業雇いで生計を立てていると聞いた後、近くの山間部で自費移住の夫婦が立派に耕作しているのを知る。『千島探験』で儀助は、屯田兵制度は機能していないとして、むしろ密猟防止のため千島各地に屯田兵を置くべきだと提言した。

爪はがれ総身青ざめ

占守島《シュムシュ》に上陸した儀助、桜田記者、千島義会の二人を待ち受けていたのは、獣道を数歩進めば同行者を見失うほどの濃霧だった。オホーツク海気団の仕業だ。六月から九月にかけて居座る低温の高気圧が、海

儀助らの乗った磐城艦＝明治25年８月16日、小千島海峡で片岡隊の写真師遠藤陸郎が撮影（北海道立文書館蔵）

面と接して濃霧や雨を発生させる。儀助も、霧が天地をのみ、悪寒で四体震え、瞬間的に6℃も下がったと記している。四人は濃霧に濡れて一日中歩き回り、海岸の流木を集めて火をおこし、衣服と冷え切った体を乾かし、ビスケットの夕食を摂り、アイヌ住居跡で就寝する。すると今度は大雨が襲ってきて一睡もできない。食料も尽き、磐城艦に戻って調達しようにも濃霧と激浪が阻む。難破船のくぎを使って捕った川魚で空腹はしのげたが、再び冷雨が襲来。やせ我慢か、気概か、儀助は「此行、飢寒交々《こもごも》迫るも亦た真楽其中にあり」と記す。

こんな話も書いている。択捉《エトロフ》島に立ち寄ったとき、草が少し倒れているのはタヌキやキツネの足跡だが、一《メートル》ほど倒れていたら熊の道だから、決して足を踏み入れるなと忠告されていたのに、儀助は逆に熊道ばかり選んで歩いた。熊を恐れて探検を放り出せるか、この方が歩き易い、というのだ。まだ湯気の立つ糞を何度も見ながら巨大なヒグマに遭遇しなかったのは、幸運というべきだろう。

密猟船を初めて目撃したのは、銀鉱山を調べようと占守島の海岸を歩いているときだった。濃霧に紛れて湾に入ってきた船が、数十《メートル》先まで近づき、儀助たちの姿を認めるや沖に向かって逃走した。同行の二人が追おうとしたが、ボートも出せず切歯扼腕するしかなかった。密猟船はさらに二回見るが、いずれも全速力で逃げ去った。

探検に話を戻す。銀鉱山への道は険しく、一行はたびたび転び、足の爪がはがれ、手足を痛めた。風雨強まり、寒さが募る。増水した川を渡れず、銀鉱山にはたどり着けないままむなしく帰路に就いた。

儀助たちの上陸中、北千島の厳しい自然は磐城艦にも牙をむいていた。八月一〇日午後、にわかに潮流が激しくなり、錨が流され、島東岸の占守湾で座礁しそうになった。翌日深夜にも錨が流され、その後も幾度となく座礁の危機が襲った。最大の危機は船火事だった。一四日午後、石炭庫から出火。長期間の濃霧で粉炭が湿り、自然発火したのだ。幸い船体中心の柱のトタン板を焦がしただけで六時間後に鎮火したが、軍艦の磐城には火薬庫があり、危うく北洋の藻屑と消えるところだった。このときは儀助も艦上にいた。一三日に測量ボートに便乗でき、占守島から帰艦したのだ。桜田ら三人は島に残ったままで、儀助はボートによる救出を依頼したが、激浪のため却下。三人が戻れたのは一五日になってからである。

一八日に儀助らは再び上陸し、一九日まで幌筵島《パラムシル》、占守島で調査を続けたが、探検はそこまで。二〇日から、本州の一一月のような寒さになったからだ。波も激しさを加える一途。根室の水産会社の船長が言っていた、航海の困難な秋が近づいていた。石炭や食料も尽きてきた。度重なる座礁の危機で船員たちの疲労も限界に達し、誰もが帰航を望んだ。二八日に鳥島の測量を行った後、柏原長繁艦長は南進を指示。カムチャツカ上陸という儀助の野望はついえた。

磐城艦は一路、択捉島へ。三一日から九月二日までの同島寄港中、儀助は戸長役場などに行き、色丹アイヌや密猟について調査した。三日に根室へ帰着。色丹島に行く桜田を残し、北海道巡視中の土方久元宮内大臣に同道するため釧路に向かった。土方は内務大輔当時の明治一七年九月に常盤野の農牧社を視察したことがあった。また、東邦協会などで陸羯南と関係が深い。上川地方、札幌を巡視して土方と別れた儀助は、室蘭を経て、一〇月一五日に弘前へ帰り着く。一一六日間の旅が終わった。

一週間後、来客を避けるために弘前市茂森新町の玉田惣次郎宅の一室を借り、探検記の執筆を開始。雨の日も休まず通い、午前八時半から午後五時半まで筆を執り、『千島探験』を一気に書き上げた。

そのころ儀助は弘前市長坂町に住んでいた（註…市制施行は二二年四月一日）。履歴書によれば、「弘前事件」で中津軽郡郡長の辞表を出した一四年一一月に、生地の在府町から元寺町へ転居した。農牧社の設立資金調達のため家屋敷を売り払ったと推測される。一六年七月には常盤野の農牧社へ移住。さらに一九年四月、子どもの教育のため弘前の茂森町に住所を移し、妻子を住まわせた。長坂町への転居は二三年七月。農牧社へ一回目の辞表を提出（不受理）した翌月である。かなりの屋敷で、儀助はここを終の棲家とした。ただし、この家に腰を落ち着けるのは、五八歳で青森市長を辞してからになる。

★16　東邦協会　明治二四年設立の調査団体。会報『東邦協会報告』掲載の設立趣旨には「移住・貿易・航海に参考材料を与え、東洋人種全体の将来へ木鐸たる端をひらく」とあり、列強の植民政策への対抗目的が色濃い。初期の会頭は副島種臣、副会頭近衛篤麿、幹事長稲垣満次郎。会員に板垣退助、伊藤博文、尾崎行雄、榎本武揚らが名を連ね、当時の知識人の一大集団であった。岡本監輔、芝四郎（旧斗南藩士）の名も。陸羯南、谷干城ら新聞「日本」関係者をはじめ、後の東亜同文会に重なる会員も多い。活動盛期は明治三〇年代まで。

時代に応える総合解説

明治二六年二月一〇日に出版された『千島探験』は少し複雑な構造をしている。日付を追って書かれた旅日記の部分と、その間に分散掲載された根室や千島各島の博物学的まとめ、そして結論に当たる「千島群島警備私見」の三つで成り立っているのだ。

　同書については、畢生の名著とされる『南島探験』に比べ物足りないと言われてきた。儀助が危険を冒して自ら探検したのは北千島の占守《シュムシュ》、幌筵《パラムシル》の二島だけ。ほかに足跡を記したのも道東の厚岸と根室、南千島の択捉島だけだった。軍艦磐城に便乗しての探検だったため、行動の制約は致し方ない。また、主目的地ともいうべき北千島は、アイヌの人々が南の色丹島に強制移住させられて無人島と化していた。民の暮らしを見つめるという、儀助の真骨頂は発揮し得なかった。

　巻末「私見」において儀助は、政府による航路開設、年二回の警備軍艦派遣、灯台設置、色丹アイヌの占守島帰還、島庁開設、密猟警備の屯田兵配備などを提言した。これらは、桜田文吾記者が新聞「日本」に連載した「霧影濤痕録」と共通点がある。東喜望著『笹森儀助の軌跡』が指摘する通り、片岡侍従に同道した道庁属・多羅尾忠郎の「復命書」とも内容が似通っている。儀助は船上で桜田や多羅尾と日夜意見を交わし、侍従一行の調査記録を書き写し、参考にしたと思われる。

一方、『千島探験』で分量的にも多くを占めているのは博物学的な記載である。地形、動植物、産業、民俗など多岐にわたる。これも根室や択捉島などで収集した役所書類や古今の文献、色丹アイヌのヤーコフとイヨン、水産関係者や片岡隊から得た情報を基にしている。儀助の独自性はなく、現代の目で見れば地理の教科書を読むような味気なさが否めない。けれども、それらの調査項目を陸羯南が助言した背景を考えると、『千島探験』は違って見えてくる。

儀助の千島踏査前年の二四年七月、東邦協会が設立され、羯南も中心人物の一人として加わった。事業は「東洋諸邦および南洋諸島に関する地理・貿易・兵制・植民・国交・近世史・統計を講究する」と規約に明記している。一方、羯南の新聞「日本」と異名同体の関係にあった政教社も、地理学には非常な関心を寄せた。同社は国粋主義者、ただし、のちの超国家主義とは異なり、日本国民としての自覚と自立を立国の基礎に置こうとする人々の団体である。鹿鳴館外交に象徴される皮相的な欧化主義に対する反政府運動的側面を持った思想集団であったから、日本とその周辺を知る作業を重視した。

政府は、巨文島事件などで緊迫する対中関係に意を注ぎ、千島政策の強化には消極的であった。国防予算の少なさも要因だが、大国ロシアを刺激しないことに腐心していたのである。対して儀助は、千島と対馬・琉球・奄美大島は地理的に等価だという考えを持っており（青森県立図書館蔵の断簡「千島私見」）、そこに千島を探検した真意があった。羯南ら東邦協会、政教社同人の精神を、身を挺して実行に移したのが儀助だったといえる。

千島を目指した人はほかにもいた。儀助が函館で会った岡本監輔であり、儀助の翌年（二六年）三月に報効義会を興す郡司成忠《しげただ》である。郡司が海軍大尉であることに表れているように、彼らもまた主目的は営利ではなく、移住によって千島を名実ともに日本の領土とし、国防を固めることにあった。

『千島探験』は旅行記部分、博物学的まとめ、結論を合わせ読めば、千島の実際の姿が生き生きと浮かび上がるようになっている。そうしてみると千島の危機的現状に警鐘を鳴らす書であると同時に、千島に関心を抱く人々にとって格好の総合解説書たる本であり、時代の要請に応える一書になっている。

さて、郡司の報効義会より三カ月遅い二六年六月、弘前では愛国義会が結成された。東奥日報に掲載された趣意書と規約の草稿とおぼしき資料「緒言」が青森県立図書館の儀助資料中にある。それには「笹森氏の帰来するや（主唱者の）吾輩は就て其実状を聞ける」とあり、同会は儀助にも触発されたものであることが分かる。弘前ではさらに、千島同盟会も結成された。百人単位の賛助員を集めた両会に、儀助の名前は見当たらない。岡本の計画に危惧を示したように、儀助は素人の千島熱を冷ややかに見ていたのだろう。国内を席巻した千島ブームも結局、二七年の日清戦争勃発でうやむやになる。

★17 郡司大尉と報効義会 文豪幸田露伴の兄郡司成忠は明治一八年の海軍大尉就任時から北方探検の志を抱き、二六年に報効義会を組織。大々的に寄付を集め、同志の予備役下士官ら約八〇人を率い、熱狂的な観衆に見送られて東京の隅田川を出たが、嵐のため青森県八戸市大久喜沖と東通村白糠沖で一九人が遭難死。さらに捨子古丹《シャスコタン》島で九人、占守島で三人が死亡した。生き残りの一人に、のちに日本人初の南極探検に成功する白瀬矗《のぶ》がいる。郡司は二九年に再び会員を募って占守島に向かい、ついに移住に成功する。

乙夜の覧

青森県立図書館には甲・乙二巻から成る『千島探験』稿本が二組現存する。一組が初稿、もう一組が二稿のようだ。さらに推敲を重ね、巻頭に品川弥二郎揮毫の書「一見超百聞」、枢密顧問官・文事秘書官長の井上毅と、儀助の親戚である青森の漢学者葛西音弥による序を添え、東京市京橋区の恵愛堂から発行されたのが刊本『千島探験』である。

初稿、二稿とも多数に上る朱書きは儀助自身の筆ではない。横山武夫著『笹森儀助翁伝』は葛西が題字を書いたとしており、校訂者も葛西である可能性が高い。初稿の本文で「探険」だった表記が、二稿では「探験」に変わっている。題字は初稿『千嶋探験』、二稿『千島探険』『千嶋探険』だが、刊本では『千島探験』になっている。「探験」表記へのこだわりが窺えるが、理由は不明だ。

刊行といっても『千島探験』は政府関係者や友人・知人に配るための自費出版だった。それが明治天皇に献上されることになる。のちの「活人画」によれば、井上毅が「これ珍聞なり。乙夜の覧に入れてはいかが」と勧めた。井上は刊本の序を書いているから、一読したのは刊行前である。青森県立図書館蔵の笹森文書『遺稿』上巻にある「『千島探験』献納の奏上文」とその「附言」によれば、陸羯南が奏上文の案を草し、井上毅が校訂を加えた。奏上願書の日付は二六年二月一五日。「奏上文」「附言」とも、現存しているのは儀助死去の翌年に息子（註…長男熊司か）が書写したもので、井上の校訂内容は分からない。

弘前の郷土史家・川村欽吾氏は月刊誌『れぢおん青森』に連載した「明治の津軽びと　笹森儀助編」第一一回で、羯南が明治一〇年代、太政官文書局に勤務した当時の上司が井上毅であることを指摘し、『千

青森県立図書館蔵の『千島探験』。下４冊が稿本、上３冊が刊本（『明治北方調査探検記集成：千島探験』ゆまに書房・1988年を含む）

島探験』を井上に見せて奏上への道筋をつけたのは羯南だったと推定した。儀助の千島探検敢行の経緯からも、妥当な見方であろう。献上の許可は願書提出九日後の二月二四日、井上毅から儀助に通達された。儀助の喜びようは尋常ならざるものがあった。「活人画」は「故郷に帰り世塵を避け、耒耟《らいきょ》（註…正しくは耒耜《らいし》。広く農具の意）を取って余生を送りょう。この嬉しさを老後に語り、また子女に談じ、久々にて家族団欒の楽しみを取りようと心に決めた」と書いている。

第五章 『南島探験』

井上馨の嘱託

『千島探験』天覧奏上からふた月ほどたち、儀助は内務大臣・井上馨邸に上がる。内相が来訪を求めてきたのである。「活人画」によれば、地方官会議の開会中で、邸には多数の知事が訪ねてきたが大臣は面会を断り、儀助だけを別室に通した。酒を供しての懇談は数時間に及んだ。『南島探験』「諸言」の草稿「南嶋探験発端」(青森県立図書館蔵)は、二六年四月一八日午前六時三〇分と記しているが、酒が出たからには午後であろうか。

千島について一通りの質疑応答が終わると、井上がおもむろに切り出した。「昨年中、内地輸入糖の総金額凡《およそ》九百余万円の多きに上る。(中略)南嶋の糖業を拡張して該輸入に当るの見込みあるや否や、今日の計を慮るに琉球諸嶋の探究を要するの急務なるを感知せり。若《も》し笹森氏にして家事支障なくば此調査を属託(=嘱託)せん。如何」(「南嶋探験発端」)。琉球諸島を探検してはくれまいか、と求めたのである。その主眼は輸入糖対策だった。幕末に長崎を通じて入り始めた白糖が、明治になると輸入量が増大。砂糖が初めて庶民の口に入るようになった半面、貿易赤字の一大要因となっていた。

南方を探検したいという希望は、儀助自身も以前から胸に秘めていた。とはいえ、あまりに唐突な打診。

自分は北国育ちで、砂糖が木に実るのか草が作るのかさえ知らない。「熟考の上、返答いたしたい」としか言えずに井上邸を辞した議助は、その足で品川弥二郎邸、佐々木高行邸を相次いで訪ね、助言を仰いだ。答えはいずれも「可能な限り尽力すべし」であった。さらに知己の実業家・金原明善の意見を聞きに行った。金原は「製糖の事は一個の技術なれば一、二年の勉強にて知り得べきに非ざるも、該地方人に足下千島探験の精神を移転せば、後来間接に国家の益となるべし」と言い、「行く可《べ》し」と勧めた。金原は儀助の実践力を高く評価していたのだ。数日後、儀助は内相邸を再訪し、依頼受諾を伝える。明治期を代表する探検の一つ、南島探検は、こうして実現することになった。

北千島に続き今度は日本南端へ向かうことに、世間には「曰く馬、曰く鹿」(馬鹿の意)という変人扱いも既にあったが、儀助は「世評に任せんのみ」と一笑に付した。知人で反対した人はいなかったものの、青森県選出の代議士工藤行幹は、少し待つよう勧めた。「活人画」によれば工藤は「熱帯地だから今ではなく秋に」と進言したが、儀助は「暑い所へは暑いとき、寒い所には寒いときに行かなければ土地の真相が分からないではないか」と退けた。いかにも儀助らしい。

東奥日報の二代目社長だった工藤は、共同会時代からの民権家であり、「弘前事件」で儀助と衝突した。『津軽りんごの精神史』によれば、明治一九年には儀助の農牧社運営について「専断のふるまい多く私益を計《はか》っている」と根拠のない攻撃をする書状を送っている。その工藤に探検の相談をしたということは、国会傍聴中に地租改正を巡って儀助が「愚見を陳し」「嘱託を受けて調査」した「議員中の知己」に工藤が入っていて、関係も修復されたのかもしれない。

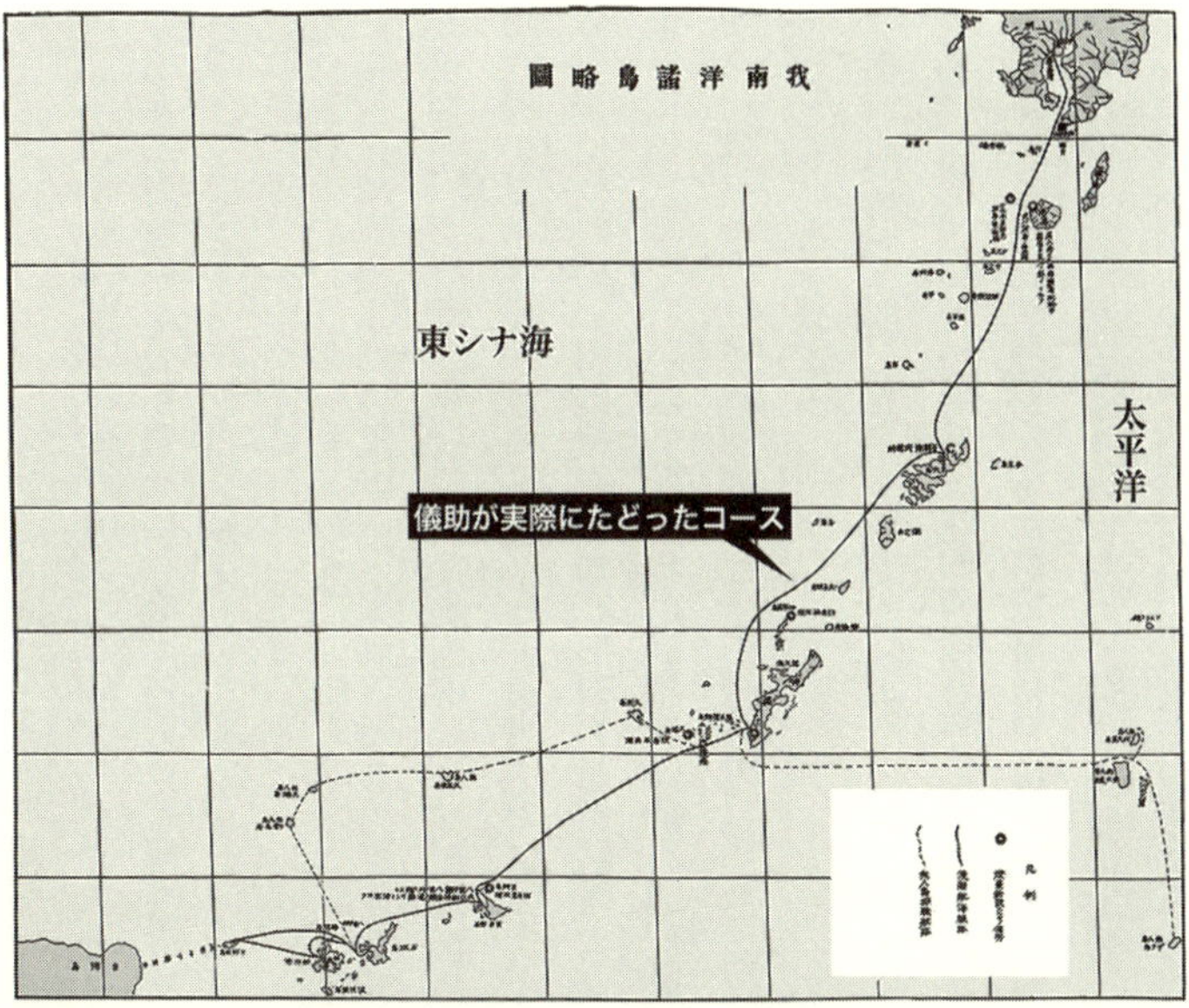

南島探検のコース（図中の実線）＝復刻版『南嶋探験』（図書刊行会、1973年）添付図を基に作製

さて、ここで問題にせざるを得ないのが、探検の「嘱託」と「資金」の関係である。半年も費やす南西諸島縦断は船賃や宿代だけでも相当額に上る。井上は「嘱託」と明言したが、経費には触れていない。儀助も、農牧社の十余年の間「倹素を極め」たから「家計費用、普通常人の費用半額とすれば足る」という程度しか記していない。井上が内務省予算から内密に拠出したか、ポケットマネーを出した可能性もないではないが、想像の域を出ない。結局、資金の出所は謎のままである。

東喜望氏は、儀助が沖縄各地を警官や官吏の先導で巡視し、沖縄県高官ら官吏が少なくとも表面上は儀助を厚遇したと指摘し、儀助が「巡察使」の役割を担っていたと述べている（『季刊　自然と文化』一九九四年秋季号）。なぜ儀助が、比類のない綿密な調査を実施でき、しかも歯に衣着せず悪政を糾弾できたかを考えるには、官の後ろ盾がどの程度あったかが関わってくるが、資金源が分からない以上、その点も現在のところ決め手を欠いている。

旧慣温存

探検とは、簡単には足を踏み入れることのできない場所の調査を言う。なるほど南西諸島には毒蛇ハブが生息し、マラリアの蔓延する島もあった。だが、無人の北千島ならいざ知らず、台湾手前の与那国島まで大勢の日本国民が暮らしている。島役人がいて、上級官庁である沖縄県庁の幹部は全て国官吏。内相の井上馨であれば、組織機構を通じて報告を命じることが可能だし、仮に探検が必要だとしても派遣できる配下はいくらでもいる。ところが、井上は民間人の儀助を指名した。並の人物では調査できないと考えたからに違いない。なぜなのか。『南島探験』が衝撃を呼んだ理由を理解するためにも、まず当時の沖縄の置かれた状況を見てみる。

南西諸島は一四二九年、尚巴志によって統一が果たされ、奄美諸島を含む琉球国が成立。中国への朝貢貿易で栄え、独特の琉球文化が花開いた。一六〇九年、薩摩藩主島津家久が武力で琉球を征服し、幕府の支配が始まった。徳川家康が薩摩藩に、琉球国王の襲位などの人事権、徴税権を与え、奄美は薩摩藩に割譲された。ただし王国体制は保たれ、中国との冊封（大国が周囲の小国に王位を与え、朝貢させること）関係も断たれなかった。薩摩が琉球貿易を利用するためであった。

明治維新が成り、新政府は琉球王国を廃して沖縄県を設置しようとしたが、琉球側の抵抗と清国の猛抗議を受け、明治五年に琉球国を琉球藩に改め、尚泰王を藩王として華族に列しただけで終わる。しかし、台湾に漂着した琉球人六九人中五四人が住民に殺害された事件を奇貨に、明治政府は七年に台湾に出兵。清国の弱体化を見抜き、琉球を名実ともに完全に内国化する施策に着手し、処分官・松田道之を何度も琉球に派遣。一二年三月二七日、松田はついに軍隊、警察を動員して琉球藩の廃止と沖縄県の設置を宣言し、首里城の明け渡しを命じた。琉球国の廃止、沖縄県設置を一般に「琉球処分」と呼んでいる。

琉球処分から日清戦争を経て三六年に土地整理が完成するまでの期間を、沖縄県史では「旧慣温存期」と言う。旧慣温存とは統治の基本たる土地・租税・地方の三制度が琉球藩時代のまま残されたことを指す。ほかにも士族の秩禄処分が四三年まで先送りされるなど、沖縄は封建的諸制度が維新後も広く残された。それが農民収奪体制の継続につながり、沖縄人民に悲惨な生活を強いる元凶となった。

旧慣が温存された理由には諸説あるが、第一には、旧支配階級（琉球士族）の協力なしには施政が困難だったためとされる。彼らの中には清国へ脱走して琉球国復活への支援を願い出ようとする者もいたため、士族の権利を保障した（『沖縄県史　第2巻』）。また、沖縄ではヤマトグチ（本土の言葉）が全く通じず、国派遣役人だけの直接統治は難しいという現実もあった。

一方で、政府は明治維新直後から、清国内での自由通商権という、欧米並みの条約獲得と引き換えに、先島地方を割譲する秘密交渉を進めた。「改約分島交渉」と呼ばれる。調印寸前で頓挫するが、この一件は明治政府の中に先島地方を外交の道具という程度に見る意識があったことを示す。かくて沖縄は、明治政府の中央集権体制の中で極めて特異な状況に置かれた。中でも先島地方は政府の統治から半ば外れた、距離以上に遠い辺境だった。だからこそ井上は、役人では十分な探検はできないと考え、『千島探験』の著者・儀助こそ適任者だと直感したのであろう。

田代との面会

弘前を出発したのは明治二六年五月一〇日。その時の心情を、儀助は『南島探験』の本文書き出しに、率直に吐露している。「二大危害の前路に横《よこた》わるあり。何ぞや。毒蛇の螫喫《せききつ》也、瘴癘《しょうれい》の感染也。此二毒を蒙るときは其生を全うする者寡《すくな》し。余は已《すで》に決死の上途なれば外貌強《しい》て壮快を装うも、内実、生死別を兼ね血涙臆《むね》を沾《うるお》す」。瘴癘はマラリアのこと。家族や友人との、今生の別れを覚悟しての旅立ちであった。

東京に着いた儀助は、次の人々を訪ね、情報を収集した。

▽田代安定＝地学協会の嘱託編纂委員▽田中節三郎＝農商務技師・農科大学助教授（註…東大農学部の前身。儀助は「教授」と記載）▽奈良原繁＝沖縄県知事▽今西相一＝同参事▽岡毅＝農商務省陸産課長▽岸三郎＝元同省技師▽陸羯南

二人目の田中は、儀助が二二年に西ケ原養蚕伝習所で学んだ際の講師陣の一人。イネの起源などに関する気鋭の農芸化学者で、二四年に沖縄を巡回した経験を持つ。儀助は地図や調査書など田中から拝借した資料を探検に携帯し、「本行便宜を得る事極めて多し」と記している。奈良原知事は「一見旧知のように」儀助に接した。沖縄に到着後も同様で、儀助の探検に深く関係する。岡も儀助の旧知だという。岡から紹

介された岸は糖業改良の専門家で、儀助に糖業の現状などについて多くの知識を授けた。盟友の羯南には調査事項についてアドバイスを求め、「千島探検に順ずべし」との返答を得た。したがって、儀助が沖縄のあらゆる面を観察し、記述したのは、千島探検と同じく羯南の教示が大きな要因となっている。さらに羯南は「但《ただし》、琉球に於ては支那（＝清国）と関渉如何の如き、実に今日の要点なるべし」と付け加える手紙（六月一五日儀助落手）を送った。沖縄士族の間に琉球国復活を狙う親清国派がいることを背景とした助言であろう。国防は儀助自身の最も関心深いところであるが、羯南は沖縄の政情を説明し、重ねて注意を促したとみられる。

儀助の特筆したのが、熱帯植物学研究の第一人者にして南島研究の先駆者・田代との面会である。元農商務省役人。一五年、キニーネの原料であるキナ樹試植のため沖縄に出張し、八重山諸島まで足を伸ばした。さらに一八年、二〇年に八重山諸島を再訪。儀助が会ったときはマラリアに冒されていた。三度の八重山調査を基に植物のほか、地理、歴史、民俗、言語などについて多くの論文や報告を『東京人類学会雑誌』等に発表する一方、復命書などによって国にも多くの提言をしたが一九年、伊藤博文内閣への意見書が容れられず、農商務省を辞職した。儀助の書き写したその意見書「沖縄県下八重山群島急務意見目録」が青森県立図書館に残っており、『南島探験』末尾の「南嶋事務私見」の内容との共通性に驚かされる。

①八重山地方を中央政府の直轄に②旧慣の改革を③人頭税を廃止し地租改正を④貨幣の流通を⑤マラリア対策・医療の充実を⑥西表島に軍備を⑦警察権の拡張を―等々である。①に至っては文言までそっくりだ。『南島探験』の最大の意義は、生死ぎりぎりの境遇にあえぐ民衆の姿を、儀助が己の目で見た通りに

世に訴えた点にあり、田代の文書と共通点があるからといって価値が大きく損なわれることはない。ただ、人頭税やマラリア有病地の惨状などに儀助が深い関心を抱いたのは、田代に会ってからだと考えられる。田代が、儀助の南島探検のあり方そのものに重大な影響を与えたことは疑いない。

★18　田代安定　田代安定は安政四（一八五七）年、鹿児島の西郷隆盛、大久保利通、大山巌らの生家と目と鼻の先で生まれた。一七歳で上京。翌年、内務省御雇博物館掛に採用されて植物学の研究を始めた。直言、奇行の人で、明治一七年、理学博士号授与の知らせに「ソンナモノイリマセン」と電報で辞退した。内務省を辞職後、東京帝大の嘱託でハワイ、サモアなどを調査。二九年に台湾総督府に迎えられ、二一年間研究に当たる。植物学や民俗学などに多大な功績を残した。

知事が協力指示か

儀助は神戸まで汽車で行き、そこで汽船「陸奥丸」に乗った。一日半の鹿児島港停泊中も人に会い、情報収集し、明治二六年五月三〇日、いよいよ沖縄に向けて出航した。

乗船後、儀助は一等運転手の元橋氏に奄美大島までの航海の難易を尋ねた。熱心さを感じ取ってか、元橋氏は以後、職務の合間を縫い、灯台の必要な個所を儀助に指し示す。儀助は、鹿児島県大隅半島南端の佐多岬灯台を最後に、台湾と国境を接する与那国島まで灯台が一つもないことを「航海者の思《おもい》殆んど無政府の憾なき能はず」と記した。永山規矩雄編『田代安定翁』によれば、田代はロシアでの万国園芸博の代表事務官として派遣された帰途、「所属の曖昧な先島に修船場と仮病院を設置すべし」というフランスの新聞記事を目にし、沖縄の防備に危機感を抱いた。田代との面談は、防衛に関しても儀助の関心を一層深めたと思われる。

『南島探験』緒言は「国を守ると家を守ると固と一理なり」で始まり、「朝野政事家、興業国防に囂々喃々《ごうごうなんなん》するも、今だ一の警備艦を発し〈英に巨文島占領の実あるも我が南境は度外に置くの奇観あり〉南境を守り、併せて五十余島の陛下の赤子を保護するの事実あるを聞かず」と書く。日清戦争の前年である。

那覇港着は六月一日。計画では、その後一気に先島地方まで南下し、北上しつつ各地を探検するつもりだった。だが、先島への汽船出発が延期になったため、まず沖縄本島北部の国頭地方を巡視し、七月五日に「大有丸」で南下を開始。宮古島、石垣島、鳩間島、西表島の各島を巡視し、八月一日に日本最西端の与那国島に到達。同島で折り返し、石垣、宮古両島を踏査。二八日に那覇に帰着し、一カ月間、那覇周辺と国頭《くにがみ》地方を調査した。沖縄を離れたのは九月二八日。与論島、沖永良部島、徳之島に寄港して九月三〇日に奄美大島に到着し、同島でも精力的に調査を行い、一〇月一七日に神戸行きの汽船「尾張丸」に乗った。南西諸島にいた期間だけで四カ月に及ぶ長旅だった。

初めて那覇に上陸した日、「県庁より各役所・警察署に向け、及ぶ丈《だ》けの保護及便宜を与うる事を通達」したと稿本に記されている（刊本では削除）。この通達が、各地の役人や巡査が儀助を案内し、質問に応じ、報告書や公文書まで差し出した根拠とみられる。

翌日、儀助は旧藩王家・尚氏の墓所を訪れようと首里に向かい、迷子になる。言語が通じないため道を聞けず、わらじも買えず、午前零時にようやく宿にたどり着いた。「官吏先導保護に依らば、恰《あたか》も贋《にせ》役人の如く（して）面白からず」と思い、一人で出掛けたための失敗である。探検の中盤、西表島横断の案内を地元住民が渋ったくだりでは「余は固《もと》より官吏の資格を帯びるにあらざれば、ここに至り如何共なし難し」と書いている。役人の協力は得たが、儀助は私人として南西諸島を巡ったことが分かる。内相井上馨の「嘱託」は、少なくとも手続き上は儀助への個人的依頼だったことになる。

島役人らに協力を命じる通達は、普通に考えれば知事の奈良原繁の指示であろう。井上が手を回した可能性は残るが、だとしても、奈良原個人の好意による部分も大きいと思われる。儀助が奈良原に直接再会するのは探検終盤、先島地方から那覇に戻ってからだが、奈良原は儀助に心友のように接した。

儀助は東京で初めて面会したときの奈良原の「懇篤」ぶりを、感激を込めて書いている。那覇で再会したときは、奈良原の大酒家ぶりに閉口するが、しかし九月八日、泉崎村（現那覇市）で開かれた沖縄私立勧業会の宴席であることに気づく。奈良原が横に置いた土瓶の酒しか飲まないことを不審に思い、こっそり飲んでみると、わずかに泡盛を加えただけの冷水であった。知事邸に席を移しての宴会でも同じだった。同席した儀助の竹馬の友で警部長の田中坤六（弘前出身）に聞くと、知事は「風俗の取締は足下《そっか》（＝田中）と我とにて足る。他の官吏は茶屋に上がるも関せず。唯両人は之を慎むべし」と言い、酒も婦女も遠ざけていた。儀助は「自身決行の覚悟は、地方官には得易からざる精神と感ぜり」と絶賛している。

奈良原繁と謝花昇

沖縄の近代史を語るには外せない何人かの人物と、儀助は出会った。奈良原繁知事もその一人である。

奈良原は旧薩摩藩士で、実兄は生麦事件で英人を殺害した奈良原喜左衛門（繁犯人説も）。自身も島津久光の命を受け寺田屋事件で同藩の急進的倒幕派志士を切るなど勇ましい経歴を持つ。維新後は農商務省大書記官や静岡県令、日本鉄道会社初代社長、貴族院議員などを歴任した。『沖縄県史』別巻によれば、清国や朝鮮を巡る対外緊張が高まる中、軍事的要地でありながら旧態のまま放置されていた沖縄県を改革する切り札として、松方正義首相が奈良原に知事就任を懇願したという。松方は薩摩藩の後輩に当たる。

謝花昇＝右から２人目（八重瀬町具志頭歴史民俗資料館蔵）

　奈良原の在職中、就学率は17・26％から92・81％にまで向上した。糖業の奨励、那覇港の築港など、沖縄近代化への重要課題は奈良原が基礎を固めたとされる。儀助が沖縄を訪れた明治二六年、奈良原は五九歳。知事就任から一年を迎えようとしていた。九月二七日、儀助は先島地方の政治改革の意見書を奈良原から与えられる（註…『南島探験』刊本では「某有名且《かつ》有力家」と表記）。その中には一種の農奴である名子《なご》の廃止、吏員制度改正などが含まれていた。

　前任の丸岡莞爾知事が政府に上申（註…儀助の写しが市立弘前図書館に現存）した地租改正にも、奈良原は着手した。旧慣改革の基礎となるもので、これが奈良原の最大の功績とされる。儀助は「（歴代知事中）奈良原の声望最も高し。各離島の住民も尚《な》お其の名を知る」と書く。儀助自身も先島地方を巡回し、旧慣によって悲惨な生活を強いられる島民の姿をつぶさに見ており、奈良原の改革に期待を抱いたとみられる。

だが、奈良原ほど毀誉褒貶の落差の大きい沖縄県知事はいない。彼のさまざまな功績も、沖縄を日本帝国に組み込むための強権政治だったとするのが今日の一般的評価である。国家の目的に忠実な為政は半面、民衆にとっては専制政治となり、一五年八カ月余にもわたる在職中、「琉球王」の異名を得る。

さて、既に触れたが、儀助は九月八日に泉崎村（現那覇市）の農事試験場で開催された沖縄私立勧業会に出席した。儀助が大日本農会の創会（一四年）以来の会員であることによる招請であろう。席上、儀助は促されて演説をする。実際は事前に依頼されて原稿を用意したのか、事後に内容を書き留めたのかは定かでないが、青森県立図書館に「勧業会演説主旨」と題する断簡が残されている。それによれば儀助は「会員諸君の教えを請いたい」と、砂糖増産、先島地方の拓殖方法などについて演説した。

儀助の前に糖業の耕作地について演説したのが謝花昇《じゃはなのぼる》。沖縄初の民権運動家として今に語り継がれる人である。『沖縄の百年』などによれば、東風平《こちんだ》（現八重瀬町）の農家に生まれた謝花は、秀才の誉れ高く、一五年の第一回県費留学生として学習院、東京山林学校に学び、農科大学（東大農学部の前身の一つ）へ進んだ。卒業後、県の技師となり、共進会、砂糖審査会などに属し、土地調査委員、民法施行委員なども兼任して奈良原知事の改革を進める中心人物として活躍していた。儀助が奈良原、謝花に会った時は、いわば二人の蜜月期であった。

青森県立図書館に「沖縄県尚典氏開墾願」と題する書類の写しがある。申請の日付は二六年一一月九日。儀助が探検を終えた直後である。儀助がいつ、どこで入手したのかは不明だが、この開墾問題こそ、奈良原と謝花の対立を招くきっかけとなる。奈良原は沖縄北部の杣山《そま》と呼ばれる山林約四千町歩を士族救済・産業開発などの名目で開墾させようとした。開墾主任だった謝花は、これが農民たちの生活を脅かすばかりか、旧王尚氏や財産家、奈良原自身を含む高官に払い下げられることを知り、計画反対に転じて農民集会などを展開する。奈良原は激怒。次々と県庁を追われた謝花や同志たちは民権運動に傾倒していくが、暴力団を差し向けるなど奈良原の執拗な妨害に遭って運動は挫折。生活苦の中、山口県にやっと職を得て赴く途中に謝花は発狂。四一年、四三歳で生涯を閉じる。

儀助が、わずかに遅く沖縄を訪れ、杣山開墾問題に接していたら、二人をどう評価しただろうか。

★19　琉球新報の創刊　沖縄県初の言論機関「琉球新報」は奈良原繁知事の勧奨と尽力により、明治二六年九月一五日に創刊した。那覇滞在中の儀助も当日の祝宴に招かれたと『南島探験』にある。同社は創刊百周年企画として、『南島探験』の詳細で多彩な記録と現代の実情を比較し、新時代を展望する連載『新南嶋探験』を掲載し、同社刊で単行本にもなっている。

「沖縄は日本」

「波止場の近傍数百の婦女群集するあり。老弱（＝老若）を問わず先を争いて前後を擁行し、或は一箇の壜を手に持《もっ》あり、一の小風呂敷を頭に戴くあり、殊状異態喧囂《けんごう》名状すべからず。言語通ぜず。唯《ただ》一個に付何貫何百文くれろの語、僅《わず》かに聴取るを得るのみ」

六月一日の那覇港上陸を、儀助はこう描写している。「シベリア」を「スベリア」と書くなど、儀助の文には津軽訛りが顔を出すが、本土内でも通じにくい津軽弁と、輪を掛けて特異なウチナーグチ（琉球語）とでは意思疎通ができないのも無理はない。

翌日に宿を訪ねてきた警察雇い・成田得之助、翌々日に来た巡査・千葉祐弥はともに青森県人。言語通ぜず、風土、気候、人情、風俗も全く違う土地で同郷人に出会ったお互いの喜びようは、想像するに余りある。同月一〇日には警部長・田中坤六が先島出張から帰ってきた。儀助の竹馬の友が偶然にも沖縄で奉職していたのである。田中は佐賀県の警部長時代に選挙大干渉に関与した。二五年、先鋭的な民権派が帝国議会の議席数を伸ばすことを恐れた政府が、警察力まで使って選挙妨害をした事件である。九州では壮絶な切り合いも頻発した。この事件から松方正義内閣は崩壊。田中も三重県へ異動となり、そこでも民党から激しい非難を浴び、すぐに沖縄県へ異動になった。

当時の官制では、警部長は知事に次ぐ県政ナンバー2の立場。奈良原繁知事が各役所、警察署に儀助への協力を命じたのは、儀助と田中の再会前だが、儀助を田中の旧友と知ってのことだったのかもしれない。

本島北部の現名護市にある国頭役所の所長・笹田柾次郎も弘前士族。本人は北白川宮能久親王の沖縄巡遊（六月一九～二八日）奉迎準備に多忙だったが、儀助の国頭地方巡回に巡査一人を付け、各間切（註…本土の郡よりやや小さい行政単位）にも案内を指示した。間切を通過する儀助には番所と村役所から五、六人の吏員、数人の人夫が付き従い、村境では茶を供して村内の耕作状況などを説明した。言語不通にもかかわらず民間の利弊を多少知ることができたのは、みな笹田役所長のおかげだと儀助は記す。

結局最後まで、本土出身者や本土の言葉を解するごく少数の地元役人、教員に通訳してもらうか、筆談に頼るしかなかった。島により方言が違い閉口したと儀助が記すように、本島と宮古、八重山両諸島の間で通じないほど琉球語は地域変異も大きい。琉球語は現在も、日本語の一方言であるとの説のほか、日本語と同系の唯一の別言語とする説もある。ましてや明治期の本土では誰もが琉球語を外国語視し、沖縄の人々を異人種として蔑視する風潮が強かった。だが、儀助は「近著の地理書抔《など》を見るに、沖縄始めて我版図に入る抔と記せるは何の心ぞや」と怒った。ドナルド・キーン氏が『百代の過客　続』で指摘する通り、儀助は「沖縄人と日本人が同一人種で、同一文化を共有していることを信じたがった」のだ。

首里役所長の西常央が石垣島で採取した勾玉や石斧を儀助に見せ、「石器時代から日本と同種族である一証拠だ」と話すのを聞いたとき、儀助はわが意を得た思いがしたはずだ。儀助自身も、各島を巡って観察した結果として、沖縄全島の人を「骨格より見るも、同じく是日本人なり」と断じている。

石垣島平久保村の大和墓（註…八島墓とも）からは頭骨を持ち帰った。平家の落人の墓だとする地元の伝承を知り、沖縄と本土とのつながりを科学的に立証しようとしたのだ。遺骨を神と畏れる現地の人々から非難されて困惑した儀助は、箱を作らせて床の間に据え、花を供えた。なおも地元警察から「無断持ち出しは違法だ」とされたため、許可願いの書を添えて那覇の警察本部に送った。警察本部は頭骨の一時拝借を許可した。これも田中の計らいだろうか。東京に持ち帰った頭骨を、儀助は新聞「日本」の桜田文吾記者に託し、人類学者へ鑑定を依頼した。残念ながら『南島探験』に結果は記されていない。

沖縄の美点尊重

本土を指して、儀助は意図的に「他府県」と表記した。世間では沖縄以外を「内地」と呼ぶが琉球も「外地」ではない、というのだ。本土と沖縄の微妙な関係を反映している。

薩摩による搾取の歴史を背景に、沖縄には本土への反感があった。他府県人と結婚する琉球人は一人もなく、島外人を甚だしく外国視すると、儀助も書いている。一方、本土側は、軍事的要地、輸入が急増する砂糖の供給地といった国内植民地を見る目で見ていた。儀助は明治一二〜二四年の沖縄県庁歳出入表を掲げて巨額の国庫補填を指摘した上で、琉球は厄介だ、経費ばかり多く利が少ないと政治家は言うけれども、ならばなぜ旧藩王に与えないかと皮肉を込めて批判したが、その理由は、砂糖を増産して輸入を防げば国家の利益は大きいというもの。井上馨内相の探検依頼の目的が糖業振興だったせいもあろうが、沖縄を国益というそろばん勘定で見る姿勢が儀助にもあったことは否めない。

彼が他の本土人と著しく異なるのは、そこで思考停止しないことだ。沖縄県や沖縄の人々を決して色眼鏡で見ようとせず、美点は美点、汚点は汚点として直視した。例えば、琉球王家の廟がある崇元寺境内では下馬碑石の碑文に従って誰もが馬車を降り、敬礼して通ることを「自ら守礼之邦《くに》と号するも偶然にあらず」と感服している。奈良原繁知事招待の宴席では、見慣れぬ豚肉料理がたくさん出された。大旅行の終盤で脚を患っていた儀助は、医者から肉食を禁じられて十分には堪能できなかったものの、調理の精密さは肉食を主とする西洋人も一歩譲るだろうと、その特長を激賞している。

このような姿勢で儀助は各地の旧跡、城（註：グスク）などの遺跡、神社仏閣、冠婚葬祭、ノロ・ユタなどの土俗宗教、生活習慣、風俗、民具・農具など全てを見て歩いた。幾多の文書を集め、碑文も書き写した。目的は琉球の歴史・文化を総合的に理解し、古来の日本と琉球の関係を考証することにあったが、尊重すべきものはきちんと尊重した。

谷川健一氏は『独学のすすめ』で、「笹森は保守的な傾向をもっていたとはいえ、彼は自分の見たものを言葉または文章で裏切らないという点で、その精神はまさしく革新的であった」と述べ、曇りのない儀助の視線を「ダイヤモンドの目」と評した。何が儀助の目をダイヤモンドにしたのか。それは、彼が皇国の統治を善と信じて疑わなかったことが関係しているようだ。

『百代の過客　続』が指摘するように、儀助は旧琉球王家に尊称を付けず「尚氏」「尚家」と呼び、北白川宮能久親王が巡察を終えて離県する際に見送りの尚一族がかごに乗って来たことを、昔の大名の往来と少しも違わないと冷笑した。一方で、必死に生きる沖縄の民衆には限りない慈愛の目を向けた。地元警部の話した「琉球人・フィリピン渡来説」にも耳を傾けながら全く差別視しなかったのは、千島探検で千島アイヌの人々に接した態度と同じだ。

『南島探験』には幾度となく「天皇の赤子」という言葉が登場する。儀助にとり、日本国の領土に生きる人は、例外なく、天皇の子として等しく保護・撫育され、日本国民であることの幸福を享受できなければならないのである。

ハンセン病患者の小屋

沖縄本島北部の国頭地方を訪れた儀助は、絶壁の上に一軒、二軒と粗末な小屋があることに気付く。不思議に思い同行の巡査に問えば、癩《らい》病患者の小屋だという。癩はかつてハンセン病を指した言葉である。臭気がひどいからと役人たちが皆止めるのも聞かず、儀助は、癩病患者といえども天皇の赤子、私は絶対に行く、と岩をよじ登っていった。たどり着くと二〇歳前後の女性と七歳ほどの女児が干し草を敷いただけの土間にいる。全身に膿が生じ、数歩離れても臭気が鼻を突く。この重病人がなぜ絶壁の上に打ち捨てられているのか。憤る儀助に役人たちは、癩病者は戸籍帳から抜くのが当地の習慣で、村に置くと感染の恐れがあるから予防のため隔離する、と事もなげに答えるのだった。

ハンセン病は顔や手足などが変形することも多いため、業病、仏罰などと恐れられた。患者を戸籍から抜くといったひどい扱いは全国的なもの。国が弾圧を率先し、治る病気になった終戦後も断種手術など非人間的扱いが行われたことは周知の通りだ。不条理な隔離を強いる「らい予防法」が廃止されたのは、世界に半世紀も遅れた平成八年。そうした歴史を見れば、日本国民であれば誰も差別しない、儀助の平等精神の徹底ぶりが分かる。

患者を差別しないどころか、逆に儀助は、政治の側を手厳しく批判する。ハワイに専門家を派遣して治療させながらわが日本帝国の不幸な患者をなぜ顧みないのか—。このことを国立松丘保養園（青森市）の医務課長を務めた内田守は、同園の文芸誌『甲田の裾』昭和一七年六月号に「此の救癩先覚者を青森の地に見出して鼓舞さるること多大である」と、万感を込めて記している。明治中期における儀助の姿は、ハンセン病史においてそれほど画期的なものだった。なお、儀助が書いた「ハワイへの医師派遣」を内田は、東京に国内初のハンセン病専門医院を開いた後藤昌文の息子昌直が、ハワイ政府に招請されたことを指すと推定している。

病気の話ついでに、儀助が沖縄で患った病について触れておく。

落平の滝に集まる水汲み舟（那覇市歴史資料室蔵）

不慣れな暑さに体がついていけなかったのか、那覇に到着して以来、頭痛がし、一週間後には熱も出て起き上がれなくなった。そこでとった行動が彼らしい。行き交う船や那覇の人々の飲用水くみ場である、那覇港口近くの落平《うてぃんだ》の滝に行き、許可を得て水浴したのだ。清流に数十分つかると体が「氷化せるか」と思うほど冷え、体調もすっかり回復した。気合で治したというところだろう。

石垣島では脚の痛みがひどくなり、ふくらはぎが「樽のように肥大」した。原因を儀助自身は、西表島で「床虫に刺された」と書いている。トコジラミであろうか。たまらず医師の診断を受けたが、油薬を塗り、包帯を巻いただけ。腫れは一向に引かなかった。それでも儀助は石垣島を一周し、全ての村を調査。島の南部では膝まで泥につかり、北東部の村では手伝い人の肩につかまってやっと歩く状態なのに、全民家を調べた。宮古島も全村を踏査。結局、発症から三週間も奮闘し続けた。無理がたたってか、同島を離れる前日には動くこともままならなくなった。那覇に帰着すると、とうとう一週間寝込み、医師から「この衰弱で宮古島を一周するとは乱暴にすぎる」としかられた。

ところが、さらに三週間にわたって本島内を調査して歩く。超人的な意志力である。

身なりだけ立派な役人

儀助の携帯品は、例えば西表島では米、醤油、蝋燭、蚊帳、わらじ、茶、煙草、コンデンスミルク、雨具用の油紙、そしてマラリア防止に昼夜欠かさず飲むよう医者から指示された泡盛である。

他の島では、弁当は芭蕉の葉で包んだ握り飯。これが失笑を買う。沖縄本島北部の国頭地方を訪れ、村境の樹下で昼食を摂ったときのこと。案内の村役人らはみな箱入りの弁当持参。東京から来たというからお役人風かと思えば、木こり、農夫と変わらないと言われた。

役人たちをもっと驚かせたのは、儀助の服装だった。尻端折りした芭蕉布の着物一枚、頭にカンカン帽、足にはわらじ。だが、島役人たちが冷ややかな目を向けたのは、その珍妙さにではなく、軽装ぶりにだった。大宜味間切の地頭代は藩政時代の正装武士顔負けの羽織袴で現れた。西表島の村吏はでっぷりと肥えた体に重ね芭蕉布、幅の広い中国製の錦帯、羽織。県庁の高等官に見まごう礼装で出てきた。

平民の方はどうかといえば、みな赤貧洗うがごとし。西表島では芋さえ満足に食えず、マラリアに罹ってもボロ布にくるまり、苦しみにひたすら耐えているのだった。そういう村々で役人に「マラリア患者は何人か」と聞くと、決まって「いない」と答える。「たった今見てきた」と儀助が詰め寄っても、うなだれるだけ。尊大で身なりは立派だが、何もせず平民を見殺しにしている役人がぞろぞろといた。

八月四日、石垣島新川村（現石垣市）の真乙姥御嶽《まいつばうたき》で行われた豊年祭を見物した際にも名ばかりの村吏を見る。五七、八歳。数年前から体が不自由で、使用人の肩を借りてようやく儀助たちに挨拶するという有り様。これでは事務などできるわけがない。先島地方では、旧慣温存により役人になれるのは士族だけで、しかも世襲。士族に生まれれば寝ていようとも俸給が懐に入るのだった。

宮古（七属島を含む）の役人の数は四五七人に上った。島役所吏員六人、その下の各間切に蔵元役人二七五人、さらに各村番所の役人一七六人である。八重山の役人は二一六人。儀助が調べたところ、老衰や、読み書き・計算ができないなど職務に耐えない者が三分の一に及んだ。

なぜ、そんな不合理がまかり通るのか。儀助は聞きつけた次のような話を記している。昔、赤峰の乱で琉球王朝側に付いて勝利した者はみな士族・吏員に取り立てられ、敗者は平民、いや奴隷となり、妻子まで挙げて士族・吏員の犠牲に供する習慣となった―。

★20　赤峰の乱　一五〇〇年、八重山地方の土豪長ホンカワラ赤峰が、中山（首里の尚氏王朝）への朝貢を三年間拒否したため、中山王府が宮古島の仲宗根豊見親を先導に八重山に攻め入った。八重山軍は敗れ、赤峰は処刑された。中山軍に忠勤した八重山の豪族・名田大翁主《おあたおほち》（長田大翁主とも）の妹真乙姥《まいつば》は、神託を受け断食して中山軍の帰路の航海安全を祈った。その墓所が、儀助が豊年祭を見た真乙姥御嶽《うたき》。

宮古島騒動

宮古島の土を踏んだ七月六日、儀助はいきなり事件に遭遇する。間切の蔵元に役人、平民それぞれ数百人が立錐の余地もなく群集し、一触即発の睨み合いをしていたのだ。

原因は名子《なご》制度にあった。名子とは富豪などに抱えられた隷属的小作農のこと。藩政時代には全国にあって水呑百姓などさまざまな呼称があった。宮古・八重山ではナアグと呼び、役人に特典として与えられる独特の制度となった。役人は名子に小作料を納めさせ、さらに自分の田畑の耕作や家事に使役するなど過酷な扱いをしてきた。名子の人数は役人の職位で決まっており、蔵元頭の八人を最高に、末端の役人も一人抱えることができた。総定数は一七二八人だが、儀助が記す通り、名子の子孫は名子の籍に編入され、また、重税のため納税できない貧農が新たに名子に加えられ、実際は三千人にも達していた。

翌日、儀助は平民の総代らに話を聞いた。すると「士族は名子を虐待するばかりか、名子の納める公租まで懐に入れている」と言った。名子の公租は抱え主がまとめて納める定めだが、数字をごまかして私腹を肥やしているというのだ。しかも、平民の税未納はただちに財産を取り上げて処分するが、士族の未納は数年後に免除されるのが常で、意図的に未納を作っているという。

名子虐待や税着服を放置できないと、改革に乗りだした人物がいた。蔵元の上に位置する宮古役所の吉村貞寛役所長である。吉村の上申を奈良原繁知事は聞き入れ、同年三月の内訓で名子制度を廃止。その分の役職手当を支給することとした。だが役人たちは、先祖の勤功によって与えられた特典を理由なく廃止されるのは承服できないと反発。県に陳情団を送り、ストライキを起こし、集団で官林を盗伐したため、県はやむなく吉村役所長を解任した。当然、今度は平民側が反発し、名子廃止の実行と吉村の復任を求めて蔵元に直談判を繰り返した。県は、士族側にも一定の責任を問うことで平民側の怒りを鎮めようと、裁判所判事や典獄らを派遣して盗伐事件の調べを始めた。儀助はそこにやって来たのだ。

実は、儀助は那覇で既に宮古島の騒動を耳にしており「宮古島は沖縄各島中、稀なる一種剽悍《ひょうかん》の気風ある地にして、過る明治十二年にも暴動ありし也」と記している。「暴動」はサンシー事件を指す。一二年七月、群衆が宮古警視派出所を襲撃し、二五歳の通訳兼小使・下地仁也を惨殺、家族を流刑にした事件である。『宮古の人頭税』などによれば、同年三月の琉球処分に宮古士族らが抵抗運動を開始。旧藩復活、新政府への非協力を謳い、違反者は死罪、その家族は追放という血判盟約書を結んだ。地元士族の下地は、盟約に連署しながら明治政府にサンシー（賛成）、協力したとして見せしめにされた。

宮古島で目にした騒動を、儀助は那覇で聞いた評そのままに捉えたのだろうか。探検の終盤、儀助は奈良原知事に、先島へ軍隊を派遣して国防に備え「兼て人心鎮静の用に供」するよう提言しており、民衆の暴徒化には賛同しない立場であることが分かる。だが、農民たちが自らの生存をかけて主張することには理解も示す。彼らの貧苦を目にするごとに思いは強まり、探検の復路、二度目の宮古島で納税に絡む農民集会を見て「島民が斯く迄発達せりとは」とむしろ共感をもって記している。

士族・役人の横暴は名子の酷使にとどまらない。儀助は、与那国島の村総代からこんな話を聞く。今の与人《よひと》（村番所の長）は六〇余歳。本年六月に来島し、一七歳の美少女を賄い女にした。少女は拒絶したが、与人は両親を脅して無理やり連れ去った――。賄い女は八重山の村役人に俸給の特典として与えられた家事要員で、実態は妄。奈良原知事は同年三月、名子とともに廃止したが、士族の抵抗によってこれら旧慣改正の多くが「空文に属する」ことを儀助は見抜いた。

士族の専横には旧藩王・尚氏も関係していた。『沖縄県史』第3巻によれば、尚家は莫大な不動産や公債・華族年金を原資に、旧藩支配機構を巧みに利用して経済活動を展開し、財閥化していた。流通・貿易商社の丸一商店もその一つで、先島地方の各島に支店、各村に出張所を設け、出張所のない村は番所・村長に委託して物品を売買した。売買といっても、貨幣があまり流通していない先島では物々交換が基本で、丸一は米やアワの収穫を担保にし、8割にも及ぶ高利で物品を貸し付けた。役人は公務そっちのけで平民への押し売り、搾取に奔走した。石垣の役所長代理・嶺岸は儀助に、「丸一は離島の物資欠乏を救うためと称し、実際は暴利を貪り、しかも、丸一のために働いた官吏は栄転する。島役所が最近その制度を禁止し、尚家は無関係になったと言っているが信じ難い」と訴えた。

尚家は石垣島の開墾も行った。嶺岸によれば、その事業でも丸一は、首里士族の移住家屋建設、開墾に平民を使役しながら労賃を一銭も払わず、島民たちは「尚家の開墾は八重山人民の血を吸う」と言っている。儀助が旧藩王を、尊称を付けず「尚氏」と呼んだ裏には、平民虐待への反感もあった。

主観と客観、奇跡的同居

『南島探験』を不朽の著としている理由の一つは、データ量が非常に豊富なことだ。例えば、七月一七日の西表島高那村の項には、上男・中男・下男という納税等級と、それぞれの納税額の表を掲載している。

少し紹介すると、
〔上男〕
一、米五斗四升二合二勺《しゃく》二才　年貢 并《ならびに》 重出米
一、同八升八合五勺三才　右運賃米
一、同二斗一升七合六勺六才　二度夫賃
以下、学校費、各学生給費、民費、村費などの数字が並ぶ。なお、表中の「重出米」は、正租以外の付加税を指す。

そして、数字の前後に儀助は「此赤貧なる高那村七戸に当る賦課は、実に恐るべきものあり」「男女十五歳以上五十歳迄、右の分頭税（＝人頭税）を免るる能わず。男は終年耕せども唐薯（＝サツマイモ）尚《な》お飽く能わず。女は終年織るも襤褸《らんる》（＝ボロ着）尚お身を掩《おお》う能わず」と慨嘆する。

データが付されていてこそ、この記述は読む者の胸を打つ。数字の威力である。谷川健一氏は『原風土の相貌』の中で、「今日にいたるまで、先島の実態をつたえるのに『南島探験』を凌ぐものは出ていない」とし、その理由は「彼の挺身する行動の主観的燃焼が、このような客観的報告の形をとり得た」ことにあり、「かかることは、おそらく空前にして絶後であった」と絶賛している。儀助の熱情がほとばしり出たような記述も、裏付けがあることで独善に流れるのを免れ、同時に、無駄な修飾語を省いた簡潔極まる表現でも血の通ったものとなっている。

神奈川大学日本常民文化研究所の祭魚洞文庫に、『琉球沖縄本島取調書』『沖縄県群島の内宮古島之部』

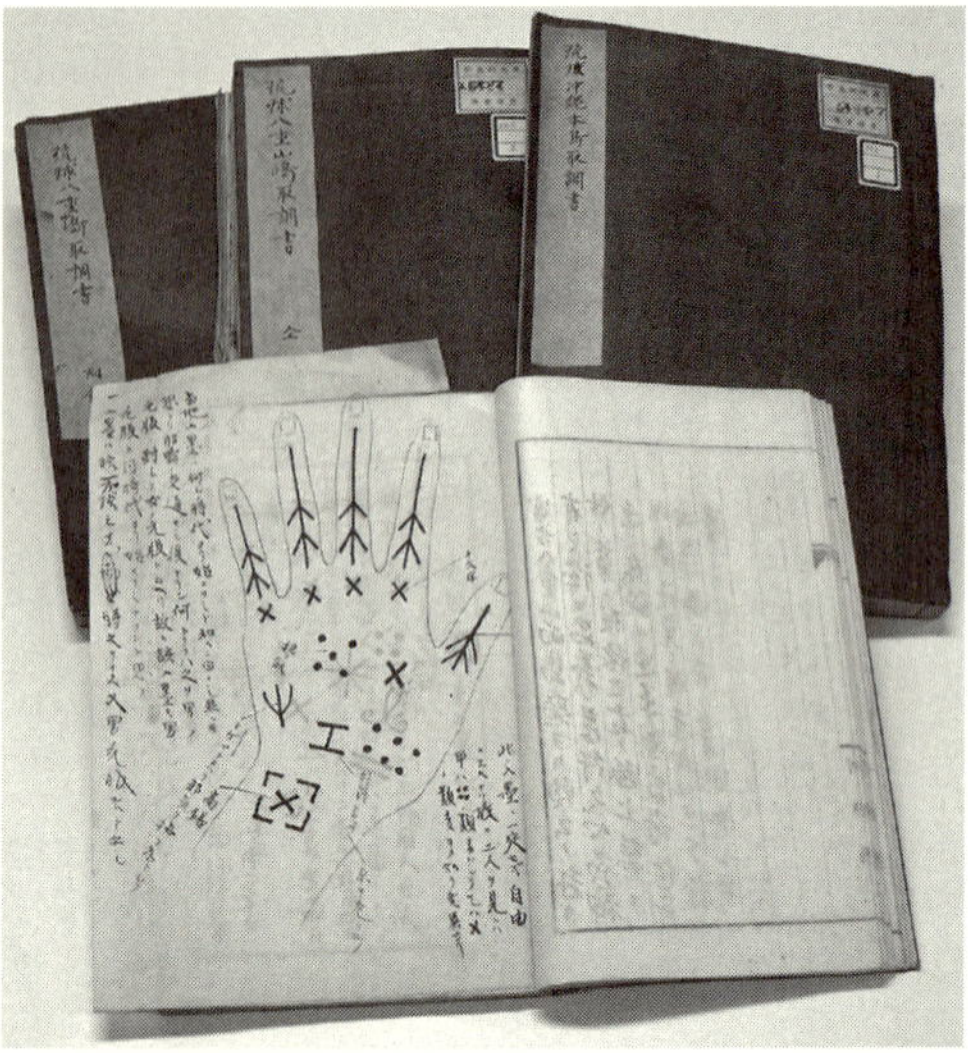

『南島探験』の原資料（神奈川大学・日本常民文化研究所蔵）

『琉球八重山島取調書　全』『同　付録』という四資料が所蔵されている。「笹森儀助様へ八重山役所」と書かれ、公印が押された書類もあり、各地の役人から提出されたものと分かる。それら儀助の集めた基礎資料の膨大さには驚かずにはいられない。先に挙げた各地の税額はもちろん、人口、反別、サトウキビ作付面積、開墾可能な原野面積、勧業費・教育費などの歳出入額、等々である。独特の税制の由来、古伝、旧跡、士族の来歴なども幅広く報告させた。

沖縄県庁が「及ぶだけの保護と便宜」を与えるよう各役所・警察署へ通達を出してくれたことが大きな効果を発揮し、私人の立場だったにもかかわらず、儀助は各地の役所でさまざまな書類を見て、書き写すこともできた。渋々という場合も少なくなかったが、どんな辺鄙な村の役人も、儀助の求めに応じて公文書まで差し出しているのである。

儀助が、統計を含めた基礎資料を重んじたのはなぜか。既に述べたように、出発前、盟友の陸羯南に調査の要点を問い、羯南は「千島探検と同様に」と答えている。すなわち、地理、歴史、生業、風俗から宗教に至るまで「海上・陸上、見るものは一切記載するように」という教示である。儀助は忠実に従った。加えて、『南島探験』が探検依頼者である内相井上馨への報告書の性格を帯びていたことも理由であろう。それ以上に、彼が単なる「観察者」ではなく、実行者・実践者であることが大きいのではないか。青森県内で区長、郡長などの行政経験を持ち、農牧社で苦難の経営を乗り越えた実体験から、数字や資料で実態を把握することの重要性を熟知していた。一方、区長時代には貧窮者の救済に心血を注ぎ、農牧社時代には土に生きることの大変さを、身をもって知った。資料を集め、かつ資料を鵜呑みにすることなく、自らの目と足できちんと確かめて歩いた理由はそこにあろう。

★21　**祭魚洞文庫**　祭魚洞文庫は渋沢栄一の孫で実業家、民俗学者として高名な渋沢敬三の蔵書。神奈川大学日本常民文化研究所はそのうち水産史関係資料などを所蔵する。『南島探験』関係の四資料が収められた経緯は不明。同内容の資料が青森県立図書館にもあるが、神奈川大の資料の一部には沖縄県庁の用紙が使われ、朱印の押された書類も含まれており、原本と考えられる。また、『南島探験』刊本と青森県立図書館資料では「当時の入墨」と誤記された「宮古島の入墨」図の説明が、神奈川大資料では正しく「当地の入墨」となっている。祭魚洞文庫は流通経済大学（茨城県）にもある。

南島学の原点

太閤検地論などで知られ、沖縄大学学長などを歴任した歴史学者安良城《あらき》盛昭氏と、琉球大学教授の西里喜行《きこう》氏が昭和五二年から、論文や新聞紙上を舞台に、周辺の学者も巻き込んで激しい論争を繰り広げた。

焦点の一つが、明治期における沖縄県費への国庫支出が同県の国税徴収額を上回っていたか否か、つまり沖縄が明治政府のお荷物だったかどうかという問題であった。『南島探験』にある「自明治十二年至同二十四年沖縄県庁経費歳入出比較表」が絡んでいる。表中の国庫支出の数字に士族の金禄が含まれているかなどの点で意見が対立した。儀助の表が細目まで掲げていないことが、論争の一因になったのである。

間切や村の負債の深刻度についても争点となった。凶作や税の過重負担などによる負債が、松方デフレで膨らんだか否かという論争である。『南島探験』の国頭間切の項にある統計に、儀助が「各村負債は公然たるに係わらず、務めて隠蔽を事とし、敢て実を告ぐる者なし。甚しきは役所に向て尚おこれを隠蔽す」という巡査駐在所員の話を書き添え、沖縄農村の秘匿体質のために統計が実態とは違うと指摘していることが関係している。

だが、『南島探験』の統計は無益だということではない。西里氏が『沖縄近代史研究―旧慣温存期の諸問題』で指摘する通り、沖縄の近代史研究に関わる統計資料は戦火に焼かれ、極めて少ない。『南島探験』という貴重な記録があるからこそ議論も成り立つのである。無論、『南島探験』の記述をそのまま引用した論文、著書は数え切れない。

ところで、『南島探験』は深刻なことばかり書いているわけではない。例えば、西表島での次の逸話は、儀助の、四角四面の堅物という印象とは違う一面を物語る。

儀助はその日、屋外のトイレに行った。薄暮時だが雨のために辺りは真っ暗。傘を差して用を足していると、尻をなめるひやりとした感触が。ハブにやられたか。目的半ばで死すとは…。一瞬、天を恨んだが、落ち着いて考えてみれば毒蛇ではなく豚だった―。

儀助が肝を冷やした便所は、豚小屋の出っ張りに跨って用便する構造。大陸から伝わったとされ、西表島の三線奏者・石垣金星さん（五九歳）によれば、二〇年ほど前まで八重山地方の農村部ではごく普通の様式だったという。

さて、『南島探験』刊行後、鳥居龍蔵という人から儀助に書状（二七年六月六日付）が届く。「本日坪井正五郎氏の手許にて閣下の『南島記事』を読み、尚一層ご勇気のある処には感服仕候。（中略）与那国島オチの墓にて壷と棺との破片を御採集なりたる由に候処、このもの一覧するわけに行き申さず候や。（中略）小生はいつか閑を得、閣下に親しく接し、土俗談を拝聴いたし度候」。鳥居は当時、理科大学（東京帝大の一部）人類学教室の坪井博士の下、標本整理係をしながら学んでいた。のちに、儀助の流儀に学ぶように沖縄や千島などを探検し、自らの足で探る研究によって高名な人類学者となる。

一方、『南島探験』には「往昔《おうせき》、台湾人該島へ渡り男女を生捕り食えりとの言伝《ことづて》にて、今も年一回某の祭神に、丈《た》け二尺余の大草鞋《わらじ》を造り、台湾島への風向を待て流すの習慣あり」という与那国島の風習の記述がある。これを、柳田国男をはじめ多くの民俗学者が検証している。『南島探験』がその後失われた大わらじ風習を語る原典となったのである。

柳田は、横山武夫著『笹森儀助翁』に寄せた序に、「大正の初《はじめ》、恰《あたか》も斯《この》翁が長逝せられたる前後の事であった。東京の古本屋町へ『南島探険』の残本が、何處《いずこ》からとも無く稍々《やや》多量に出現したことがある。当時少しでも沖縄方面の問題に関心をもつ者は、誰も彼も言ひ合わせた様に買求めた。（中略）此書を精読した人々が、現在の南島談話会を、創立したと謂《い》っても大差は無い」と書いている。

柳田も指摘する通り、儀助は憂国の志士であって、好事家的な興味や学究のために沖縄や奄美諸島を歩いたのではない。だが、谷川健一氏は『沖縄　辺境の時間と空間』で、『南島探験』が儀助も全く予期しなかったであろう化学反応、すなわちフィールドワークを基礎とする近代的な社会科学を創出したことを指摘している。『南島探験』が民俗学や南島学のバイブルであり続けるゆえんである。

★22　**南島談話会**　大正一〇年に沖縄を訪れた柳田国男が翌年、琉球文化に日本の基層文化が見えるとの立場から南島談話会を組織。それ以前に沖縄出身の伊波普猷《ふゆう》、東恩納《ひがしおんな》寛惇らが開いた学術的な沖縄研究をさらに推進する母体となった。柳田、伊波、金田一京助、新村出《いづる》、宮良《みやら》当壮、比嘉春潮、服部四郎、昇曙夢《のぼりしょむ》ら民俗、考古、人類学など広い分野の学者が結集した。

険しい西表島西部

多少なりとも儀助の精神に倣おうと、筆者も西表島横断に挑戦してみた。

西表島は沖縄本島に次ぐ沖縄県第二の面積を持つが、海岸部まで山岳が迫り平地はごくわずか。標高こそ最高峰の古見岳でも四七〇《メートル》と高くないものの、年間二千《ミリ》を超す雨が山肌を削り、大小の滝を形成し、幾筋もの川となって流れ下る。西表が世界的にも貴重な動植物の宝庫となっているのは、同島内陸が容易に人を寄せ付けないからだ。

儀助は島の男たちを集めて案内を請うたが、それまで横断したのは田代安定と田村熊治だけで、田代は山中に三泊もしてマラリアに罹ったから「御用なれば致し方なきも、金銭上のみにては御相談に応じ難し」となかなか受諾してもらえなかった。田代は八重山研究の先駆者。一方の田村は、儀助の三年前に県命により西表島を横断した後、沖縄県属を辞めて石垣島白保の開拓に乗りだした篤志家。儀助も何度か会い、開墾地を見学した。この二人の横断ルートはよく分かっていない。

簡単には踏破できないことは筆者も『南島探験』で知っていたので、まず島内にある祖納《そない》森林事務所に問い合わせたところ、「エコツアーコースを行くしかない」という答えだった。同島では林道建設が進行

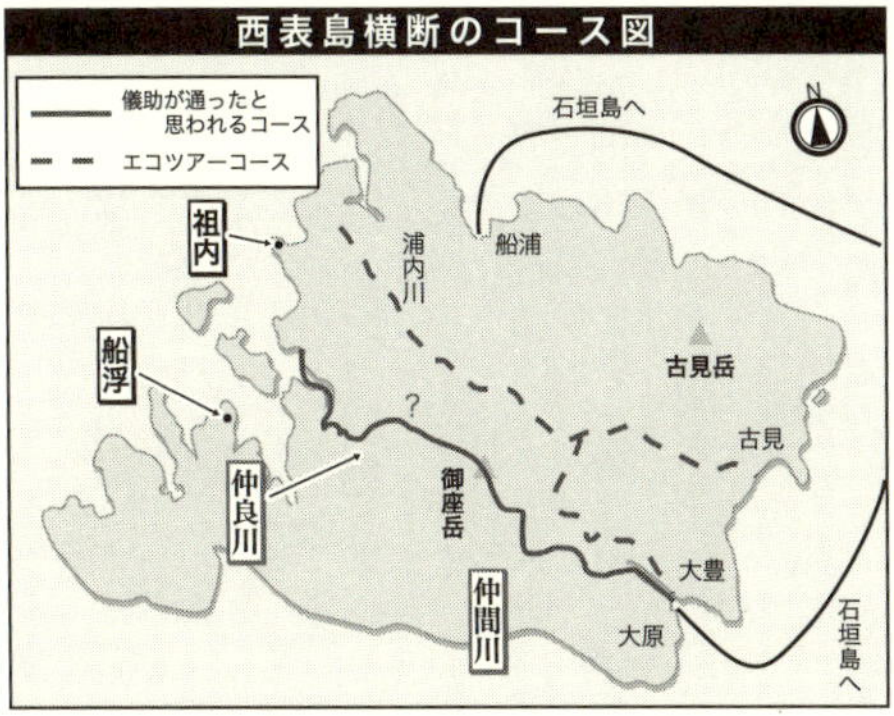

中の昭和四〇年にイリオモテヤマネコが発見され、自然保護の機運が高まって計画は中止。途中まで林道整備が進んだ跡をたどるのがエコツアーコースで、比較的歩きやすい。島の北岸から浦内川に沿って南下し、島のほぼ中央を通り、早ければその日のうちに南東岸へ抜ける。それでも毎年のように遭難事故が起きるという。儀助はさらに起伏の激しい南西部を通った。そこは今も秘境中の秘境。森林事務所がエコツアーコースを勧めたのは遭難を心配してのことだが、当方も簡単には引き下がれない。「儀助の苦難に触れたい」と粘った結果、「あの人なら」とある人物を紹介してくれた。

祖納に住む石垣金星さん。高名な三線奏者で、狩猟や稲作儀礼など西表の文化と自然を守る活動家でもあり、西表島エコツーリズム

協会の創立にも指導的役割を果たした人だ。現地でお会いすると、驚いたことに儀助の大ファンだという。儀助が祖納で視察したコーヒー試植地が密林に埋もれたことを惜しみ、二五年前から畑にコーヒー樹を植え、豆を「儀助コーヒー」の銘柄で通信販売し、自然保護・文化伝承活動に充てているという。

「現地を歩きもせず、『南島探験』すら読まずに西表の自然や文化を語る人があまりに多い。だから『儀助コース』を開きたいと考えていた。ぜひ一緒に行きましょう」。石垣さんの言葉に勇気を得て、南東部の仲間川の河口に向かった。石垣さん、同行を志願したエコツアーガイド古賀智己さんとの三人旅。儀助ら一行四人はここから丸木舟に乗った。私達は快適な観光遊覧船である。

儀助は川岸に数十の廃屋を認めた。材木伐採の仮小屋だという。その年の四月まで役人が家を新築する際、良材伐採の義務を平民に課していた。無論、無報酬。国防を主眼とする探検行でも儀助は民衆の苦しみから決して目を離さなかった。今は見渡す限りのマングローブ林で人間活動の痕跡は何も見当たらない。

筆者らも儀助と同じく、仲間川中流で岸に上がって登山を開始。そこはもう亜熱帯の密林。一〇《メートル》以上のヒカゲヘゴなど巨大な植物や、一〇《センチ》余りのムカデなど珍しい虫たちも見た。まさにジャングルだ。

標高四二〇《メートル》の御座岳山頂に近づくと突然、密林がリュウキュウチクの竹やぶに変わった。冬に強い北風が吹き付ける山頂一帯は、竹しか生育できないのだという。営林署が竹を払ったのか、山頂には四畳半ほどの空間があった。腰を下ろし、足首に巻いた登山用スパッツを外すと、ファスナー部分に蛭《ひる》が四匹潜んでいた。儀助はジャングルでの様子を「山蛭の夥しき比すべき無し。身其害を受く。隨《したがい》て除けば隨て付く」と書いたが、わらじに単衣の着物一枚ではさぞ大変だったろう。登山靴に長袖・長ズボンの完全防備にしてよかったと胸をなで下ろしたとき、赤く染まった右袖に気付いた。蛭が袖口から侵入し、しっかりと吸血していたのだ。

登山自体は順調だった。急な斜面にも足跡があり、誰かが所々の木に巻いた黄色いビニールテープをたどり、迷うこともなく四時間弱で山頂に着いた。少し拍子抜けしたが、それが大間違いであることを翌日思い知る。

行く手阻む絶壁、滝

御座岳山頂に腰を下ろし、石垣さんが携帯コンロでたてた「儀助コーヒー」で一息。儀助と同じように島を一望すると、東南の仲間川河口周辺に大豊（旧仲間村）集落が見えた。一帯には、儀助が有望視した通り、田畑が広がっている。戦後の米軍統治下、自由移民や琉球政府の行った集団入植の農地。戦争で全てを失った沖縄本島や宮古島の人々が、マラリアと闘いながら再び切り開いた土地である。

反対方向には船浮湾と、湾内の内離《うちぱなり》、外離《そとぱなり》両島が見えた。両島や仲良川周辺など西表の北西部には大規模な石炭鉱脈が集中している。儀助が危険な島南西部の探検に挑んだのは、船浮と、開墾可能な原野が広がっていて食料供給地になり得る南東沿岸とを結ぶルートを探るためだった。炭鉱があり、天然の良港でもある船浮を軍港として生かすことが、国防上も経済上も重要だと考えたのだ。

西表の石炭鉱脈は嘉永六（一八五三）年に来航したペリー艦隊の技師が発見したというのが定説だったが、三木健著『沖縄・西表炭坑史』によれば疑問だという。ただ、蒸気船の時代、台湾と沖縄本島の中間に位置する西表島の石炭が地理的に非常に重要だったことは間違いない。

採掘は三井物産が明治一八年に開始した。儀助は島横断から生還した翌々日、内離島の三井炭鉱第一鉱区を訪れ、代理人の三谷伊兵衛に面会。鉱区の収支、賃金、採掘量などを書き写した。一九年に鉱夫一三〇人のほか、囚人一四〇〜一五〇人を使役。三年間で一〇〇人が死亡し、採炭中止に追い込まれたことも聴いた。主な死因はマラリアだった。

マラリアのためになかなか軌道に乗らなかった西表の炭鉱も、大正以降の大戦争時代に全盛期を迎えた。船浮集落には第二次世界大戦中の昭和一六年、日本軍の要塞が築かれる。炭鉱、軍港としての儀助の見立ては的を射ていたことになるが、悲惨な歴史になることまではさすがに予想できなかった。甘言に騙されて来た人々や台湾人への強制労働・虐待がまかり通り、西表は鬼ケ島、生き地獄と称される。

さて、私たちが初日、御座岳山頂に着いた時はまだ日が高かったのに、石垣さんは「今夜はここに泊まる」と言う。儀助は山頂から四キロほど歩いてから野営したが、全身を蛭《ひる》に襲われて一睡もできなかった。竹やぶの方が蛭やダニの襲撃がうんと少ないことを石垣さんは知っている。島に生きる者の知恵である。

夜が明け、下山を開始。ところが三〇分もしないうちに、人跡が全く見当たらなくなった。イノシシ狩りなどで山歩きに慣れていて、二〇年前に横断もしている石垣さんの経験に頼るしかない。石垣さんは複雑に絡んだつる植物をなたで切り払いながら、ずんずん進む。だが標高が下がるに連れ、逆に傾斜がきつくなり、岩場が多くなってきた。尾根伝いに下れば絶壁となって途切れ、沢をたどれば地図にもない滝となって落ち込んでいる。結局、尾根を下っては戻り、登っては下る苦行を六回も繰り返した。

儀助たちも密林に視界を遮られ、方向を見失った。杖代わりの洋傘は骨だけになり、一行は皆何度も転倒し、足の爪をはがした者もいた。炊飯用に持参した釜が粉々に砕け、儀助はコンデンスミルクだけで一晩を過ごす。当方は便利なレトルト食品を十分に持参し、食料に不安はなかったが、急斜面で滑り、とっさに木の枝をつかんで辛うじて滑落を免れること二度。水流の作った沢の大穴に片脚が落ち、危うく骨折しかけたこと一度。

脚が動かなくなってきた。朝から滝の汗をかき通しだ。儀助もあまりの渇きに「マラリアの実験器とならん」と決死の覚悟で沢水を飲んだが、水とマラリアが無関係と分かっている当方は何度も沢水をがぶ飲みし、水を浴びて体温を下げた。目指す仲良川上流は、地図ではすぐ近くなのになかなか着かない。滝を迂回し、川の浅瀬を歩き、再び尾根を越え、石垣さんが手配していたカヤックの所に着いたのは午後七時半。あと一〇分遅かったら真っ暗闇になって、山中にもう一泊となるところだった。

河口に向けてカヤックを漕ぐ。人工の明かりは一つもない。頭上には満天の星、オールを入れるたびに川面は夜光虫の点滅。ロマンチックな亜熱帯の夜に包まれた一時間弱が過ぎ、あと五〇〇メートルで河口という辺りで、脚の付け根に猛烈な痒みが走った。ダニである。退治には海水が一番だと聞き、河口の集落に着くや海に飛び込んだ。

痒みからやっと解放され、浜に上がると、安堵感からか一歩も歩けないほどの疲労を覚えた。またとない貴重な体験ではあったが、想像をはるかに超える大変さだったというのが正直な感想である。儀助は西表島横断の後、さらに二カ月以上も探検を続けたが、それがどんなに凄いことか、つくづく身に沁みた。

マラリアの恐怖

「八重山では『平久保《ペーブク》に行く』と『後生《グショウ》に行く』が同じ意味で使われました」。石垣島の郷土史家・石垣博孝さんの話である。平久保半島など島北東部に行けば生きて帰れる保証はないから、後生、つまり「あの世」に行くと言ったのだという。同島にはサキシマハブがいるが、沖縄本島などのホンハブに比べると毒はやや弱く、噛まれても死に至ることは稀。もっと恐ろしい魔物、それはマラリアであった。

マラリアは現在も最も被害の大きい感染症の一つで、世界の年間死者数一二二万人を超す。日本では八重山諸島が終戦直後まで深刻な被害地域だった。だが、諸島全域がそうだったわけではなく、石垣島の大部分、西表島、小浜島、与那国島が有病地で、特に被害がひどいのは石垣島の一部と西表島であった。

石垣島南西部の無病地が現在の石垣市街地に相当する。儀助が『南島探験』に記したところによれば、県官吏の八重山巡回は、北は川平《かびら》村、東は白保村まで。それより東北部は、あの世に行く覚悟が必要なマラリアの巣窟で、県官吏の目は全く届かなかった。

マラリアの特効薬キニーネは一八二〇年にフランス人研究者らによって既に発見されており、儀助が東京で会った田代安定は原料となるキナ樹試植のため八重山地方に行き、自身もマラリアに罹った。当然、儀助にもキニーネのことを教えたはずだが、予防法を教えることはできない。病原体がマラリア原虫で、ハマダラカが媒介することが解明されるのは、儀助の探検の四年後である。

沖縄到着後も儀助はマラリアについて聞き回る。本島・首里役所長の西常央は福岡の出身。八重山役所長を務めていた明治一八年にマラリアに感染し、儀助が沖縄に着いた二六年六月も再発中だった。無理を言って面会を願った儀助に、西は、樹木繁茂、湿地、悪質な飲料水をマラリアの原因とする説をいずれも否定した。「古昔、此土地に住み水を飲《のみ》て人口繁殖」しているではないかと言う。

儀助はマラリアのことを「瘴癘《しょうれい》毒」と表記した。瘴癘とは気候や風土を原因とする感染症を指す。八重山方言でも「風気」と言った。これから分かるように、当時マラリアは土地の空気や水の汚染が原因と考えられていた。それを否定する西の見解は、今日から見れば妥当だが、いかんせん裏付けには乏しい。儀助もそれほど信用した風はなく、その後さらに数人の医師に見解を求めたばかりか、自らの足で石垣島や西表島の有病地を全て巡り、蔓延の実態をつぶさに調査する。グショウの地に分け入ってまで確かめようとする挺身精神には恐れ入るしかない。

儀助は役人から借りた藤田千次の著書二冊を読み、「頗《すこぶ》る見るものあり」として、本人に会いに行った。藤田は長崎出身の医師で、本島北部の名護病院出張所長。以前、マラリア駆除方法を探るため七カ月かけて八重山地方を巡視したことがあった。『南島探験』は藤田の著書の内容に触れていないが、『石垣市史』資料編・近代3の「マラリア資料集成」は、「八重山島風土病調査録」上下二編の草稿と推定している。儀助は藤田に、貴重な調査だが予算がなければ予防策を実施には移せないとして、予算書作成を強く勧めた。藤田は応え、翌七月、田中坤六警部長宛てに予算書「八重山島風土病予防駆除方案並に予算―一名移殖民案」を提出した。同書は神奈川大学日本常民文化研究所の祭魚洞文庫所蔵『琉球八重山島取調書　付録』に収められている。

マラリア予防法を問う儀助に、藤田は、毎日三回キナ丸（＝キニーネの丸薬）を服用すること、暑くても昼夜とも厚着して常に発汗すること、昼寝は厳禁、雨の日は必ず泡盛かブランデーを飲み湿気を払うこと、と教えた。儀助は那覇の病院でキナ丸三〇〇粒を入手していた。泡盛はあまり役立ちそうにないが、職務中は飲酒するなという工藤他山師の教えを固く守っていた儀助が、有病地に入るときには泡盛を欠かさず飲んだ。

マラリア対策提言

島民たちはマラリアの病因をどう考えていたのか。『南島探験』はこの点においても貴重な記録になっている。

「足を此《この》汚水に浸潤せば忽《たちま》ち瘴《しょう》気に感ずと。土人亦《また》此水を恐るること甚し」。儀助が西表島を横断した日の記述である。「南北に渓水あり。小児過《あやまっ》て之を飲むか或は之に浴するときは必ず風土病に罹れり」。これは石垣島北東岸の安良村で浜崎与利から聞いた話。浜崎は天保年間に疫病などで廃絶した安良村を、移民を募るなどで再興し、国から銀杯と賞状を受けた。賞状はその後失われ、現在は儀助が『南島探験』に記した文言から作った複製が浜崎家に残されている。

同島白保では「有病地の人は生水を飲まず、必ず一度沸騰して後用るの習慣なるも其毒を免るる能わず。然れば土地に病原あると信ず」と言う古老もいたが、湿気が原因と唱える者が多かった。島民らは、ボウフラの関与にこそ気づいていないが、マラリアに水が関係していることは経験から感じ取っていた。

儀助がマラリア研究者として特筆したのが崎山寛好医師。東京の済生学舎（日本医科大学の前身）を卒業して石垣島に戻って官医になり、八重山諸島に初めて本格的な西洋医学を持ち込んだとされる人である。儀助が研究成果の公表を強く勧めると、崎山は、見本石を一個添えて短文「八重山熱記」を儀助に贈った。その全文が、『南島探験』末尾に掲載されている。見本石というのは、地元では「粉石」と言い、地中や水中にあるときは軟弱ながら石状、乾燥すると表面が粉末状になり触れるだけで崩れる。板を重ねたような性質があり、容易に水を通さず、無病地には見られない石だという。崎山はマラリアの病原をバクテリアだと断じた。粉石のためにできた湿地で植物が腐敗し、繁殖したバクテリアが水蒸気とともに空気中に混ざるというのだ。よって、予防には排水溝を造成すべきだという。排水はボウフラのわく水溜りを減少させることになるから、結果的には良い対策になっている。

儀助が脚の腫れの治療を受けた村部源二医師は、「人頭税を地租に改め、地方税を課して森林の改良、疎水工事を起こし、殖産教育を進め、民に財産権を与えて事業を奨励」すればマラリアは根絶するという独特の意見を持っていた。明和の大津波以前、人口が四万あったときの方がマラリア禍は少なかったことが、その証拠だという。

弘前の笹森家には「沖縄県下八重山島風土病の状況 并《ならびに》 駆除方法意見」と題する一枚の活字文書が残されている。日付は「明治二十七年五月」。儀助が南島探検から帰った後、国会議員らに配った文書である。この文書で儀助は、有病地・無病地の人口動態を挙げた後、軍事的な視点から、八重山地方は清国、台湾と一衣帯水の要地であり、マラリアを早急に駆除しなければならないと強調。「まず山林を伐採・焚焼して大気流通し、河川潴水《ちょすい》を浚渫《しゅんせつ》して汚穢《おわい》を洗濯し、道路を開鑿《かいさく》して有病地の人民を健康地に移し、尚且《なおかつ》、多数人民を移住せしめて盛《さかん》に開墾に従事せしむるは最も必要と認む」として、政府予算の支出と調査医師の派遣を建言した。崎山、村部ら、儀助が意見を聞いた医師たちの影響が見られる。

一方、同月一五日開会の衆議院に、大島信ほか一名の発議で「八重山群島瘴癘毒排除建議案」が提出された。大島は奄美選出で、儀助が南島探検の帰りに会っており、同案に儀助が関与している可能性は非常に高い。案は委員会付託になったが、残念ながら条約改正問題に関連して衆議院が六月二日、記録的な短命で解散になり、審議には至らなかった。

貴族院では同月二六日、八重山のマラリア駆除に関する建議案が審議された。発議者は、儀助の盟友・陸羯南と政治的に親密な会派「懇話会」の安場保和議員。審議の中で安場は「理由書にある事柄は、最近（八重山諸島を）あまねく調査した人に教わって調べた」と述べており、「理由書」は儀助の文書か、それを基に書かれたものとみられる。法案は賛成多数で可決され、内閣へ提出された。建議は内閣に対し強制力こそ持たないが、議会の決定は重く、その後の政府のマラリア対策に少なからず影響したはずだ。

★23　明和の大津波　八重山地震津波とも呼ばれる。明和八（一七七一）年四月二四日（旧暦三月一〇日）、石垣島の南東数十キロの海底を震源とする地震が発生。地震の規模はマグニチュード7・4と推定されている。発生直後、八重山、宮古両諸島を三回にわたって大津波が襲った。津波の高さは最大三〇メートル、一説には標高八五・四メートルの高所まで達した。津波による死者・行方不明者は八重山諸島九三一三人、宮古諸島二五四八人、計一万一八六一人。人口の三分の一近くが犠牲になり、特に石垣島では死亡率48・6％に上った。

「避病院以下だ」

　薄汚れた布に伏して耐えるばかりのマラリア患者たちを見過ごすことができず、儀助が自分のキナ丸を数粒与えると、彼らは手を合わせて拝んだ。キニーネは一回で根治できる薬ではない。ところが数日後、全快したと礼を言いに来た者がいた。平常は服薬の機会がないためにたちまち顕著な効果が表れる、と儀助は驚きをもって記している。

　なぜ患者に薬を与えないのか。西表島の役人に問えば、祖納《そない》の病院が廃止され、医師が巡回することになったが、昨年八月に一回来たきりだという。石垣島でも同様の話を聞く。

　八重山役所の衛生係に確かめると、経費節減のため、八重山の三病院は明治二三年一二月に廃止され、以後、学術調査の名目で医師四人を月一〇円から二五円の手当で各島に派出しているという。問題はないという口ぶりだった。年一回の巡回で何かの役に立つはずもない。しかもキニーネは一粒も患者の手に渡っていない。儀助は何度も「避病院も同然」だと怒りを記している。

　隔離病院を当時は避病院と言った。だが『南島探験』の校訂者、おそらく田代安定は、医薬を備えて十分な治療を施す避病院と同列に扱うべきではなく、比喩が当を得ていないうらみがあると助言した。八重山のマラリア患者は放置されているだけだったからである。

　儀助は、足の治療を受けた村部源二医師に「年一回の巡回とは人命を重せざるの至り」だと言って、夏の三カ月間に月一回ぐらいの巡回を求めた。だが、村部医師は「一月十円金を得んが為め波濤万里を冒し瘴癘《しょうれい》不毛の地に入る幾人かある」「先般、西表巡回中に一度風土病に侵され数日臥《ふ》せり」と言う。儀助も同情せざるを得なかった。村部医師は「僅少の俸給は薬品買入の代価として余裕なし」とも話し、次のような実情を明かす。風土病に苦しむ姿は目も当てられない状況だが、多くの島民はイノシシの害を防ぐために山野に寝泊まりし、昼夜とも番をしないと作物が全滅し、税金を払えなくなる。医師の治療を受ければ薬代を払わなければならないから、医師が巡回しても患者を隠し、「病人なし」と言うのが普通だ――。

儀助も心当たりがあった。西表島仲間村でのこと。食事にさえ事欠くのに、どの家も三頭から六頭もの犬を飼い、せっせと餌を与えていた。村を石垣で囲ってもいる。

税金がさらに問題だった。儀助は村々の徴税額などを詳しく調べたが、八重山では年一回しか医師が来ない有病地でも衛生費を欠かさず徴収していた。また、有病地の学校は石垣島川平村に一つと、西表島祖納村に分教場があるのみ。役所の統計では同島の古見村に漢学校があることになっているが、行ってみると生徒も教員もおらず廃校状態。それでも全村で学校費はしっかり徴収されていた。

とりわけ島民たちを苦しめていたのが、旧藩時代そのままの人頭税だった。「赤貧人民に上等の村位を持《も》せ《た》、分頭税（＝人頭税）及反布・公費・村費、其他衛生費・学校費・勧業費を欠損なく徴収し居れるは、実に見る者をして慨嘆に勝《た》えざらしむ」。貧困が感染症被害を深刻化するのは、現代の発展途上国の状況と同様だ。悪政に対する儀助の怒りが急速に膨らんでいった。

「廃村確実」的中

八重山地方のマラリア禍には「島分け」が密接に関係している。島分けとは島民の一部を別の島に移す強制移住のこと。道一本を境に親兄弟も関係なく島民をばっさりと二分したりしたため、「道切り」とも呼ばれた。

　米を租税体系の基礎に置く琉球王府は一八世紀初頭から、開墾による米の増産を狙って島分けを行った。移住先は石垣島と西表島。だが、水が豊富で稲作に適する両島に広大な未開墾地が残っていたのは、とりもなおさずマラリア有病地だったからだ。その有病地に竹富島、黒島、新城島、波照間島などの無病地から来た「寄百姓」、つまり強制移住者たちは為す術もなく病魔に取りつかれていった。

　石垣島東北部の野底村もその一つ。儀助が訪ねてみると戸数わずかに一〇戸、人口二五人。明和の大津波以前は大きな村だったが、今は打ち捨てられた田畑、屋敷ばかりが目立つ。儀助は「荒蕪の形状、人目を哀しましむ。其荒敗（＝荒廃）以来、風土病、益《ますます》猖獗《しょうけつ》を極め、現時の衰頽《すいたい》に至れり」と記している。

　明和の大津波もマラリア禍を増幅させた。津波で石垣、西表両島の稲作適地の人口が半数近く失われると、王府が税収回復へ、またも大がかりな島分けを行ったのだ。

　開墾が進んだ方がマラリア禍を克服できると考えた儀助は移住自体には批判的ではない。ただしそれは自由移民の場合である。そして、「人民各自好む所に従て居住を転じ、自由の快楽を受る能わず。亦分頭税の結果に外ならず」と述べ、人頭税に糾弾の矛先を向けた。

　沖縄は旧慣温存により独特の土地制度が残された。その根本は村を単位とする土地共有制。『沖縄県史』別巻などによると、農民が私有を許された農地は近世の比較的新しい開墾地などに限られ、全耕地の一割程度にとどまる。田畑の大部分は村ごとに割り当てられ、農民には村が割り当てた。「地割」と呼ばれるこの土地制度と表裏一体の税制が人頭税である。それについては後で述べる。地割の頻度は、年一回から最長三五年間隔まで村によってまちまちだが、農民は村内でさえ勝手に転居できなかった。与えられた田畑がマラリア有病地でも、そこでの耕作から抜け出せる可能性はほとんど無かったのである。

儀助は石垣島と西表島の全村を踏破し、有病地の二五村について、空き屋の状況が一目で分かる図を描いた。また、二本の足で歩き、統計資料も詳細に調べたからこそ気付いたことがある。有病地に重税、無病地に軽税―という課税等級の矛盾である。理由を役人に問うと、有病地は遠隔地が多く運搬に不便だから官吏出張時の人夫使役分だけ税が多くなる、と答えた。事実は違うことを儀助は見抜く。士族の多く居住する無病地を納税等級「下」とし、自分たちの税負担を軽くしているのだ。

儀助は「十年以内には必ず廃村に至らんかと思わるる赤貧なる避病院同様の村々に対し、上位を盛り最重の租税を賦課して毫《ごう》も憫《あわ》れむの意なし」と八重山士族を痛烈に批判した。

マラリアと重税の二重苦に人々は気力を失っていた。石垣島崎枝村の様子を儀助は「田畑あるも毫も耕作に意を用いず。唯他村の唐芋（＝サツマイモ）を貰《もらい》て之を食い、一日の日を消過す」と記し、「数年の后《のち》には廃村となるの勢いなり」と書いた。

儀助が廃村を予想したのは、石垣島では崎枝や野底のほか名蔵、元仲筋跡、浮海《ママ》（桴海か）、盛山、桃里、伊原間、安良、平久保、西表島の干立、浦内、上原、高那、野原、仲間、南風見、成屋の計一八カ村。「マラリア資料集成」によれば、伊原間、干立など二、三の村を除き、儀助の予測通りとなった。

★24 野底マーペの伝説　標高二八二メートルの野底岳を地元では野底マーペと呼ぶ。山頂の説明板は、次のように記す。

「一七三二年に野底村へ島分けされた黒島宮里村の娘マーペは、毎日近くの山に登り、恋仲だったカニムイのいる黒島を見ようとしたが前方に於茂登岳（註…五二六メートル、石垣島の最高峰）が立ちはだかって見えず、幾日も嘆き悲しんだ末、頂上で祈る姿のまま石になった。人々は哀れみ、山を野底マーペと呼ぶようになった」。この悲話を即興的に歌ったのが有名な八重山民謡「チンダラ節」。野底村は明治三八年廃村。

「籠で水汲む刑」

西表島から北へ四キロほど離れた鳩間島へ渡る途中、儀助は、稲束を満載した数隻の小舟を見る。農民たちが西表島で刈り取ったばかりの稲を鳩間島へ運ぶ舟だった。鳩間島は周囲四キロの小島で山がないため水に乏しく、舟で西表島へ通って水稲を栽培しているのだ。

水稲耕作に必要な水に恵まれ、土地も広い島は石垣島と西表島だけ。竹富島・黒島・新城島・波照間島・鳩間島からも農民が通っていた。「通耕」「出作」と呼ばれる出張耕作である。儀助の目は、ここにも人頭税とマラリア禍の関連を読み取る。水田の全く無い村落にも人頭税を課し、遠くは二〇キロも隔てた西表島の水田を分与しているため、通耕を行う者は小屋に泊まり、川水、泥水を飲むから風土病を免れない――というのである。「特に八重山群島、旧慣取扱上、残酷にして人民一大困難の原素となり、余をして感憤止む能わざらしむるは水田のなき各村に米納を命じ、其村民に有病地なる西表島に水田を開かしめたる是なり」。儀助は激しく憤る。「昔は竹籠を以て暴悪人の水を汲ましめたるを聞く。今は現に米なき地の人民に米を納めしむるを見る。噫《ああ》余が此の実話を聞かば人誰か八重山人民の為めに涕泣《ていきゅう》せざらんや」

青森県下北半島の区長時代、儀助は貧窮者への課税に「俗諺に言う、ウリを作らぬ畑の貢と」と憤慨した。その民権派的精神は一五年余を経て、少しも変わっていなかった。

「通耕のくだりは、今も涙なくして読めません」と話すのは、竹富島で私設博物館を開いている民俗研究家の上勢頭芳徳さん。「維新直後、清国への割譲が検討されたように、日本のはずれの先島地方はいつも差別的扱いを受けてきた。田代安定や鳥居龍蔵ら何人もの人がやって来たが、笹森さんほど島民の側に立った人はいない」とも言う。先島の各地に儀助ファンがいるのもうなずける。

石垣市史編集課の得能壽美主事もその一人。ただし、通耕に関する『南島探験』の記述には「問題点もある」と得能さんは言う。琉球王府が人頭税を上納させるため最初から通耕を強制したように受け取れる表現や、人頭税を納めるためだけに悲惨な通耕を続けたというのは、正確さを欠くというのである。

得能さんは自著『近世八重山生活史—石西礁湖をめぐる海と島々のネットワーク』でそのことを詳細に検討し、「王府は一七三九年に石垣島、二一年後に西表島の山林を各村に配分し、西表島の上納田地が鳩間島民に地割されるようになった。だが、通耕自体は一五世紀から断絶なく続いており、近世になって米で人頭税を納めるために始まったのではない」と結論付けている。山のない島は水と材木が不足するため、飲用水や家の建材確保のためにも石垣島や西表島に通った。通耕は八重山諸島の島民たちが生活上の必要から作り上げた〝島々のライフスタイル〟だった。それがある時点で政策に変わったのだという。

儀助の記述は誤解を招くだけなのか。「そうではない。通耕先がマラリア有病地だった場合、やはり悲惨な結果を招いた。同じ日本人なのにそうした状況を政治家が放置しているとは何事かと、真正面から糾弾した笹森の精神は素晴らしい」と得能さんは断言する。「むしろ、時間の経過を考えず、笹森の記述をただそのまま受け入れてきたわれわれ研究者の側に問題がある。人頭税＝悪税という固定観念に縛られ、歴史的・社会的背景を掘り下げることを怠ってきた面がある」。得能さんは自戒も込めてそう話した。

★25　**マラリアその後**　儀助の「意見書」を契機とする貴族院建議を受け、政府は大学教授ら二人を八重山に派遣して初の本格的なマラリア調査を実施。大正一〇年には八重山島庁内に恒常的な予防班事務所を設置した。だが、大恐慌や二度の大戦で事業は停滞した。昭和二〇年の終戦直前には、波照間島や鳩間島、新城島などの島民が西表島や石垣島の有病地へ強制疎開させられ、三六三七人が死亡する「戦争マラリア」の悲劇が起きた。戦後、米進駐軍が殺虫剤でハマダラカを徹底駆除し、八重山の患者発生は同三六年にようやくゼロとなる。

極貧の村にも人頭税

琉球王朝期から旧慣温存期まで沖縄の本租は地域によって課税方式が違った。『沖縄県史』などによれば、①沖縄本島と周辺離島では土地（生産力）に税率をかけて課税②先島地方（宮古・八重山）では人頭割りに賦課③久米島では両者の折衷法で徴収―という三方式である。

貢租は琉球王府が各人に直接課すのではなく、現在の町村に相当する間切に賦課された（註：明治維新後は、現在の大字ほどに相当する村への課税に移行）。基本的に農地の私有は認められず、村内で土地の再配分が頻繁に行われ、課税のために毎年のように生産力調査を実施するのは困難だった。それが人頭税《にんとう》という税制になった理由の一つである。

課税の三方式は、実は王府から間切・村への賦課基準で、村民各人の負担割り当ては間切・村に任され、沖縄本島などでも幕末までかなりの部分が人頭税的基準で賦課されていた。先島地方は、旧慣温存によって維新後も人頭税が典型的な形で残ったのである。

村は上中下三等級の村位に格付けされ、村民男女は毎年、上（二一〜四〇歳）、中（四一〜四五歳）、下（四六〜五〇歳）、下々（一五〜二〇歳）の四等級の人位に分けられた。村位と人位の組み合わせを基に、村役人が各人の税額を決める。

人頭税は沖縄に限ったものではなく、古代から世界中に存在した。今日の研究では、人頭税という制度自体が必ず酷税になるものではないとする考え方が主流だ。また、先島地方においては老人介護者、障害者、重病者など特定の人々は納税を免除され、その分は村内の納税者に配分されるなど、税額は柔軟に決められた。このことから、人頭税はいわゆる「悪平等」でもなかったとされる。ただし、人頭税＝悪税説を採らない学者も、先島の人頭税に矛盾があったことは否定しない。人頭税に苦しめられた証言が、実際に数多くあるからだ。『南島探験』も、明治中期における一つの重要な証左である。

地租でも人頭税でも、納税者の収入が多く、税率が低ければ酷税にはならない。しかし薩摩の侵攻以来、琉球国は多大な上納を強いられ、その分民衆への課税も重くなった。「此赤貧村にして貢租・民費の外、尚《なお》この村費あり。窮死せざるを欲するも、其れ得可《べけ》んや」。石垣島盛山村についての儀助の記述である。国（元は王府）に納める貢租のほかに、民費（蔵元費や吏員給料、学校費など）、村費（村番所費）も人頭割りで賦課された。しかも、先島地方はもともと土地の生産性に乏しく、人々の生活水準は極めて低かった。

税額は柔軟に決めたとはいえ、村内で調整したにすぎず、十分納付可能な範囲だったということではない。貧窮者からも容赦なく徴税することが、儀助には許しがたかった。例えば、戸数六戸の石垣島名蔵村。本土では決して見られぬほど赤貧のこの村でさえ、役人は収奪して私腹を肥やそうとしていた。「先島群島総て此感あり」。儀助の怒りがさらに募る。

儀助は宮古島宮国村の番所で、吉村貞寛の発した明治二五年九月三日付の御用書を目にする。住民側に立って罷免となったあの前宮古役所長である。それにはこうあった。蔵元または番所執行に関わる内法のうち足車、ムチ、牢込めなどの罰は今後全て科料の米に換算し、宮古役所の認可を受けること。足車その他の責め具は蔵元に没収すること――。内法とは、間切・村の内部だけに通用する、いわば掟である。税滞納者がいかに厳しく処罰されたかが伺える。

★26　宮良当壮　石垣島の宮良《みやら》家は八重山三間切の一つ・宮良間切の最高職である頭職を代々務めた。一八一九年に宮良当演が建てたとされる邸宅・宮良殿内《どぅんち》は重要文化財に指定されている。儀助が宿泊したころの当主は孫の当宗。その甥が、南島談話会にも属する方言学者の当壮で、当時ちょうど胎内にいた。儀助がマラリア研究を激励し、『南島探験』末尾に研究書を載せた崎山寛好医師は母方の叔父。この縁を後に知った当壮は、『日本の隅々』『琉球文学』などに儀助のことを書き、弘前も訪れた。

機織り「懲役人以下」

宮古島の平良港から徒歩数分の所に、宮古伝統工芸品研究センターがある。一階が宮古織物事業協同組合の事務所、二階が機織り場で、組合員や外部からの研修者らが制作に励んでいる。明治二六年七月七日、儀助が「宮古上布」の機織りを見た西里村の貢布座はまさにこの場所にあった。

儀助は「織婦、肉眼を以て其模様の揃うや否やを見て、延びたる絲《いと》は助手に縮めしめ縮まるるは延ばさしむ。然らば則《すなわち》機を織《おる》と謂《いう》と雖《いえど》も実は十指を以て模様を造るなり」と感嘆している。

組合専務理事の島袋朝子さんによると、現在の宮古上布は十字絣という模様で儀助が見た当時とは少し違っている。だが「一〇センチごとに手で引いたり、針先で調整して模様を合わせたりする〝絣合わせ〟の作業は同じ。一反織るのに熟練者でも三、四カ月はかかる。昔は今よりもっと細い糸を使っていたので、さらに大変だったと思う」と話す。

上布とは、麻糸の平織りのうち極細糸を用いた細密なものを言う。軽く通気性に優れた夏用の高級着物で、越後上布、能登上布、宮古上布、八重山上布などが歴史も古く有名。中でも越後上布と宮古上布が最上級品とされる。宮古上布と八重山上布は苧麻《ちょま》（＝カラムシ）の糸を使う。前者は紺地と白地の藍染めの絣、後者は藍染めのほか、現地産のヤマノイモ科植物から得られる染料・紅露《クール》で染めた色鮮やかな縞や絣が特徴。かつては薩摩藩が流通を支配したことから、合わせて薩摩上布とも言った。

『沖縄県史』によれば、薩摩藩への上納による赤字財政に悩む琉球王府は、本島国頭《くにがみ》地方にウコン、中頭《なかがみ》・島尻地方にサトウキビを強制的に栽培させ、先島地方には布生産を集中させ、本土で独占販売する専売制を敷いて王府の財源とした。人頭税の開始は一六三七年。二二年後に貢租の一部を布の納付とし、同時に、村人口が増減しても税額を変えない「定額人頭配賦税制」とした。

人頭税は、八重山では米を、米の取れない宮古ではアワを基本とし、畑作物などでも代納できた。貢布は苧麻だけでなく木綿でも織られ、品質によって上布・中布・下布に分けられた。織りの難易差は大きく、難しいものは平民に割り当てられた。

人頭税苦の相当部分は貢布負担の重さが占めたとされる。大蔵省作成の明治三〇年報告書「沖縄県税制改正の急務なる理由」も、人頭税の矛盾の一つとして「反布賦課の甚だ公平を失すること」を挙げている。布生産には苧麻の栽培から糸紡ぎ、染色などの分業制がとられた。最も負担の集中するのは織り手。王府は貢租の未納を防ぐため間切・村に連帯責任を負わせたため、織りの上手な女性は強制的に駆り出され、各村に設けられた貢布座で半年以上も作業をさせられた。儀助はその様子を次のように記す。

「座の中間に至れば、日光達し難く、暗うして薄暮の如し」「役人八人あり。小使を加えて十一人と言う。原料の収受より成業に至るの会計等を監視す。織婦は十五才より五十才に至る。其苦使せらるる現況は、他府県懲役人にも劣る事数等なり」

厳しさはどの島でも同じだった。昭和三九年、与那国島の崎原タマさん（当時九一歳）は地元紙・沖縄タイムスの記者に「男は米、アワ作り、女は御用布織りに昼も夜もなく働かされ、上納品の出来が少しでも悪いと番所で厳しい責め苦にあった」と証言している。

一方、『沖縄県史』によれば、王府は貢租確保へ、生産効率を高めるためにユイ組という共同耕作組織を編成し、田畑での労働監督を村役人に義務付けた。貢布織りに限らず、人頭税には奴隷的使役が付きまとった。明治七年の宮古島の史料『農務規模帳』には、男たちが朝早く村の番所に集められ、村役人の引率で畑仕事に出され、遅刻した者は鞭で五回たたかれると書かれている。昭和六二年に平良市（現宮古島市）などが開いた「宮古人頭税廃止八十五周年記念シンポジウム」の基調講演で、山本弘文・法政大学教授は「人頭税は人格に対する支配、非人間的な支配と密接に結びついた税制だった。その廃止運動は悪税反対運動というようなものをはるかに超えた、人間解放の運動だった」と述べている（『同シンポジウム・資料展記念誌』）。儀助の怒りも、人頭税による人間性抑圧に対するものだった。

税額を一方的に命令

与那国島は日本最西端の島。一一七キロ離れた八重山地方中心地の石垣島よりも、一一〇キロ先の台湾の方が近い。世界最大の蛾ヨナグニサンの生息地としても知られる。同島の西端、つまり日本領土のどん詰まりの集落久部良《くぶら》の海岸にクブラバリがある。バリは方言で割れ目。岩に長さ一五メートル、最大幅三・五メートル、深さ七メートルの亀裂があり、その昔ここに妊婦を集めて跳ばせたという。島中央付近には人舛田《トゥングダ》がある。昔、突然に銅鑼や太鼓が鳴り、体が弱いためにこの場所に来るのが遅れた男は殺されたという。どちらも税苦軽減のための人口調節法だった。真偽のほどは定かではないが、同島に限らず先島地方の各島には、村からの逃散や、乳飲み子の間引きなど、人頭税にまつわる悲しい伝説が多数残る。

儀助は、石垣島や西表島ほどではないが与那国島にもマラリアがあることや、平家の落人伝説があり「大和人種」を自称する家が一七戸あることなど、幅広く記している。まず驚いたのは同島の歓迎ぶり。上陸時にはうら若き美女数十人が列を成して出迎え、三日間の滞在中も歓待を受けた。ところが、村総代に聞くと、「他府県人来れば（中略）村吏恐れて強暴自然に減ずればなり」というのが手厚いもてなしの訳だった。

村吏が先日、役所からの達しと称して五、六年前からの未納税の一括納入を命じ、不足分は家屋・牛馬・鍋釜・日用具に至るまで公売すると厳達したので、自分が村吏に談判して中止させ、島民はようやく安堵した―。これは駐在所の乙守儀幸巡査の話。役人の酷薄さは与那国でも同じだった。

乙守巡査は三週間後、出張先の石垣島で儀助と再会する。出張用務は逮捕した与那国村長の護送。未納穀を徴収する際、人民の無知に付け込み米二俵を水増しした現行犯だという。

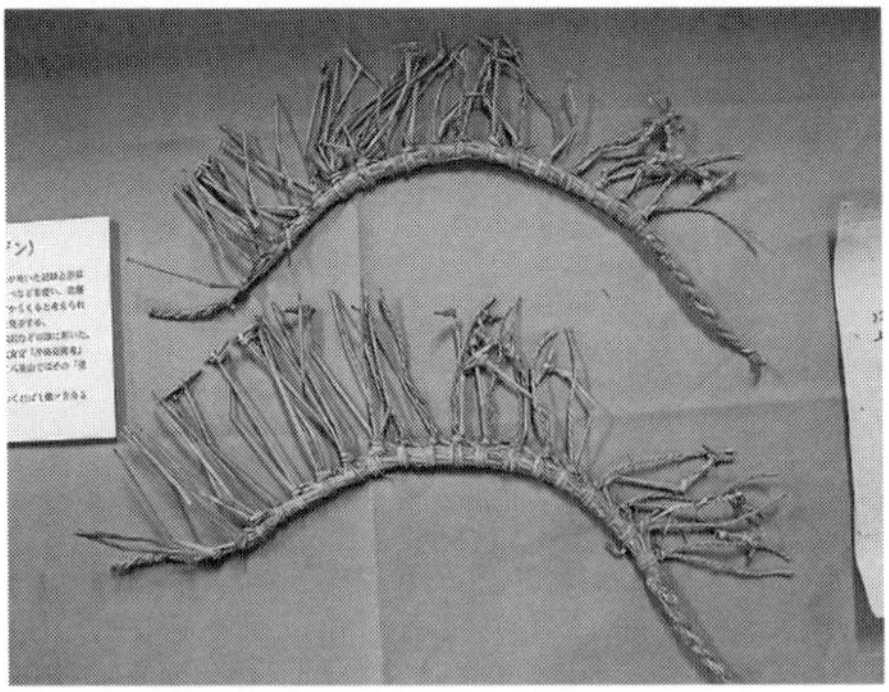

藁算＝石垣市立八重山博物館の展示

先島の農民らは税の仕組みを理解しておらず、貢租・民費・村費を全部ひっくるめて「上納」と言っていた。琉球王府は士族の優位を保つため平民の文字使用を禁じ、読み書きそろばんという基本的教育の機会も与えなかった。儀助が訪れた当時は普通教育の自由が与えられていたが、「十六、七年（＝歳）以上の者は目に一丁字」もなく、物品売買や税の書類は「形式上、官に対して作るのみ」で、徴収は「板札の符号と藁《わら》算」によると儀助は記している。

板札とは、先島地方独特の記号カイダー字で書かれた税額告知板。儀助は与那国で見たカイダー字を細かく記録した。○が一俵、□が一合といった、一種の象形文字である。一方、藁算は藁紐の結び目で数字や文字を表す。「未納取立にして何の誰は七俵ありと申渡《もうし》すも其実は七俵なるや三俵なるや納むる当人にして既に不分明」（乙守巡査談）なため、役人は思い通りに数字を操作できた。

★27　**沖縄の藁算**　縄の結び目、長短などで記録、伝達する「結縄文字」は世界各地の文字を持たない社会に見られ、特にインカ帝国（ペルー）のキープは高度に発達した。日本でも古代には広く使用された可能性がある。沖縄では藁算と書いてバラザンなどと呼ばれ、人頭税の終わる明治三六年まで納税関係に使われた。田代安定著『沖縄結縄考』によれば、売買や賃貸の証書、戸籍帳簿などにも用いられた。

立ち上がった宮古島民

前宮古役所長の吉村貞寛は「正数外に増税を課し、実に厭うべく忌むべきの宿弊あり」と語った。儀助が宮古島の地を踏み、士族と平民のにらみ合いに遭遇した翌日である。

前年、吉村が奈良原繁知事に上申したことで旧慣改正が開始され、士族の激烈な反発を招いて吉村は辞任に追い込まれた。本土から突然やってきた儀助に、吉村は腹蔵なく話しただけでなく、人頭税などの旧慣改正や糖業振興などについての意見書「島政の意見略」を手渡した（神奈川大学日本常民文化研究所・祭魚堂文庫『沖縄県群島の内宮古島之部』所収）。これにより儀助は、宮古島に着くなり、人頭税など旧慣の矛盾について正しい情報を得た。それは、儀助の先島の現状認識に相当影響したと思われる。

儀助が石垣、西表、与那国各島などを巡って宮古島に戻ったのは八月二五日。翌日、島内調査の途上、島南東端の保良《ぼら》村と新城《あらぐすく》村の番所で役人と押し問答する群集を目撃する。

　保良村では三〇人ほどの男たちが騒いでいた。巡査が理由を問うと、蔵元の課した税額が例年より多いとして、各村連合大会を開いて「事由を明瞭に認めざる内は本年の割賦御下げ札は返上」に決したという。巡査が「昨年度は閏月《うるう》あるを以て一ヶ月分過納せるは当然」だと説得しても、「民力に堪えず。依て返上する」という断固たる返事だった。昭和六二年の「宮古人頭税廃止八十五周年記念シンポジウム」（平良市＝現宮古島市など主催）における郷土史家・砂川明芳氏の発言によると、吉村の努力によって明治二五年は30％も減税になり、吉村が解任されると翌年は100％増、つまり倍にハネ上がった。儀助が保良や新城で遭遇した騒ぎは、この増税に対する農民の抵抗であった。

「郵便報知新聞」二六年一一月二六日付に、宮古島福里村の総代・西里蒲《かま》の同年の税額が掲載された。夫婦と長男、下男二人を合わせた総額はアワ一六俵と二斗。一年の全収穫を納めても足りないため、延納を願い出るつもりだと書かれている。

　希望の星だった吉村役所長が解任された上、税額倍増では、農民たちの怒りが沸騰するのも無理はない。儀助が島を去った二カ月後、彼らはついに行動を起こす。帝国議会に島政改革を請願するために上京するのである。上京者は中村十作、城間正安《ぐすくませいあん》、平良真牛、西里の四人。儀助が保良村番所の騒ぎに遭遇したとき、巡査は「一、二の扇動者尻押せり」と述べているが、一、二の扇動者とは中村と城間とみて間違いない。また、儀助は番所で、少なくとも保良村の総代・平良には会っているはずだが、『南島探験』では個人名には一切触れてない。彼らへの弾圧を避けるためであろう。

儀助は次のように書く。「圧制の下に生息せる平民、新政を慕うの萌芽あり」。命がけで立ち上がろうとする宮古島民の姿を、儀助は感動をもって見つめた。

★28　ブバカリ石　宮古島の荷川取漁港近くに「ブバカリ石」と呼ばれる石柱が立っている。埋め立て前は海岸だった。ブバカリは「賦計り」の意だとする伝承があり、昭和一一年に訪れた河村只雄が『南方文化の探究』に「身長がこの標準石柱に達した者には凡《すべ》て人頭税を課した」と書くなど、多くの学者が「人頭税石」説を支持してきた。人頭税は身長ではなく年齢で課せられたため否定的な見方もあり、屋敷神、陽根石などさまざまな説がある。石垣島の二カ所に星見石とされる類似の石柱があることから、天体観測施設説も有力だ。

中村らが運命的出会い

笹森儀助という人物の来訪が明治二六年だったことは、先島地方の人々にとって非常に幸運なタイミングであった。彼がその目で島民らの苦境と蜂起を見て、『南島探験』で世に訴えたことが、人頭税廃止の大きな要因になったからである。ただし儀助はあくまでも陰の主役である。表の主役を演じるのは、もう一人の北国の男、中村十作であった。

中村は新潟県の豊原村稲増（現上越市）の庄屋の家に生まれた。真珠養殖を始めようと二五年一一月ごろ沖縄にやってきた。当初は八重山地方で事業を興す計画だったが、那覇から偶然同じ船に乗り合わせた田村熊治に勧められ、宮古島に変更した。田村は沖縄県官吏を辞して石垣島白保の開拓に乗り出した篤志家。彼は中村に、真珠養殖の助言者として城間《ぐすくま》正安《せいあん》を紹介した。城間も元県官吏で、宮古島を開墾してサトウキビ栽培に励んでいた。人頭税廃止運動を牽引することになる中村と城間という二人の島外人は、こうして運命的な出会いを果たす。なお、儀助は田村の農園を見学したほか、南島探検の帰りに奄美大島で再会する。田村は石垣島の土地貸下げ問題に絡む陳情目的で上京途上だったが、中村らの人頭税廃止国会請願を側面支援する腹づもりもあったとみられる。

その年の二月に吉村貞寛が宮古役所長に就いていたことも、幸運な巡り合わせだった。中村と城間はまず名子制度の廃止を目指すことにし、中村が那覇に行って奈良原繁知事に陳情。知事は吉村に実況報告を命じ、かねて農民の苦境を見かねていた吉村は官吏の冗員整理、名子廃止などを上申し、知事は三月、それらを実行に移す内訓を下した。これが士族の猛反発を招き、七月六日に儀助が宮古島に上陸する直前に吉村は解任に追い込まれた。だが、農民側も今度は忍従しなかった。儀助が目にした蔵元での騒動こそが、島民の初めての本格的な反攻だった。そして八月二六日、儀助は保良と新里の番所で役人に立ち向かう農民たちの姿を目撃するのである。

中村十作（上越市板倉区総合事務所蔵）

儀助が去った後、中村と城間は、県庁相手では現状を打破できないと、国と国会に直接訴える決意を固め、同年一〇月、農民代表の平良真牛と西里蒲を引き連れて上京するのだが、何度も壁にぶつかる。その中で、儀助の『南島探験』が国会論議などに重大な影響を与え、局面が開けていくことになる。人頭税という二世紀半も変わらなかった堅固な制度が崩壊に向かったのは、中村、城間、吉村、そして儀助という、島民たちの境遇を真に憂える人々が同時期に宮古島に集結したことによる。天の導きであろうか。

人頭税廃止請願運動の基礎文献は、城間正安の子・城間正八と佐々木嗣宗が昭和七年に出版した私家本『隠れたる偉人』（沖縄県立図書館蔵）がほぼ唯一だった。経緯解明に大きく寄与したのは谷川健一氏。同四五年に中村の生家を訪れ、十作の弟十一郎の日記などを発見し、『北国からの旅人』で運動の流れを時系列で明らかにした。また、山内玄三郎氏は十一郎日記をさらに詳細に研究し『大世積綾舟《ウプユッアンアヤブニ》—人頭税廃止と黒真珠に賭けた中村十作の生涯』を著した。それらによると明治二六年一一月三日に東京に着いた中村ら一行四人は、すぐに新潟県選出の代議士などに陳情を始め、各新聞社に投書を送った。反響は大きく、同年一一月二五日に召集された第五帝国議会に平良と西里の連名の請願書が提出される運びとなった。

だが、請願書が日の目を見ることはなかった。第二次伊藤博文内閣が一二月三〇日、外国人の内地雑居を巡って衆議院を突然解散、貴族院も停会となったからだ。中村らはあきらめず、翌年に入っても安場保和、曾我祐準、品川弥二郎、榎本武揚ら有力議員や大臣などに陳情を重ねる。その過程で、中村は儀助と直接面会する。『隠れたる偉人』はその日を五月二日としている。山内氏は、中村が日本新聞社を訪れたときに社長・陸羯南の紹介で儀助に会ったと推測し、「笹森は中村の持っていた『内務大臣への建議書』を写し取り、出来上がったばかりの活字本『南島探験』を中村に二部贈ったようである」と書いている。

★29　宮古島民の動き　中村十作と城間正安という指導者を得た宮古島農民たちは、勇気をもって自ら行動し始めた。平良真牛、西里蒲を加えた四人を東京に送り出すまで、各村の総代や村民が、林の中など場所を変えながら毎夜のように協議を重ねた。また、四人の上京費用の不足分を賄うために二つの村番所穀倉からアワ八百俵を盗み出し、売り払った。当時の蔵元頭職の報酬二年分に相当した。穀倉を開いた砂川金と池村山は警察の拷問にも頑として口を割らず、四人の帰島まで投獄されたままだった。

国会論議に影響

山内玄三郎著『大世積綾舟《ウプユッアンアヤプニ》―人頭税廃止と黒真珠に賭けた中村十作の生涯』は、中村十作が儀助本人から『南島探験』をもらったことに関し、「翌（五月）三日、早速鈴木町の曾我子爵を訪問してこのことを報告し、その一部を差し上げた」と書いている。だが、『南島探験』初版本の奥付には明治二七年五月三〇日印刷、三一日発行とある。五月二日に刊行本を渡すことはできない。そこで、中村らのその後の動きをもう一度まとめてみる。

第五議会が解散になったため、中村ら四人は同年三月中旬にいったん宮古島に帰り、翌月、中村一人が再び上京。五月一五日に開会した第六議会に向けて各方面への働き掛けを続けた。同議会では、儀助の書いた「沖縄県下八重山島風土病の状況并駆除方法意見」を基にした建議案を安場保和議員が貴族院に提出し可決されたほか、曾我祐準子爵の手になる「沖縄県宮古島々費軽減及島政改革の請願」が採択された。衆議院でも、儀助と面識のある大島信議員（奄美選出）がマラリア撲滅に関する決議案を上程し、木内信議員は「沖縄県八重山列島石垣島官有地貸下に関する質問」を提出。両院が沖縄関係の議案を集中的に討議する異例の展開となった。

けれども、中村の努力は寸前で水泡に帰す。衆議院が六月二日、内閣弾劾上奏案を巡って紛糾した末にまたも解散となり、貴族院は停会。記録的な短命国会となったからだ。

中村は宮古島に帰り、一一月一一日に三たび上京する。広島で召集された第七臨時議会は軍事予算の審議だけで終わり、一二月二二日に第八議会召集。翌年一月八日、曾我子爵がもう一度「沖縄県々政改革建議案」を提出。一時間に及ぶ曾我子爵の大演説の後、簡単な質疑があり、採決により起立多数で可決する。一方、衆議院では同月一六日に請願が上程され、請願委員長の浜名信平が採択理由を詳細に説明。紹介者の高田早苗議員が発言し、質疑の後に採択された。二六日には貴族院の請願会議でもあっさりと可決。一六三七年から続く先島の人頭税は、廃止されることが決定的となった。

この過程で儀助が明確に貢献しているのは、貴族院における曾我子爵の演説である。曾我子爵は、儀助が『南島探験』に記した西表島高那村の納税額「上男一人上納高、米五斗四升二合二夕《ママ》（註…勺の誤植か）二才に対し…」という数字をそのまま示し、宮古島の貢布織り場についての儀助の描写も朗読した。「他府県懲役人にも劣る事数等なり」というあの一文である。

この機織り場のくだりは、城間正安の伝記『隠れたる偉人』中の「沖縄県宮古島正租軽減理由書」という文書にも引用されている。その「理由書」は、山下重一氏が『琉球・沖縄史研究序説』で指摘するように、第八議会の前ごろに中村が書いたものであろう。高田議員に手渡され、第八議会の衆議院に提出されたと思われる。山内氏の推測通り、中村が儀助と面会したときに『南島探験』の刊本をもらったのか、発刊前の校正本を贈られたのかは判然としないが、いずれにしても『南島探験』が貢献したのは人頭税廃止運動の大詰め段階ということになる。

「儀助が人頭税廃止運動に果たした役割は大きく二つある。一つは『南島探験』という客観的な報告が存在することで、中村らに『我々の運動は独り善がりではないのだ』という自信を与えたこと。これは大きい。もう一つは中央の関心を喚起したことです」。石垣市の郷土史家・石垣博孝氏はそう話す。

『南島探験』発刊から二カ月後の二七年八月一日、日清戦争の宣戦が布告される。曾我子爵は貴族院における演説で、先島地方の軍事上の重要性に時間を割いた。議事録には「最良の軍港地は西表島の船浮であり、同地には上質の石炭もある」「数年前に西洋の軍艦が与那国島沖に停泊して修復した」「清国の軍艦が同島から薪と水を取っていった」など、『南島探験』から引いた文言が多数並ぶ。議員たちも先島を軍事上の要衝として実感せざるを得まい。わが帝国の先島を政府がないがしろにしているのはけしからん、という空気が議事堂に充満したことだろう。

儀助は国防の観点で先島の隅々まで足を運び、同時に、そこで目にした島民たちの悲惨な生活状況も告発した。その二つが期せずして相乗効果を生み、人頭税廃止の国会審議に多大な影響を与えた。

★30　城間正安と糖業　城間正安は万延元（一八六〇）年、沖縄本島の久茂地（現那覇市）に生まれた。琉球処分後、周囲の反対を押し切り、日本政府の出先機関である県庁に入った。明治一七年、糖業技師として宮古農事試験場に赴任。村々を回ってサトウキビの作付け、製糖を勧めたが、農民は納税に精いっぱいで糖業普及は進まず、職を辞して自ら糖業に専念した。その中で人頭税の過酷さに憤りを覚え、中村十作を説得して廃止運動に乗り出す。大和と沖縄本島、宮古の言葉に通じ、東京での運動では通訳としても重要な役割を果たした。

国利民福に尽くす人々

『隠れたる偉人』は城間正安本人の記憶に基づく談話に頼っていて、疑問点も少なくないとされる。例えば中村十作、城間、平良真牛、西里蒲の四人がずっと東京に滞在していたように書いているが、実際は明治二七年三月中旬に中村を除く三人は宮古島に帰っている。

儀助との面会について同書は「五月一日に再び榎本農商務大臣を訪問し、二日には佐森《ママ》儀助氏、三日には再び曾我子爵、四日には二度目の新荘子爵」を訪問したと記述している。この通りなら三人が宮古島に帰った後なので、儀助に会ったのは中村一人ということになる。だが、儀助に東京で会っていない城間が「会った」と話すとは、ちょっと考えにくい。「四人で会った」が正しく、「五月二日」の日付が間違っている可能性が高い。それなら儀助との面会は四人とも東京にいた三月以前ということになる。

十作の弟で東京に在住していた中村十一郎の日記では、四人は二月、精力的に陳情活動を展開した。一日に安場保和、二日に曾我祐準、一四日に品川弥二郎、などである。儀助と会ったのもこのころか。正確な時期はともかく、「儀助は、従来言われていたよりも早い段階で人頭税廃止運動に関わった可能性がある」と小林和幸駒沢大学助教授が言う。

四人は当初、新潟出身の室孝次郎代議士や帝国通信社長の竹村良貞、中村兄弟が学んだ東京専門学校

（現早稲田大学）ゆかりの高田早苗、鳩山和夫両代議士らに頼ったが、二七年一月末から協力を仰いだ品川、安場、曾我、谷干城、近衛篤麿らは儀助に近い大物たちだ。儀助は品川と明治一〇年代から付き合いがあり、安場は品川が会頭の政社・国民協会の幹事長である。

谷と儀助を結びつけたのは陸羯南だった。小林助教授によると、「千島探検をした人で、お話し申し上げたい人がいる」と、儀助を紹介する羯南書簡（年不明一二月二五日付）が谷家に残されている。

羯南の新聞「日本」は二二年、谷らの尽力で創刊し、谷は資金協力者ともなる。貴族院で谷や安場と同会派の懇話会に属する曾我、協力関係にある三曜会の近衛を含め、羯南人脈の政治家らが人頭税廃止に携わった。羯南の盟友で、沖縄の実情に関して第一人者の儀助が、人頭税廃止運動に水面下で関わったと考える方が自然であろう。その具体的な中身は残念ながら不明だ。谷川健一氏『独学のすすめ』の指摘する通り中村十作が人頭税廃止について夫人にさえ語らなかったように、儀助も沖縄に関する功績は一言も口にしたことがないからだ。

だが、人頭税廃止をめぐる人間模様には、これまで繰り返し投げ掛けられてきた疑問への答えが隠されている。国権主義者とされる儀助が、なぜ終始、貧しい島民たちの側に立ったのか—という疑問である。

そのヒントを小林助教授が提示する。貴族院は「皇室の藩屛（＝防護柵）」であり、すなわち「藩閥政府の藩屛」であったという従来の見方に対し、同氏は『明治立憲政治と貴族院』などで、「『皇室の藩屛』は藩閥政府の利益の代弁者を意味するものではない」という一八〇度異なる見解を示したのである。

同氏によると、貴族院の主要構成員である華族たちには、帝国議会開設以前から研究団体を組織し、貴族院の存在意義を自問し、議員としての資質向上を目指す動きがあった。その過程で、加納久宜子爵は『華族同方会報』に「華族之覚悟」を発表。「政府も『国利民福』に反する行為を犯すことがあり得る」という前提に立ち、その場合は「『帝室に忠』たらんには、政府を批判すべきである」と主張した。一方、華族の研鑽に指導的役割を果たしたのが、西南戦争などを指揮した軍人から政治家に転じ、学習院長も務めた谷だった。谷が見るには、板垣退助を中心とする民権運動は、自己の利益を得ようとして国民を先導する、忠誠心を欠く、いかがわしい「偽民権」であり、国家を危険にさらす存在であった。帝国議会開設当初から党利党略に明け暮れる衆議院に深く失望し、政治屋を厳しく批判するようになった儀助の考え方に重なる。

羯南もまた、新聞「日本」創刊の年の六月、「政党の弊—国益と党利」と題する上下二回の論説で「国民全体の幸福に資するものあらば断じて之に頌賛《しょうさん》を呈することを吝《おし》まざるなり。吾輩は党派のために存在するにあらずして日本国民の為に存在するものたらんことを欲す」と宣言している。

小林助教授は「国権主義というと昭和戦前の状況をイメージするが、明治の国権主義は違う。国権と国民の両方を充実させようとするのが彼らの主張。天皇の名を汚す政府の不正、悪政を厳しく監視しなければならないという考え方があった」と指摘する。

国利民福—。このキーワードで解くと、儀助の中の皇室主義と民権思想の共存も、あるいは国権主義者とされながら沖縄の人々の声を懸命に代弁したことも、矛盾ではなくなる。

★31 人頭税の終わり

第八議会での宮古島請願の採択後、政府は沖縄県旧慣改正に乗りだしたが、人頭税廃止にはさらに数年を要する。地租への移行に土地測量が必要だったためだ。野村靖内相が明治二八年に閣議提出した「沖縄地方制度改正の件」も、改革の第一歩に「土地の丈量に関する事」を掲げている。三二年三月に「沖縄県土地整理法」が交付され、翌年から三五年一二月まで混乱のうちに土地整理を実施。三六年一月一日、「地租条例」「国税徴収法」が施行され、二六〇年余に及ぶ人頭税はようやく廃止された。

天覧

明治二六年一一月八日に弘前の自宅に帰り着いて以降、儀助は客の応接を謝絶し、『南島探験』のまとめ、執筆に専心した。

東喜望氏は、青森県立図書館にある自筆稿本『南嶋探験』「乙」三分冊、他筆の写本「丙」三分冊、刊本「緒言」の草稿「南島探験記発端」、巻末「南島事務私見」の草稿「南嶋事務私見概目」を精査し、乙本は遅くとも二七年二月中旬までに脱稿したと推定した。（東洋文庫版『南嶋探験』1「解題」）。

さらに重要な点も指摘した。誰が校訂者かである。従来は『千島探験』と同様、儀助の親戚の漢学者葛西音弥と考えられていた。葛西は刊本に漢文の跋も寄せており、若干の字句訂正を施した形跡もあると東氏は指摘する。けれども、乙本に貼付された紙片に、石敢当の由来など沖縄の具体的事項に関する正誤の指摘、教示、意見が多数あることから、「南島の自然・地理・歴史・民情・言語等を熟知した『識者』である。しかも西表島横断の探検に従事した体験を持ち、当時在京した人物であり、この校訂者は明らかに田代安定である」と同氏は断定した。

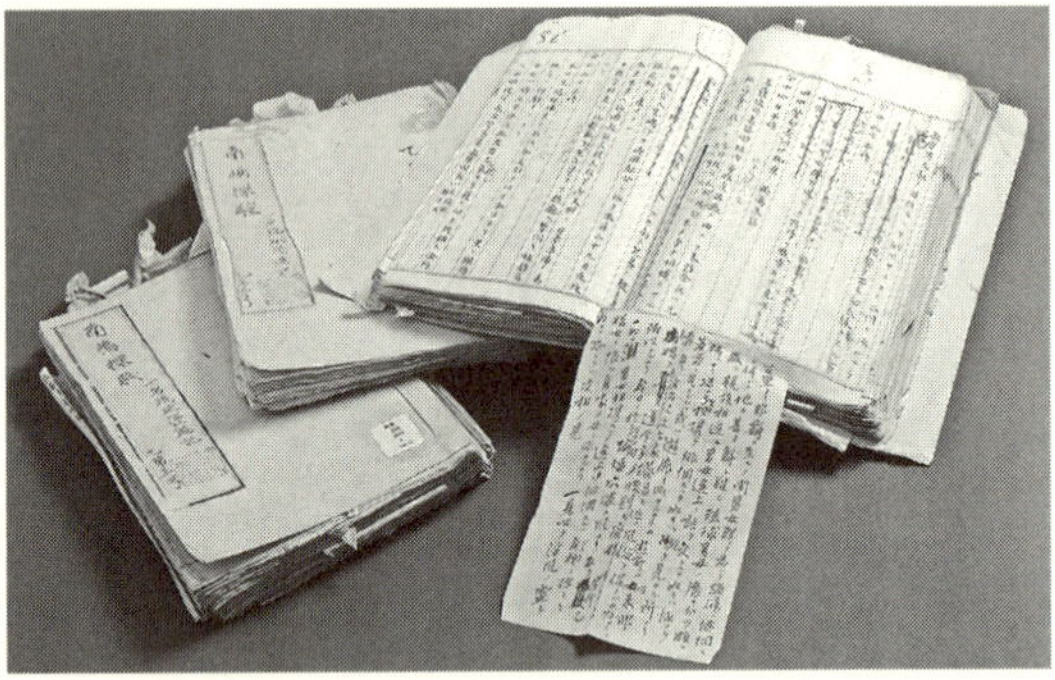

稿本『南嶋探験』。田代安定の校訂文が付されている（青森県立図書館蔵）

乙本の最初のページに張られた紙片には「全編を通読するに注意周到、僅々五六ケ月の間に於て如此著あるは多く得易からず。実に敬服の外なし」と賛辞を述べた上で、「動《やや》もすれば片言を信じて直ちに憤慨し、或は表面の宿弊を見て深く其真相を究せず、直ちに改革の断案を下すが如きは、皆熱心の余に出づるものの如しと雖も、他の老成素朴の言に似ず、著者の為めに頗る遺憾とする所なり」とアドバイスしている。田代の率直な評とみて間違いあるまい。『南島探験』は儀助の赤心にあふれているだけに、乙本の原文にはやや直情的な記述も目立つ。儀助は忠告に従って大幅に改稿し、助言文をそのまま利用した個所さえある。一方で、助言に沿って削除しながら、のちに復活した個所もある。東氏は「観察事実をあくまで重視する著者の態度」を窺わせるとしている。筆の走り過ぎは儀助も自覚していたようで、結論に当たる「南島事務私見」で天皇の沖縄行幸を進言した条項や、本文中、清国との関係をはじめ政治的に微妙な問題などの記述は、かなり改稿や削除を行っている。政治的発言をした官吏を匿名にするなど、関係者個人への悪影響を避ける配慮も見られる。こうして『南島探験』は、谷川健一氏が言うところの「極めて冷静で無駄がなく、金石文のように固く鋭い」文章になった。

五月三〇日に印刷成った刊本には「非売品」とある。つまり知人や有識者に配るための自費出版だったが、新聞各紙の称賛を集める。笹森家に残る新聞切り抜き帳「残紅集」によれば「東京日日新聞」、「読売新聞」、「新朝野新聞」、「時事新報」、新聞「日本」などが好意的な紹介記事を掲載した。中でも、東京日日は「机上の空想に耽るの書生が漫《みだり》に大言壮語する軽浮の書と遥に其の選を異にす。洵《まこと》に国家有益の書なり」と絶賛した。

本は、『千島探験』に続いて天覧の栄に浴した。仲介したのは宮内大臣土方久元。土方は一七年に岩木山麓の農牧社を視察し、二四年には千島探検帰りの儀助と一緒に道内を巡ったことがあった。

無論、内相井上馨にも提出された。地方行政を所管する内務省には耳の痛い話が満載の『南島探験』を、井上はどんな思いで読んだであろう。しばらくして、井上は儀助に思いがけないことを切り出す。

★32　貝類標本を寄贈　探検を終えて東京に帰着した儀助の元に陸羯南や、千島探検を共にした桜田文吾記者が来訪。無事再会を喜び、長旅の労をねぎらった。儀助はこのとき、石垣島の大和墓で採集した頭骨の鑑定の手配を桜田に依頼し、八重山諸島の貝類標本を披露した。笹森家に残る表彰状によれば、儀助は明治三四年四月、貝類標本二六種六〇個を東京帝室博物館に寄贈している。関連は定かではないが、儀助の盟友陸羯南の東奥義塾（弘前）時代の同級生に、モースにも学んだわが国の貝類学の嚆矢・岩川友太郎博士がいる。

第六章　奄美大島時代

思わぬ依頼

大阪の製糖会社社長か、鹿児島県奄美大島の島司になり、糖業改善に当たってほしい――。内相井上馨の依頼は、今度も砂糖に関してだった（「活人画」）。糖業改善を、ずぶの素人の東北人に依頼するとは、思い切ったものである。しかも井上は、鹿鳴館外交に象徴される欧化主義の主導者。陸羯南ら日本主義一派とは思想的に対極にある人が、羯南の同志の儀助を指名した。主義主張を超え、人物を親交の物差しとする明治人の器なのかもしれないが、内相は相応の理由があって断を下したと思われる。奄美の糖業は一産業にとどまらず、政治的、社会的問題と化していたのである。

藩政時代、薩摩藩は奄美に重い税（貢糖）を課した。一九世紀初頭、同藩が砂糖収奪強化により五〇〇万両もの財政赤字を解消し、幕末、三〇〇万両の蓄財を軍備に充てて明治維新の主役になったことはつとに知られる。維新後は、奄美の砂糖は大蔵省と鹿児島県の綱引きになり、明治六年、政府は税以外の黒糖を内地商人との「自由売買」にすると布達した。だが、鹿児島県庁は先手を打ち、前年に大島商社をつくって実質的に専売制を維持した。儀助も「自由貿易を許されたりと言うも皆是《これ》、名斗《なばか》り」で、県庁が藩政時代そのままの取り扱いを大島商社に移し「官吏同様の暴威を以て島民に臨む」と書いている（『南島探験』）。

地元有力者の基俊良《もといしゅんりょう》も儀助に「島民は柵の外に跪座して低頭平身し、商人に接して交換に従事」すると語っている。

島民が命懸けで闘った「勝手世《かってゆ》運動」（註…★33参照）で大島商社は一一年に解体したが、糖商が生活物資などを建切《たてきり》貸し、つまり次の砂糖収穫を抵当にして貸し付けたため、収奪は終わらなかった。儀助は物価一覧表を掲げて、あこぎな商売を指弾している。例えば、青森なら黒糖三斤分で買える半紙一束が二五斤もした。一斤は六〇〇グラムに当たる。島民の借金は膨らみ、一九年の台風被害も加わって「明治二十年に至り、全島売却するも其債務を償うに足らず。其高百万円と号す」という壊滅的状況に陥った。

儀助が記す通り、初代島司新納中三《にひろちゅうぞう》は鹿児島商人を排除して大阪商人を招いた結果、罷免された。協同組合を組織化するなど生産者の保護・強化を図る現島司の大海原尚義には栄転の噂が流れていたが、儀助が調べたところ噂の元は鹿児島商人たちだった。栄転に見せかけて、大海原を追い出そうという策略を巡らしていたのである。大海原が在任四年余にも及んで、異動せざるを得ない情勢に至り、井上内相が白羽の矢を立てたのが儀助だった。

昇曙夢の『大奄美史』は、西南戦争の荒廃から鹿児島を立て直した加納久宜知事が儀助を招聘したとしているが、井上は「大阪の製糖会社社長か島司に」と言った。加納知事の招聘なら大阪の話は出なかっただろう。井上自身の発案とみるのが自然だ。

「大阪の製糖会社社長に」というのも、「大島の糖業改善を」との趣旨である。新納島司の要請で進出した大阪の阿部組は低金利で島民の人気を博したが、糖価下落で撤退。再び鹿児島商人が牛耳るようになっため、井上は、大阪商人へのテコ入れで奄美の危機打開を狙ったと思われる。

儀助は「糖業は一向に分からない」といったん辞退したが、「是非に」と説き伏せられて「では大島へ行くのが面白かろう」と島司就任を受諾した。

儀助は二七年七月二三日付で内務省属三級俸に採用。国立公文書館に残る辞令によると、郡区長試験委員会の審査を経て井上内相が伊藤博文首相に上申し、九月八日に正式に大島島司高等官七等に任命された。

★33　**勝手世運動**　鹿児島県は明治六年に政府が砂糖の自由売買許可を布達しても奄美諸島の島民には知らせず、大島商社に独占させた。グラバーと外国に渡った丸田南里が八年に大島に帰って農民の苦難を目にし、県庁に直訴に及ぶと「全島沸騰」と称される勝手商売運動が起きた。一〇年、県が勝手売買の嘆願を不許可とすると、怒った島民たちは五一人の代表団を県に送ったが全員投獄。うち壮丁三五人は西南戦争に送り込まれ六人が戦死。残りも帰郷の船が難破し、生還者わずか四人だった。

「圧制慎め」島役人に厳命

国による第一回調査（明治二四〜三一年）の男性の平均寿命は四二・八歳である。島司就任時、儀助は四九歳。最後のご奉公という覚悟だった。その証拠に、大島へ二女つるを伴った。つるが後年言うには、儀助が大島で亡くなった場合に遺骨を持ち帰らせるためだった（横山武夫著『笹森儀助翁伝』）。

「島司」は、奄美大島だけの統治者ではなく、奄美諸島から成る大島郡と、吐噶喇《トカラ》列島とも称される川辺郡十島の両方を管轄する島庁の長であった。鹿児島県は二一年に大島郡経済分別施行令を施行し、奄美を県予算から分離して独立予算とした。全国にも例のないこの制度は半世紀も続くことになる。島民一四万七千余人の生活が双肩にのしかかる島司は、ほかの郡長とはかなり違う立場だった。

「大島々政方針」(青森県立図書館所蔵)は、儀助が島庁吏員や戸長に施政方針を示した通達である。その中で儀助は「吏員の人選も県庁の不要物を赴任せしむるの奇観あり。島民、自暴自棄の風習を来す、又た謂《いわ》れなきにあらず〈故に鹿児島商人を助けて島民を圧制するの跡あり。最も忌むべき事とす〉」と、鹿児島出身役人たちを直接的に批判した。今まさに島司の仕事に取りかかる身であれば、まずは吏員の顔色をうかがいつつ協力を求めそうなところだが、儀助はそうしなかった。

南島探検で、奄美の窮状の元をたどれば鹿児島派吏員の圧制に行き着くことをつかんでいた儀助は、彼らに挑戦状を突き付けた。それは「自分は島民側に立つ」という宣言でもある。したがって儀助が官吏にまず求めたのは、役人としての高いモラルであった。「生活の為め奉職する抔《など》唱道する廉恥心なきは人にして人にあらず。如斯《かくのごとき》不心得の人は庁員、世話人に至る迄《まで》一日も職に居るの謂《いわ》れなし」。クビを示唆する厳命である。また、島民に接するときは「丁寧懇切を基」とし、「教戒を先」として、「法令規則を楯に執り人民を圧服する挙動を慎むべし」と命じ、その上で「吏員心得」を個条書きで提示した。①薄給者の弁当はにぎり飯あるいはサツマイモで足る②毎日の出勤に羽織・袴は不要であり、なるだけ粗服に③島庁吏員だけの懇親会、親睦、送別会などは少しの酒と肴を持参し、公園等で行うこと—。薩摩の威光を笠に着て役人風を吹かせてきた吏員たちは、さぞ驚いたことだろう。だが、奄美の借金地獄解消には島民に倹約を求める必要があり、役人の贅沢は放置できなくなった。

『笹森儀助翁伝』によると、儀助は島司在任中、木綿服を常とし、昼食は必ずサツマイモだった。同書にはボロボロになった手拭いの写真が掲載されている。現物は失われたが、儀助自筆の文字で「此手拭者《は》明治二十九年、高等官六等大島々司在職中、平常使用せる物、余が子孫を守るの参考に供せしむと爾《のみ》云う明治二十九年十二月　鹿児島県大島名瀬港　寓所にて自記す」という添え書きがあったという。

奄美の男たちは立派な服装を栄誉とする風潮が強かった。薩摩の支配を受けながら薩摩に代々仕えた家柄を誇り、農民を下に見る傾向が根強く、ねじれた差別意識が身なりへのこだわりに反映されていた。その悪習を断とうとするのが儀助の倹約令であり、腰手拭いはその強い思いの象徴でもあったろう。

★34　東洋のアイルランド　東洋のルソー・中江兆民が主筆を務める大阪の「東雲《しののめ》新聞」が明治二一年一一月に連載した「大島糖業事件」で、奄美の巨額負債は全国に知られ、儀助も南島探検の前から知っていた。新聞連載は、奄美農民に対する鹿児島商人の態度を「愛蘭《アイルランド》の小作人に接するが如し」と書いた。当時のベストセラー政治小説『佳人之奇遇』が描いたアイルランド解放運動に重ねたと思われる。同書の著者は東海散士こと柴四郎（旧斗南藩出身）。以後、奄美は「東洋のアイルランド」と称された。

島民の自奮促す

「大島郡負債償却意見草按」（青森県立図書館蔵。以下「償却意見」と略す）は明治三〇年九月の、内相樺山資紀への上申書の草稿だが、同書によれば儀助は赴任に当たり、島政の二大目標を立てた。第一に「糖業改良」、第二に「負債償却」である。

一方、「大島郡負債消却《ママ》方法草按」（註…傍点筆者。以下「消却方法」と略す）は同年八月、各戸長に負債解消策を具体的に指示した通達の草稿である。その中で儀助は「藩政以前の公租公役と現今と比較する時は実に十万円以上減額せり。（中略）今、人民の生計費を旧藩代の景況に復せば、毎年十万円以上の負債消却するに足る」などと述べ、「辛抱と勤勉」の必要を説いた。

『南島探験』にも「島民亦怠惰にして、時間を惜しむの心なし」と書いていた。これについては「薩摩藩代官の嘆声と根底において同一」であるとか、「精神論による前近代的な島政」との批評がある。一面では当たっているのだろうが、薩摩藩代官などと決定的に違うのは、儀助には「島民のために」という強い思いがあったことだ。

鹿児島国際大学の山下欣一名誉教授によれば、サトウキビ栽培は収穫期などに集中的な労力投入を要するが、基本的には苗を植えて生育を待つ粗放農業である。真昼の炎暑を避けるのは南方農民の知恵でもあった。また、長年の収奪に負うところも大きかった。糖商が農民に、次の収穫を担保に生活物資などを貸し付け販売したため、奄美農民にとってサトウキビは自分のものではなかった。黒糖が出来ても税金と借金返済に持っていかれる。農民たちはすっかり意欲を失っていた。だが、儀助の目から見れば、肥料投入や除草など農民にできることはまだまだあった。農牧社運営で彼自身が実践してきたからだ。

「消却方法」で儀助は、借金返済策を一〇項目挙げた。数十戸または村単位で組合のような団体を組織し、戸長の指揮の下で負債返還の管理や日用品の共同購入事業を行うこと、冠婚葬祭に豪華な食べ物を贈る習慣を改めて金銭か野菜等を贈ること、頻繁な宴会を廃して毎年一回男女群集の大酒宴を開くこと——などが見える。根拠として儀助は、幕末の弘前藩堀越村の飢饉に際し、小林忠之丞が似た方策を執って七年で村を復旧させ、同様の方法で自分も大曲、堀両村を救った経験があると述べている。

戸長が組合を監督するとなると、戸長の責任は重い。儀助は「大島各戸長は内地の村長とは違い、別に此負債消却と云う一大責務を帯び」ているから、「不心得の族《やから》之れあるに於ては諭旨免職を待たず、速《すみやか》に辞職」するよう求め、誓詞状を二通作り、一つは島庁に納め、一つは戸長役場の壁に張れと命じた。一見これも精神論だが、島民でありながら島民を抑圧してきた戸長たちに、儀助は真に島民のリーダーになるよう迫った。島役人の支配者意識に革命的変革を起こさなければ巨額の債務解消はできないと考えたのだ。

★35　奄美の郷士格　薩摩藩が派遣した役人は奄美全体で二四人と少数で、島民を島役人に登用して支配に当たらせた。このうち藩政への貢献度の高い者や多額の献上をした者を、武士待遇の郷士格に取り立てた。明治維新の際、奄美の郷士格は平民とされたが、郷士格らは士族身分要求運動を起こし、無禄だが戸籍上の士族身分を許された。維新後も彼らは旧慣による権益を守ろうと、鹿児島の砂糖支配に加担。丸田南里らの勝手世《かってゆ》運動や、新納中三島司の要請で進出した大阪商人・阿部組の営業に妨害を加えるなどした。

人材登用へ情報収集

奄美市名瀬の郷土史家・弓削《ゆげ》政己氏は、流通経済大学（茨城県）図書館の祭魚洞文庫に『琉球鹿児島県大島諸記録』という儀助関係文書を発見した。その中の「各役場に対する意見」に、次のような記述がある（註…固有名詞は○で伏せ字にした）。

一 ○○村戸長役場

○は少々学識あるも勤勉の志薄弱なり。加之《これにくわえ》性質不活発にして所謂《いわゆる》社会的の観念に乏しく総理の力なき傾あり。用掛に至ても適任とするもの概して之れなきが如し。故に役場整理せず

儀助が調査を命じた各戸長役場の勤務実態の報告書だが、相当に手厳しい。儀助は戸長らに意識改革を迫っただけでなく、戸長役場の機能強化へ、まず厳正な実態報告を上げさせた。

一方、「大島郡家柄人物調」（青森県立図書館蔵）は、管内各島、各村の主だった家柄の者や有識者の氏名、年齢、属籍、職業または在学先などを調べ上げた一覧表だが、「見込あり」との書き込みが散見される。人材発掘が必要だという儀助の思いが浮かび上がる。「大島々政方針」の中で彼は、識字率の低さや、島でありながら漁業を全く知らないことなどを指摘しており、そうした未開な部分を改善しなければ奄美の進歩はないと考えたようだ。下北の区長時代、青森県内でいち早く一般民選を実施した姿と重なる。

さて、『大島雑記』（青森県立図書館蔵）によれば、儀助は就任早々、島内の実地調査を行った。奄美大島は険しい山々が連なり、当時は舟で荒波を越えなくては行けない村も多かったが、自らの目と耳で実態を知ろうとする儀助の姿勢は不変だ。旧記類も集めて過去の島政の流れもつかもうとした。収集資料の一端を示すのが『大島郡旧記取調』（青森県立図書館蔵）で、「大島代官記」「大島規模帳」「南島誌」など今日にあっても重要な資料が多数含まれる。

さらに、地元の有識者や古老を訪ねては教えを請うた。大島選出の初代代議士だった基俊良とは頻繁に会い、藩政時代の薩摩支配の実態、旧来の役所行事、大島の物産、ハブ撲殺奨励金制度の歴史などについ

て聞いた。また、八三歳の田原陶椅は求めに応じ、「大島物産考」をしたためて儀助に呈した。島庁職員や戸長にも幅広く諮問したようで、多数の答申書が『大島雑記』などに残されている。

情報は施政に反映された。一例がハブ対策である。奄美大島と徳之島を合わせて年間八〇人前後がハブの被害に遭い、うち一五人ほどが死亡するという深刻な状況だった。基が儀助に提出した「従前ハブ撲殺賞与の義御尋問に付左申上候」によれば、慶応二（一八六六）年に薩摩藩の在番役がハブ撲殺者に一匹につき玄米一斤、ハブ卵一個につき玄米三合を与えたのをはじめ、過去にも駆除奨励策がとられてきた。

それらに倣って奨励策を行うため、儀助は二九年、賞金数百円を地方税から支出したいと鹿児島県庁に願い出た。だが、翌年の県議会は否決。儀助は善後策を戸長らに諮問したが、意外にも、戸長たちは地方税からの支出に反対した。全郡の戸長二二人が連署で提出した答申書には「地方税額増加に加え、新学令実施を前に（学校建設費用などの）町村費の負担が重く、民力に耐えない」とあった。

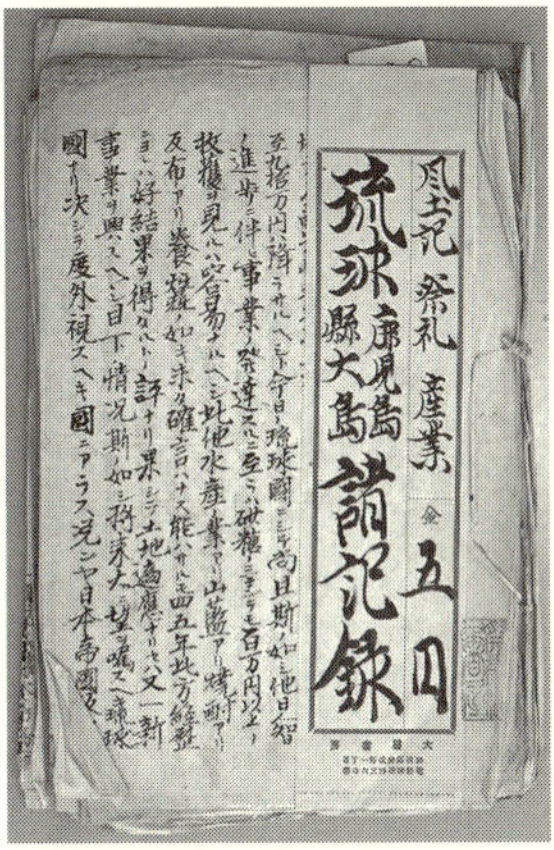

流通経済大学図書館・祭魚洞文庫所蔵の儀助関係史料

島議会が設置されていれば初めから直接諮ることができ、こんなややこしいことにはならない。奄美は県予算から切り離した独立経済とされていたが、なんと議決権は県議会にあった。大島郡選出の議席が五しかない県議会が奄美の予算を牛耳っていることの不当性を、儀助は『南島探験』で「島民の不利」「島会を開くべし」などと強く訴えたのだが、その不合理に自ら苦しむとは予想しなかっただろう。

★36　**四種のハブ**　南西諸島には四種のハブがいる。最南の八重山諸島（石垣島、西表島、竹富島、小浜島、黒島など）にはおとなしいが強毒のサキシマハブ、沖縄諸島（沖縄本島、伊計島、渡嘉敷島、久米島）、奄美諸島（奄美大島、加計呂麻島、徳之島など）には猛毒のホンハブと、毒の弱いヒメハブの二種が生息。吐噶喇《トカラ》列島の宝島と小宝島には、毒性がホンハブの三分の一ほどのトカラハブがいる。互いに近縁だが、分化の過程は未解明。現在は治療法の発達で失命被害はほとんどなくなった。

糖業改良策

島政の二大目標のうち、糖業改良は児玉祥介技師に意見を聞いて策を練った。児玉は、儀助が南島探検の折、沖縄私立勧業会に臨席した際に謝花昇とともに演説した人。その、沖縄県庁の糖業政策のエースを、儀助は明治二八年春、大島島庁へ引き抜いたのである。

相談した人がもう一人いた。陸羯南である。笹森家に残る二七年一一月三〇日付の儀助宛て書簡には、負債償却、海運改良などに関する羯南の助言が記されていて、その中に「島之糖業発達の見込と其出来栄《できばえ》とを詳細に御報告ありたし」という文言がある。糖業を含めた島政全般に関し、儀助は羯南へ頻繁に報告して助言を求め、羯南は、助言はもちろん、その人脈などを使って中央から儀助をバックアップした。

儀助の糖業改良の具体策を明らかにしたのは、奄美市名瀬の郷土史家・弓削政己氏。流通経済大学図書館・祭魚洞文庫所蔵の『琉球鹿児島県大島諸記録』に、「耕作方奨励之事」と「製糖改良奨励之事」の二史料を見つけた。いずれも二九年か翌年に書かれたとみられる。概略を述べると、耕作奨励策は①牛馬耕作普及や増畜②農具購入、農具製造所設置の推奨③肥料に骨粉の製造・使用、肥料小屋などの奨励④良質品種のサトウキビ苗の選定や改良苗植え付けの奨励⑤害虫駆除⑥樽資材と製糖の燃料とする木材確保のため、喜界島、沖永良部島、与論島に薪材仕立ての奨励を図る―など一三条目。製糖改良策は①重量の重い生木を使っていないかなど樽の検査②製糖小屋や窯の整備③製糖器具の設備、改良製糖車の普及、石灰製造所設置の奨励④製糖技術者の人選や技術伝承を図る⑤監視の厳しい薩摩藩支配下では良い樽が作られたのだから、樽資材や樽規格はそのころの旧慣によること⑥品質保持のため、生産された黒糖はその日のうちに樽詰めする⑦勤労意欲の向上のために品質によって価格の等差をつける―など一〇条目である。

儀助以前の糖業改良策と比較してみよう。慶応二（一八六六）年、大島の四カ所に白糖工場が完成した。のちに大商人となる薩摩藩士五代友厚の進言で藩がグラバーに造らせたものだが、ボイラー燃料の薪不足などで頓挫。明治四年までに全て閉鎖となった。一八年に大島支庁長に就いた新納中三（翌年から初代島司）は「勧業申し合わせ規則」を制定。四年前に設けられながら有名無実化していた勧業委員制度を再興し、製糖器具の改良、砂糖品評会の開催などの指導に当たらせた。二三年就任の前島司・大海原尚義は全郡の糖業家を集めて糖業改良策を論議させ、農商務省の技師派遣を実現。糖業振興策を策定して、一五カ所に水力による製糖場を設置し、組合を組織して製造に当たらせた。なお、儀助は南島探検の際に製糖場一カ所を視察し「用水不足の為め」に一二時間だけの操業で「製糖も十分ならず」と記している。以上を見ると、儀助の糖業改良策は、部分的には新納や大海原の方策を踏襲しながらも、むしろ農牧社時代に培った牛馬の労力、農具、肥料など、自らの知識と経験を重視して作成したものであることが窺える。

大海原の製糖場設置は、製糖を資本家に任せ、農民はサトウキビ栽培に専念するという、資本主義的な分業体制を目指すもの。それに比べれば、儀助の施策は近代的でダイナミックな経済思想には欠けるように思える。それは儀助の堅実さに加え、もう一つ理由があったと思われる。かつて沖縄より上位だった奄美黒糖の評価が落ち、市場相場が低下していたことだ。儀助は「償却意見」に、「一意、糖樽改良、信用回復に従事す」と書いた。製糖の近代化よりも、奄美黒糖の品質回復とその前提となる糖樽の改良がなされなければ、負債解消など望めないと考えたのである。

★37　白糖工場跡　グラバー商会を通じて機械を輸入し、建造された白糖工場は現在の奄美市名瀬金久、龍郷町瀬留、瀬戸内町久慈、宇検村須古の四カ所。名瀬の工場は名瀬港近くの小山の麓にあり、体育館のように大きなトタンぶき建物だった。蒸気機械が白煙を噴き、六〇人を超す労働者が動き回っていた。イギリス人技術者二人には白ペンキ塗りの豪奢な宿舎が与えられ、通訳や中国人コックを従えて贅沢な生活ぶりだったという。宿舎は山腹にあって、元は秋葉山と称した山が蘭館山と呼ばれるようになった。今は蘭館山公園になっている。

地道な方策

黒糖の出荷時に生乾きの樽を使えば重量が増え、一時的には生産者の得になるが、黒糖が樽の水分を吸って溶解するなど質の低下を招く。ごく一部でもそうした黒糖が出荷されれば、奄美糖の信用を落とし、結果的には奄美全体の農民が損をする。ところが、奄美の農民は品質観念が薄かった。これも借金地獄による意欲喪失の表れ。大島商社解体後の明治一〇年代半ば、乱立した商社が砂糖を担保に野放図な貸し付けを行い、島民の負債が急激に膨らんだ頃は、樽詰めの際に石や土を混ぜる農家までいたという。

　沖縄糖よりはるかに高かった奄美糖の産地買い上げ価格は下落し、二九年六月に児玉祥介技師が儀助に提出した「琉球大島産糖価格対照増減調書等進達」によれば、前年六月段階で一斤（六〇〇グラム）当たり三毛から最大三厘二毛、沖縄糖に引き離されていた。

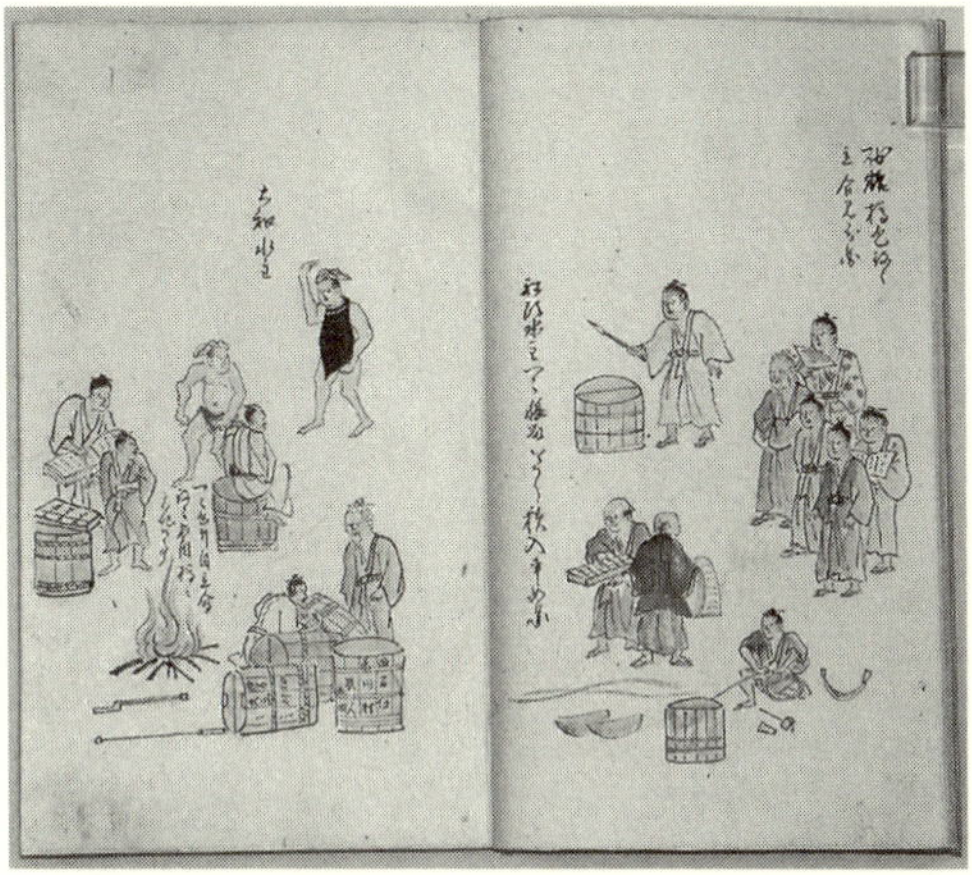

『南島雑話』に描かれた糖樽製造、検査の様子（奄美市立奄美博物館蔵）

品質回復にはまず、よく乾燥した樽の使用を徹底しなければならないと儀助は考え、児玉を各島に派遣し、糖樽をはじめ製糖の改善を推進する。奄美は多くの島から成り、児玉や農商務係だけでは手が回らないため、会計係に至るまで島庁吏員を総動員し、出張の際には学事奨励とともに糖樽検査と改良指導に当たらせた。その結果、二九年産黒糖の市場価格は、前年に比べ実に総額八万七千円余の高値となる（「償却意見」）。

　儀助自身も指導に当たった。三一年一月三〇日から二月二〇日に出張した喜界島では、前々年の児玉の指導で上昇した糖価が一年で再び下落し、奄美の中で最低価格になっていた。儀助は上陸早々、全島の主だった者たちを集め、黒糖粗製の矯正に一致して取り組むよう、実施方法を協議させ、休憩時間中、なぜ糖業改良が必要なのか熱弁を振るう。「需要進歩するに従い白糖の進《すすむ》は言を俟《ま》たず。故に本郡は一意改良に従事し、精良に精良を重ね、一種特殊の黒糖を製出し、是迄中等以下の需要黒糖を中等以上の需要に進るの決心なければ、連々需要先き狭隘となり、価格下落となり、島民の不利益となり、実に憂慮に堪えざる次第に…（後略）」（「喜界島巡回日誌」）。儀助は、白糖に切り替えても外国産には対抗できないから、黒糖の高級品で勝負すべきだと考えていた。それだけに品質向上が不可欠だった。

だが、儀助が全島を歩いてみると、大半の村で無検印の樽が見つかった。その数二三〇以上。「生木ではない」と言い張り、焼きごてを当てて蒸気が立つのを見せられてやっと非を認める者もいた。儀助は規則に従い一樽につき一円九五銭の罰金を徴収させ、早町村では「厳正な検査を行えないなら辞職を」と戸長代理、勧業委員を厳しく叱責。ある村は糖業規約を廃止していたため、戸長、勧業委員を招集し、あらためて議定させた。

また、儀助は樽や薪の木材確保のため、戸長を先頭に植樹するよう全島に指示していた。

一方、郷土史家の弓削政己氏は、儀助の立てた糖業改良策に対応して島民らが砂糖品評会を開くなどの取り組みをしたことを、三〇年の「鹿児島新聞」記事に見つけた。それによると、大島の各地で同年、第一回黒糖品評会が開かれた。児玉を審査長に黒糖を採点し、表彰した。大会翌日には糖業集談会を開催し、児玉や戸長らが演説。栽培、製造、販売に関する改良策が盛んに話し合われた。勧業委員や学校の訓導も指導的な役割を果たした。労働時間の改善についても論議された。例えば現瀬戸内町の古仁屋《こにや》本願寺出張所で開かれた大島郡東方の第一回大会では、各村が朝の起床時刻、農作業開始時刻などの規約を設けることに決した。原案を当局者が配ったというから、儀助の意を体したものであろう。

日常的に対応した村もあった。現瀬戸内町の蘇苅《そかる》、古仁屋の両村では村民を東西に分け、砂糖生産額を競争させた。蘇苅村では二九年から始めたところ、村中の老若男女が熱心に勉強し、翌年には産額が例年より四割以上伸び、東西三〇〇人余が集って相撲あり、手踊りありの大祝宴が開かれた。儀助の見込み通り、地道な振興策が実を結んだのである。

銀行支店を誘致?

郷土史家・弓削政己氏が見つけた「鹿児島新聞」の明治三〇年六月二六日付記事によると、奄美大島の南西に寄り添う加計呂麻島の五村（俵、瀬相《せそう》、西阿室《にしあむろ》、嘉入《かにゅう》、三浦＝いずれも現瀬戸内町）が同月五日、「勉農信用厚通会」を発足させた。会の事業は①教育振興②村民の和合③糖業振興④他の農業の自奮と副産物の繁殖⑤年四回総会のたびに農作地の実績を調査し、好成績の農法を村民に普及⑥総会ごとに組合員一人一円ずつ拠出し、入札による貸し付けと貯蓄を行う―という内容である。第一回総会に当たり「来年度より一名に付き葉煙草十斤以上作り政府へ売りあぐること」も決議した。記事はまた、会の目的を「要するに組合員をして農家経済を講究し且つ徳義心を発揚せしむるにあり」としている。

記事中の「農業の自奮」という五文字が印象深い。村を東西に分けて産糖の競争を始めた蘇苅、古仁屋両村の例に見られるように、奄美の島民たちは儀助の鼓舞に応えた。藩政時代には薩摩藩に、維新後は糖商に収奪され続け、農奴的な境遇によって自暴自棄に陥っていた農民たちが、自ら立ち上がったことの意味は大きい。

前島司の大海原尚義は、工場を建設して製糖を資本家に委ね、農民は耕作に専念させる—という分業化を狙った。その一五カ所の製糖工場について、儀助は『南島探験』の中で「分業法も理論は宜しくも実際は前と同一轍」だと批判的に書いている。前例とはグラバーの白糖工場のこと。工場の破綻原因は台風被害だけではなく、奄美大島は山が険しく、道路や船舶も十分でないために、サトウキビや薪の運搬に難があったと儀助は分析した。

また、奄美の糖業に近代資本主義導入を図る大海原の考え方は、砂糖産業の効率化であって、農家に目が向いていなかった。儀助は逆に、農家の側から奄美を立て直そうとした。それはむしろ、より根源的な意味で資本主義的な改革だった。農奴的農家から、自らの意思と意欲で営んでいく農家への脱皮である。

では、儀助が奄美の借金地獄解消へ、島民の奮起だけに期待したのかというと、そうではない。例えば、銀行の設立を図った。奄美大島には既に大海原の誘致した大阪第七十九国立銀行支店があったが、同行は借用に一〇人の連帯保証人、土地などの抵当が必要で、実際には中産以上の者でなければ利用は難しかった。儀助は対照的に、いわば零細農民のための金融機関を設けようとした。

二七年一一月三〇日付の儀助宛て陸羯南書簡に次のような内容が書かれている（意訳）。

一　金融機関については大阪糖業者に相談されてはどうか。奄美の物産に利害を有する者でなければ事は運ばない。

一　右については自身が大阪に行き、その道の者や府知事とも相談の上、銀行か出張店を大島に設けさせるのがいい。

一　糖耕者などに妥当な利率で資金を貸し、島内だけの法令を定めて島司が保証し、貸借双方に安心を与えること。

奄美大島の郷土史研究者・大山麟五郎氏は谷川健一氏らとの鼎談の中で「笹森は銀行誘致決定とともに奄美を去りますが、鹿児島商人たちは高利貸資本家としての利益を失うのを恐れて笹森反対で結束したわけです」と述べている（谷川氏編『沖縄・奄美と日本』）。残念ながら大山氏が故人となり、発言の根拠は確認できない。ただ、儀助が去って五カ月後の三二年一月、株式会社鹿児島県農工銀行大島支店が開業しており、同支店が「儀助の誘致した銀行と考えて間違いないだろう」と弓削氏は推測する。

農工銀行は勧業銀行の事実上の子会社として三〇年から各府県に設置された。『鹿児島県農工銀行三十年史』によれば、同行は翌年五月二〇日に営業を開始した。大島支店開設の経緯や儀助の関わりについては触れていない。

なお、冒頭に挙げた「勉農信用厚通会」事業の六つ目にある貯蓄制度は、一般に「摸合《もあい》」と呼ばれる一種の頼母子講。これも、儀助の提唱した「共同貯蓄組合の設立」に島民側が呼応したものであろうが、弓削氏によれば、これまで奄美の近代史では知られていなかった取り組みだという。

★38　摸合の融資方法　摸合の融資方法は多くのバリエーションがある。例えば五〇人が月一万円ずつ出し合えば、毎月五〇万円集まるが、融資を願う者はその月に一人何円出すか入札し、一番低い額を入れた者が借り入れの権利を落札する。「九千円」と書いた人が落札すれば、一人九千円を出し合った合計の四五万円を借りることができる。返済額は五〇万円。差額の五万円が利子に相当する。沖縄県などでは現在も摸合が盛んだが、融資を伴わず、単に仲間内で宴会費用などを積み立てている場合が多い。

高利息の対策

借金地獄からの脱却へ、儀助は負債の実態調査を行った。各戸長の協力で結果がまとまったのは明治三〇年七月。二カ月後、儀助は「償却意見」にそれらの資料を添え、内相樺山資紀へ提出した。「明治三十年四月一日現在、鹿児島県大島郡五島負債金額各方戸口負債額表」と「負債者金額及負債者調」の二統計と、奄美での貸し付け方法や利息計算方法を分類した「大島郡貸借利子及方法の概略」がそれで、青森県立図書館に控えが残っている。

負債調査は過去にも島庁が何度か実施した。例えば、初代島司の新納中三は半年かけて大島郡の隅々まで調べ、負債は全郡の砂糖生産額の二倍相当に上る—との結果を得ている。だが、二年以上を費やした儀助の調査は、過去の調査よりはるかに徹底したものだった。

特筆すべきは、内地の糖商や金融機関以外の貸付金非専業者、つまりは地元富裕層への負債を把握したこと。その額は四月一日時点で二三万五三四一円。負債総額六二万五二七四円八二銭の37・6%にも上った。以前、儀助に島庁の担当者が「内地商人よりの負債金額のみありて、地方富豪よりの負債は一もある事なし」と答えた(「償却意見」)ことを考えると、驚くべき数字である。膨大な隠れ借金があったのだ。

地元富豪の貸し付けは年利30％で、糖商に比べればかなり低い。けれども、土地や家屋が担保に取られ、返済不能に陥ればただちに没収される場合もあった。これを含め、利率や利息計算方法は貸主などによって千差万別。儀助の調査は、それを初めて分かりやすくまとめた画期的なものだった。

貸付方法に共通しているのは金銭や品物を貸し付け、主に黒糖で返済するという点（契約によっては半分を金銭で返す場合も）。返済の際は、利子分として、黒糖を通常の買い上げ相場より低く換算する。

貸主別の利率を見ると、最も低いのが大阪第七十九国立銀行支店の年利18％だが、保証人、担保が非常に厳しかった。その他の銀行、糖商は45～85％。明治二〇年代半ばの「三方法運動」（註…★39参照）以前は100％以上で、多少は下がっていたが、それでも極めて高利であった。郷土史家・弓削政己氏によると、鹿児島では三〇年の銀行利息が年利10・5～16・4％だった。大変な落差である。

調査結果を基に立てた対策を、儀助は樺山内相宛ての「償却意見」で示している。一つは砂糖収穫の二割を負債返却に充てること、いま一つは不当な高利の場合、利子引き下げを直談判することだった。

儀助のメモ「草稿」（青森県立図書館蔵）には①貸主が承諾しない場合、法に訴えて公明な判断を仰げ②動産・不動産を失い負債償却の見込みのない者は貸主との関係を断ち、全証書を焼き捨てろ―とまで書かれている。島庁職員が意見を加えたようで、①については治平某が「（利率下げを承諾しない場合）一切の取引をやめ、貸主が出訴すれば、公正な判決を待つの外なしとすること」との修正案を付している。②については、治平が「貸主に棄捐（＝棒引き）の相談」をすること、第一課長・肥後が「（棄捐を承諾しなければ）そのまま捨て置く」との案を記している。儀助も、二職員も、三方法運動における「債務対策」「法廷闘争」の歴史を踏まえたと思われる。また、弓削氏は「利息制限法の年利20％を意識したもの」とみる。なお、品川弥二郎は陸羯南に、「大島の改良策は笹森老人の案より外に妙按は無之」と書き送っている（三〇年一〇月一六日付）。

儀助の対策の結果、三二年以降、奄美の利息は20～36％（多くは25％）と大きく下がる。だが、負債総額はなぜか三一年時点で二倍近くに膨張。翌年からようやく減少に向かう。理由はよく分かっていない。あるいは、三二年時点での借金膨張は、地元富豪への隠れ借金を初めて明らかにしたためであろうか。

★39　三方法運動　明治一九年、二〇年に債務が急増した後、奄美島民は勝手世騒動の経験者らを中心に有志総代会を組織し、戦術として「三方法」を編み出した。第一に勤倹貯蓄、第二が債務対策、第三が法廷闘争。中心を成す債務対策とは、一八年以前の債務は正当な利子に下げて返済、一九、二〇年の債務は、台風被害の不作で免税になるはずが、県が勝手に糖商に一時肩代わり納付をさせたものであるから、返済拒否―というもの。奄美は日清戦争前まで法廷闘争に明け暮れた。

川辺郡十島を探検

島司就任の翌春、儀助は川辺郡十島《じっとう》を巡視する。川辺郡十島とは、鹿児島と奄美大島の間に連なる島々で、鹿児島に近い口之三島《さんとう》＝上三島とも（竹島、黒島、硫黄島）と、吐噶喇《トカラ》海峡を挟んで南へ列を成す沖七島《しちとう》（口之島、中之島、臥蛇島、平島、諏訪之瀬島、悪石島、宝島など）で別名・吐噶喇列島である。口之三島、沖七島は維新以後、何度か行政管轄が変わったが、当時は大島島庁の下にあった。

維新後に十島を巡った者が何人かいる。まず官命で行った奄美大島の基俊良（時期は不明）。鹿児島県勧業課長でアイヌ語研究家としても知られる白野夏雲《かうん》は明治一七年、物産収集のために巡り、『七島問答』を著し、多数のスケッチも残した。翌年には大蔵省事務官の赤堀廉蔵（俳人・杉田久女の父）ら二、三人が地租改正調査のために巡回し、『島嶼見聞録』を編んだ。田代安定は『人類学雑誌』の二三年一〇月以降の号に「薩南諸島の風俗余事に就て」を寄稿したという。

十島の各島は港が未整備で大型船が接岸できず、島の二才《ニセ》組（一五歳以上六〇歳未満の男達）が真冬でも裸で海に入り、はしけで人や荷物を乗降させるしかなかった。『十島村誌』によれば、定期船の着岸できる港が中之島にできるのは昭和四五年。最後の小宝島に至っては実に平成二年である。また、吐噶喇列島近海は七島灘と呼ばれる海の難所。波が非常に荒く、天候によっては近づくことも難しかった。だが、儀助は南島探検の際、管轄官庁である大島島庁に資料が一つもないことに憤慨し、島庁役人に「七島の人民亦た天皇の赤子に非ずや」と詰め寄った。彼にとって現地調査は為政者の当然の責務であった。

巡視出発は二八年四月二七日。鹿児島を経て、五月一一日に枕崎港から出航した。船は薩摩半島の知覧村役場に手配してもらった六反の帆船。一七年ごろに始まったカツオ遠洋漁業の船とみられる。

同乗者は農商務省地質調査所員の早川元次郎、内務省地質課技師の山上萬次郎、県地理課主任の加藤辰三、県収税署主任の柏木直熊、警部の境田元、肩書き不明の三人、そして島庁書記の瀬尾長国。早川らの目的は硫黄採掘が行われている硫黄島などの資源調査だった。松田戸長も同行したが、枕崎からか戸長役場のある竹島からかは記していない。

調査記録が『拾島状況録』である。儀助が現地で書いたと思われる『巡回日記』と『巡回要概』、帰着後に書き起こした『状況録　総論』が青森県立図書館に保存され、四〇点以上の現地記録や調書も残っている。儀助一人の調べにかかるものではなく、儀助が編者となって加納久宜知事への報告書として『拾島状況録』にまとめたとみられる。

けれども内容、緻密さ、詳細さは儀助の個性が色濃い。平成七年刊の『十島村誌』が多くを『拾島状況録』に依拠しているように、質、量とも『拾島状況録』に勝る十島の調査記録は現在も現れていない。

★40　十島の管轄変遷　儀助の島司就任当時、十島は薩摩半島の川辺郡に属したまま大島島庁管轄下にあった。明治三〇年四月に川辺郡から分離され、大島郡十島となる。四一年、島嶼部にも二〇年遅れで町村制が敷かれ、口之三島と沖七島は合わせて十島村《じっとう》となった。終戦時に米国占領軍統治下に入った沖七島は、昭和二七年の日本復帰の際に十島村《としま》になり、口之三島は三島村《みしま》に分かれた。両村とも現在は鹿児島郡に属し、村役場が鹿児島市内にある。

病床から火口へ

三カ月半にわたる十島巡視は、想像をはるかに超える苦難の旅となった。五月三一日、一行は沖七島の最初の島、口之島に着く。体を洗うため海に入った儀助は、運悪く転び、カキ殻で左腕と左足をざっくりと切った。傷は深く出血が止まらない。軟膏を塗り、包帯を巻いたが、少し歩けるようになるまで五日、包帯が解けるまでには二〇日も要した。

七月四日、諏訪之瀬島へ向かう船が風に恵まれず平島に戻った際、船中で雨にたたられた儀助は宿に着くなり倒れてしまう。症状は意外に重く、便所に行くにも呼吸困難に陥るほど。絶海の孤島では医師もおらず、戻ろうにも鹿児島や大島は遠すぎ、床に伏しているしかない。国、県の専門官の調査日程もあって多くの日数を空費するわけにはいかず、四日後には儀助を残し出発することになった。瀬尾書記は残ると言ったが、儀助は、付添人の有無によらず死ぬなら死ぬ、君が遅れては十島の調査が完結しない―と出発を命じた。結局、船がまたも風を得ず、全員平島に戻る。三日後、儀助は病身を引きずって一緒に乗船。諏訪之瀬島に着いてさらに数日寝込んだ。

同月二四日未明には暴風が吹き荒れた。一行は諏訪之瀬島に居て無事だったが、八月二日にやって来た捜索船の乗組員が言うには、難破が相次いで黒島では二〇余隻が破船し、一四九人が水死したという。八月五日、諏訪之瀬島沖に軍艦「海門」が姿を現す。儀助らが遭難したとの噂に、加納久宜知事が捜索を依頼したのだ。土質調査の一行は同艦で大島に直行することになったが、儀助らは調査を続行。同月二六日の宝島で全島調査を終えると儀助も「大島に渡る念始めて生じ、決死の念消え、生を欲すること甚し」と『巡回日記』に記している。だが、重病の時でさえ、儀助は調査の意欲を失わなかった。

八月一五日、一七日には諏訪之瀬島の御岳（七九九メートル）に登ったが、手前の旧火口・中ノ岳まで行って濃霧に阻まれ、新火口は見ることができなかった。一八日、別の登山経路を探そうと舟で島を一周して上陸。明治二三年の溶岩流跡を歩き始めたが、鋭い岩で同行の三人が手足から出血。一キロ余り進んだだけで夕方になった。やむなく引き返したが、一滴の水もなく、海岸でカメの卵をすすって空腹をしのぎ、舟が激浪をかぶって何度も転覆しそうになり、命からがら帰宿を果たす。病床から起き出して出発した儀助は、疲れ果て、食事も喉を通らないまま就寝した。

そうまでして島内を踏査したのには訳があった。島の産業開発を願う儀助は、硫黄島で既に採掘が行われていた硫黄鉱を、諏訪之瀬島でも発見したいと考えていたのだ。新たな開拓可能地を探す目的もあった。

儀助は二二日にもう一度登山に挑戦。今度は快晴に恵まれてついに火口に達する。「恰《あたか》も焼鉄を敷きたるが如く深紅色を呈す。其の口各人に呼吸あるが如く轟々の聲と共に茶褐色の火焔上騰《じょうとう》すること間断あり」。『拾島状況録』の記述には、自らの目で観察した者にしか書けない迫力がある。

このように儀助の十島調査は、準備万端で迎えられる島司様一行のご巡視といった生易しいものはなく、まさに探検だった。

後日、大島に帰り着くと、儀助らは驚きと歓喜の声に迎えられ、すぐに祝賀会が催される。「島司らが暴風で海難死した」との情報が大島でも流れ、誰もがあきらめていたのだ。儀助は赴任後初めて痛飲する。

★41　御岳の記録　諏訪之瀬島の御岳は日本で最も活発な火山の一つだが、離島のため記録は乏しい。同島を研究する鹿児島大学南西島孤地震火山観測所の八木原寛助手は「一〇〇年以上前の火山活動の記録となると、ほかにない」と、『拾島状況録』の重要性を指摘する。特に火口付近の儀助の描写について「御岳の火口はしばしば移動し、また戻るといったことを繰り返す。形状も年々変わる。その火口をある時点で直接観察した記録は非常に貴重だ」と話す。

儀助が特に情熱をもって書いたのが、諏訪之瀬島開拓者、藤井富伝についてである。本人に初めて会ったのは七月一一日。重病に陥って歩行も困難な状態で船に乗り、諏訪之瀬島に着いたその日である。儀助は、病のつらさも忘れて二時間以上も聴き取りした。そして、結果を『拾島状況録』に記しただけでなく、翌年、加納久宜知事の序文を添え、一一ページの冊子『藤井富伝翁伝』として刊行した（青森県立図書館蔵）。また、儀助は藤井を同島在勤の島庁雇に採用。諏訪之瀬島開拓と近海の遭難者救助の功績で褒章を上申し、政府から藤井に褒章と銀杯一組が贈られた。

藤井は文政一〇（一八二七）年一二月二五日、奄美大島の金久（現奄美市）に農家の三男として生まれた。父彦七は三年間寝込んだ末、富伝が四歳のときに死亡。治療費に全財産が消え、借金が残った。長兄は家人《やんちゅ》（註…★42参照）になり、次兄は養子に出され、残る母子は親類の製糖小屋に住まわせてもらった。藤井は、必死で働いて貯金し、ついには兄を身請けし、畑を買った。儀助もまた、若くして父を失った。そんなところも藤井に共感を持つ無意識の要因になったのだろうか。

藤井が離島開拓を志したのは、奄美の農民の悲哀を嫌というほど味わったからだった。大島は耕地が有り余っていながら、多くの貧民は土地を持てず、家人や小作人で一生を終えた。離島を開拓すれば、無償で耕地を与えられるはずだと、藤井は考えたのだ。

諏訪之瀬島は文化一〇（一八一三）年の大噴火以来、無人島となっていた。藤井は明治九年、同志一二人を募って同島に渡り、開墾や生活が可能か、噴火の危険はないかを調査した。県の許可が下り、一六年には開拓を開始。総勢二八人が小屋を建てて雑居しながら開墾に励んだが、食糧が尽きてほとんどの人が大島に帰り、二人が有毒の草を食べて死亡。島に残ったのは藤井一人だった。

台風や降灰の被害が次第に収まり、作物を収穫できるようになったのは二一年。その頃から、以前に帰郷した人、噂を聞きつけた人たちが続々と移住し、儀助が訪れた時は三六戸、一六六人の村を成すに至っていた。だが、藤井は過酷な開拓生活で眼病が悪化し、二六年にはほぼ失明していた。

他人のために開拓することの意義、大変さを、儀助は自らの経験で熟知していた。藤井は当時六八歳。目は見えずとも気迫はいささかも衰えず、威厳のある声は同席者を圧するほど。儀助は「島庁下十四万人中一人の出色」の人物だと書いている（『巡回日記』）。

★42　**家人解放**　奄美では、薩摩藩の過酷な貢糖（年貢）を納められない者、借金を返せない者は富家に身売りをした。家人《やんちゅ》と呼ばれ、主家に一生隷属し、売買もされた。家人の子も家人に登録され、膝素立《ひざすだち》、膝なども呼ばれた。未解明部分が多いが、幕末には人口の二～三割を家人が占めたとされ、一万人以上と推定される。明治四年に膝素立解放令、翌年に人身売買禁止令が布告されたが、解放されたのは男女六二二人だけだった。

医師巡回を上申

『拾島状況録』は各島の地理、歴史、民生などを丁寧に記録している。例えば、悪石島の東浜に関する次のような記述がある。「此一帯の地に田ノ尻と云うあり。其名称の生ずる田地、其上部平坦に開墾せしことあるにあらざる乎」「根神山の麓以上、平坦地の終る處《ところ》に老栢《おいつげ》あり。其下、古来神を祭る。故に亦斯付近、古代住居の跡にあらざる乎」

悪石島には現在水田はないが、儀助の記した地点には二つの水源があり、年中枯れない小さな流れを成している。『十島村誌』は「(ここに)弥生時代から水田が存在しても不思議ではない」と認める。

村誌を監修した下野敏見・元鹿児島大教授は、儀助の記述を「現代の検証にも耐える科学性には驚くほかない」と述べた上で、「科学性の底に、『千島探験』『南島探験』と同じく、棄民列島のような所の人々に目を向けようという人間愛がある」と評する。県への報告書として書かれた『拾島状況録』は調査結果だけを淡々と記しているようでいて、儀助の人格が随所に滲み出ているというのである。

六月五日、儀助は怪我で痛む左足を引きずり、中之島の村々を歩き、衛生法を説いて回った。十島のほかの島と同様、家の前に豚小屋とトイレがあり、汚水は垂れ流し。人々はそこをはだしで出入りしていた。雨で縁の下は水浸し。儀助の目に、沖縄県八重山地方のマラリア汚染地帯の光景が二重写しになった(実際に口之島と中之島ではマラリアが発生していた)。儀助は「排水路をつくった方がいい」と勧めて歩くが、島民はぴんとこない様子。彼らにとって、病気は不衛生が引き起こすものでなく、島外からやって来る災厄なのだ。どの島でも過去に天然痘、赤痢、腸チフス、コレラなどが大流行し、人口が激減する被害に遭っている。島外人が持ち込んだ病原が、島という閉鎖空間に瞬く間に広がるためである。よって、どの島でも本州人の入島をひどく忌み嫌った。儀助一行も「島への上陸、出発時に村を挙げての祈祷」をされて閉口したと、『巡回日記』にある。

『拾島状況録』は各島の「療治法」も書いている。といっても、医療や薬は無いに等しい。例えば中之島では、どんな病気にも「米粥《こめがゆ》を与え、自然の成行《なりゆき》に委するのみ」「巫女あり。疾病を祓《はら》う事口之島に同じ。

瘧病《ぎゃく》（＝マラリア）に罹る者、祖先若《も》しくは古墳に煎米を供え」て祈った。けれども儀助は、未開、不潔だからと島民を差別視したりはしない。むしろ「郵便通ぜず、医師なく、薬餌なく、小学校の設けなく、壮丁ありて徴兵法の実施すること能わず、警察巡査の保護なし。（中略）豈《あに》維新の民と云うべけんや」と訴える。儀助から見れば、どんな辺境にも皇国の恩恵をもたらす責任を、政治・行政の側が負っている。

口之島では熱病が流行していたが、儀助にできたことは自分用の米を毎戸に五升ずつ与えることだけ。小宝島では「四二歳の妊婦が難産で三昼夜苦しんでいる」と助けを哀願する者があったが、どうすることもできなかった。医師を同行させなかったことは「何よりの不覚」だと儀助は記している。そうした離島苦を島司が直接体感しただけでも、儀助の十島踏査は大きな意義があった。

儀助は『拾島状況録』に「伝染病」「風土病及遺伝性其他の諸病」の項目も設けて丹念に記述した。目的は、『南島探験』におけるマラリア被害の記述と同じ。十島がどれだけ医療を必要としているかを立証するためだった。下野教授が『拾島状況録』の淡々とした、科学的な記述の底に「愛情がある」と評するゆえんだ。

『巡回日記』のまとめに儀助は、「年一回位、官医を派遣して民瘼《ばく》（＝民の病苦）問う挙なくんば、牧民の責免るる能わざらんとす。依て医師派遣、施療の調、別冊にあり。其費用、合金四百五十円とす」と書いた。別冊は所在不明だが、おそらくそれらの書類を添え、十島への医師巡回制度創設を求める上申書を、県あるいは国に提出したのであろう。

医療のほかに儀助が実現を図ったのが郵便だった。十島では当時、郵便物は漁船に託して運んでもらうしかなかった。儀助が調査し得た数字は薩摩半島の枕崎郵便局を経由した、本土との間の郵便物だけだが、発信、受信とも年に二〇〇通ほどに上った。

青森県立図書館に「川辺郡十島、郵便開始に関する意見書」という儀助手書きの書類が残されている。調査結果を基に、十島に郵便制度を敷くための方策、費用などを具体的に書いた提言書である。儀助の案は、島継ぎによって各島間を結ぶというもの。島継ぎとは藩政時代にあった制度で、一つの島が次の島へ舟を出して人や物を運び、次の島はさらに次の島へ舟を出すというリレー方式である。

儀助は、物資その他の運搬のためにも航路が絶対に必要だと考え、全ての島で住民集会を開かせた。協議の結果、各島とも異議はなく、島継ぎが復活することとなった。

★43　十島の人口　『十島村誌』によれば、最古の人口統計的な数字は寛永三（一六二六）年のもので、現十島村の範囲だけで一一五九人。その後伝染病などで増減を繰り返し、明治二〇年代の半ば以降、公衆衛生の改善、医薬品の普及、生活水準の向上により、やっと急増期を迎える。最多は昭和二七年の三三九四人。現在は過疎化が進み、十島村、三島村合わせて一一〇〇人余り。

各島が学費拠出

十島の各島には一五歳から六〇歳までの男子で構成する村民協議会があり、租税の徴収方法、道路修繕など、村民生活に直結する事項を協議していた。『拾島状況録』によれば藩政時代からの制度である。離島の厳しい生活を、手を携えて生き抜く島民の知恵なのだろう。儀助が各島で開催させた集会とは、この村民協議会のこと。その集会で儀助が最も重視した議題は「教育振興」だった。

『拾島状況録』によれば、中之島では流人が教師となって教育が行われた古来の伝統から、明治以降も戸長らが教育を担い、二六年に八坪の学校を建てて読み書きなどを教えていた。宝島では七年から学校があり、七歳から一五歳までの男子全員が通学する定めになっていた。教育行政に見捨てられながらも（註…★44参照）、島民たちは子供たちに教育を与えようと努力を重ねていた。儀助は、藩政時代に読み書きのできる者から島役人を選んだ影響だろうと推測している。

だが、青森県立図書館所蔵の儀助史料によれば、学齢児童三三六人のうち就学しているのは男児五五人だけ。就学率わずか16％だった。また、就学しても学べるのは簡単な読み書きぐらい。教育熱の比較的高い宝島でさえ、午前中一時間の授業だった。専用校舎がなく、教師が奉仕活動的に教えているためだ。黒島だけは小学二校で交互に教えている日高新左衛門に、村民の共有金から俸給三円を支給していたが、ほかの島ではほぼ無報酬。せいぜい父母たちが畑の耕作を手伝い、漁獲の一部を提供する程度だった。儀助は、どの島にも校舎を備え、検定教科書を用いる正式な小学が必要だと考えた。そこで、近い将来に村民の手で校舎を建てること、学校費として全戸がお金を拠出して積み立てることを、全ての島で決定させた。諏訪之瀬島ではあの藤井富伝と、池山仲吉という人が学校用地の寄付を申し出た。

各島とも、教育振興に進んで協力する姿勢を見せたが、どの島の親たちも儀助の勧誘に応じなかった事が一つある。優秀児童の遊学である。「川辺郡拾島状況録―総論」（青森県立図書館蔵）によれば、加納久宜知事が学費を負担し、教師になる者を四、五年間教育することになって「鹿児島に一人、大島に一人の留学生を出すことを務て勧誘したるも、一人の之に応ずる者」はなかった。島外は伝染病の巣窟だと信じていることが拒否の理由だった。

★44　十島への小学校令　新政府が学制を敷いたのが明治五年。三二年には小学校教育費国庫補助法が制定されて義務教育が始まった。だが、十島に小学校令、国庫補助法が適用されたのは実に昭和五年。日本人移民の子弟のため、現中国の関東州で明治三九年、南洋群島でも大正八年には小学校令に準じた小学校が設置されたのと比べても、はるかに遅い適用だった。

師範学校、農学校に寄与？

『笹森儀助翁伝』に次の逸話がある。「つる女史（註…儀助二女）の実話によると、翁はこの巡歴の際、女子を各島より同伴し来り、彼らに教育を授くるため、自宅或は他の島役人の宅に寄宿せしめ、以て行儀作法、学校教育を授け、軈《やが》て帰島せしめて、彼等を以て各島に於ける教師たらしめたという」

「留学の勧誘応ぜず」という、『拾島状況録』にある儀助自身の記述とは食い違っているが、つるの勘違いではあるまい。つる自身が行儀作法を教えたと思われるからだ。つるは女子高等教育の先駆け、跡見学校（跡見女子大の前身）に学んだ才女で、行儀作法にも厳しかったと伝えられている。鹿児島本土への遊学に応じる者はいなかったが、奄美大島に来た者はいたということだろうか。儀助の記録によれば、それまで十島の女児就学者はただの一人もなかった。つるの証言通りに、大島で教育を受けた女性たちが島々に帰って教壇に立ったとすれば、島々にとって革命的な出来事だったろう。

儀助による教員養成については、昇曙夢が名著『大奄美史』の中で、「二十七年四月、時の島司笹森儀助の尽力に依り小学校教員養成の目的を以て、鹿児島師範学校教員養成講習科の分教場を名瀬に置き（中略）、優秀なる教育家の養成に努力した」と書いている。師範学校の大島分教場開設は『大島々治概要』や『名瀬市誌』なども明治二七年四月としており、開設年月は正しそう。儀助の島司就任は五カ月後の同年九月であるから、「儀助の尽力に依り」という昇の記述は誤りということになる。

昇は、柳田国男が『南島探験』に触発されて創設した南島談話会の会員。偉大なロシア文学者にして、奄美で最も高名な郷土史研究者たる昇がなぜ誤って「儀助の尽力による」と書いたのか。そのヒントは笹森家に残されている。日本最初の農学博士で農科大学（東大農学部の前身）教授の玉利喜造が儀助に宛てた「大島に於て実業補習学校を目論見、其教員として当校工科卒業生四名〈四ヶ所にて〉入用之由承及候。（中略）事実ならば適当之人物推挙到度候間、何分之儀御一報被下度」という書簡（同年九月二四日付）である。郷土史家の弓削正己氏は、この実業補習学校とは三四年開校の大島農学校のことだとし、「昇はこれと師範学校分教場のことを混同した可能性がある。儀助は農学校の設置に尽力したのではないか」と推測する。農学校は大正五年三月に閉校となるが、実体は翌月に同じ敷地内に開校した大島中学校に引き継がれた。その後身が、奄美随一の伝統校・鹿児島県立大島高校である。

儀助は、弘前の中津軽郡郡長時代に多くの教育行政に携り、農牧社でも実業教育を頗る重視した。奄美での教育振興の功績も従来知られていたよりも大きい可能性が高く、詳細な研究が待たれる。

伝染病と因習

明治二九年、奄美大島で天然痘、いわゆる疱瘡《ほうそう》が発生した。

「辻々に番小屋を設け、一切の往来を遮断せり。最も難する 某《それがし》 一統飲料水汲み取りを断たれたる」（『雑綴』第三冊）。儀助は避病舎（＝隔離病舎）を毎日見て回り、対策に没頭したが、そのために島民らが「島司は感染したに違いない」と島庁に閉じ込めようとしたのである。発生後すぐ任命した検疫委員も宿から立ち退かされた。弁当持ち歩きも禁じられ、やむなく島庁内に合宿所を設け、儀助や島庁吏員、検疫委員らは家族との接触も断って処置に当たった。

疫病に対する迷信、因習はすさまじく、一人でも患者が出た家は全員を避病舎に放逐し、兄弟姉妹を避病舎に捨てる者さえいた。避病舎と言えば聞こえはいいが、みな牛小屋を兼ねた不潔な製糖小屋。健康者でも病死しそうな所に閉じ込め、食料も水も与えず、死んでも誰も顧みなかった。そして老若男女を問わず、疱瘡神を追い出すと称し、ひたすら鐘やホラ貝を鳴らし続けるのだった。

儀助は「発狂人に毫も異ならず」と記したが、無理からぬ面もある。貴族院で前年一月に種痘法案が審議されたものの、牛になる―との風評が邪魔して本土でも普及には一五年以上を要する。まして奄美は名瀬などごく一部を除いて医師もおらず、種痘はほとんど知られていなかった。儀助の残した断片的資料によれば、この年は八八人発症して四三人死亡。死亡率49％にも上る。死の恐怖を前に、島民は疱瘡神追い払いに狂乱するしか、すべを知らなかったのである。

明治に入っても天然痘は全国で猛威を振るい、死者五千人以上の大流行だけで六回を数える。二九年から翌年にかけても死者一万六千人という蔓延があり、奄美大島の流行もその一部とみられるが、詳細な記録はない。唯一、『大島代官記』が「名瀬の金久で発生して数村に広がり、多数の死者が出た」「発生源は麓純則戸長の家」と記す。だが儀助の記述では、麓戸長は医師が風邪と診断済みで、心ある者は皆知っていた。それでも村民は「避病舎に移らなければ家を壊すか火を放つ」と脅し、麓戸長もやむなく承諾した。

麓戸長や患者・その家族に対する残忍さに恐れをなした内地商人は、集団引き上げを申し出る。それでなくても島民が疱瘡神追い払いに躍起で家業を放棄し、牛の屠殺や出漁まで妨害し、食料、薪炭など必需品が欠乏してきた。儀助は、内地商人を避病舎に押し込まないことを島民に約束させ、どうにか商人総脱出による島経済の崩壊を食い止めた。

儀助は、公費で治療する避病舎を急ぎ設置した。だが、患者をそこへ移そうとする検疫官を、住民らは道路にバリケードを設けて阻止。警察が首謀者数人を拘束すると、老若男女数百人が署に押し掛け、儀助の説諭でようやく解散する騒ぎもあった。島民を救おうとしているのに島民の妄信が壁となる。それでも儀助は島民のために懸命に働いた。

儀助の感染拡大阻止策の明確な記録はないが、二カ月後、名瀬郊外の芦花部《あしけぶ》に飛び火した際の島庁書記・永井実親の復命書から一端が窺える。永井や同行の巡査、村吏員らは村世話人の家を仮出張所に定め、感染経路の調査を開始。民家を買い上げて公式の避病舎を設け、医師と役場の保有する種痘を住民に接種し、徹底的な消毒を実施させた。結果、流行は急速に収束に向かったようだ。

三一年七月、今度は沖永良部島で赤痢が発生。儀助は島庁書記・勇百太郎（後に森姓）を急派した。そのときの儀助宛て報告書二通を、奄美郷土史研究会が近年、鹿児島県歴史資料センター黎明館の委託調査によって森家（現奄美市）で発見した。一回目の報告書によると、島内二地区一四カ村で一四〇人が発症し、四二人が死亡。勇の分析では、蔓延の原因は、麻疹（＝はしか）がはやった直後の体力不足、気候不順、飲食物粗悪、医師や医薬品の不足による予防・治療の不備にあった。勇は検疫官と協議の上、戸長・村民を督励して仮避病舎を設置して治療を行わせ、村を一斉消毒させた。二回目の報告書には、儀助が同島和泊にも予防委員を指定したことで、従来に比して予防・治療が功を奏しそうだとある。また、「先々、電報で指示を仰ぎたし」と書かれており、儀助が細かく指揮したことが分かる。郷土史家・弓削政巳氏によれば、儀助が奄美に初めて近代的な伝染病対策を導入した。

台湾調査

大島島司在任中の明治二九年四月六日、儀助は台湾島北端の基隆に上陸した。それから約四〇日を費やし、南端の高雄（当時の表記は打狗《ターカオ》）まで、同島西部をつぶさに視察する。

結果をまとめた論文「台湾視察論」（以下「視察論」と略す）が、国光社発行の雑誌『国光』第二二巻第五号（二九年八月一〇日号）と第六号（同月二五日号）に、大東散士の名で掲載された。儀助はこれ以外に筆号を用いたことはない。おそらく国光社が、現役の大島島司という立場に配慮し、筆号使用を勧めたのであろう。同誌は国権派の雑誌で、品川弥二郎、佐々木高行ら儀助の知己も詩歌などを寄せている。上下二回の論文で儀助は、主に台湾の植民政策に関し、例によって歯に衣着せぬ現状批判と提言を行っている。

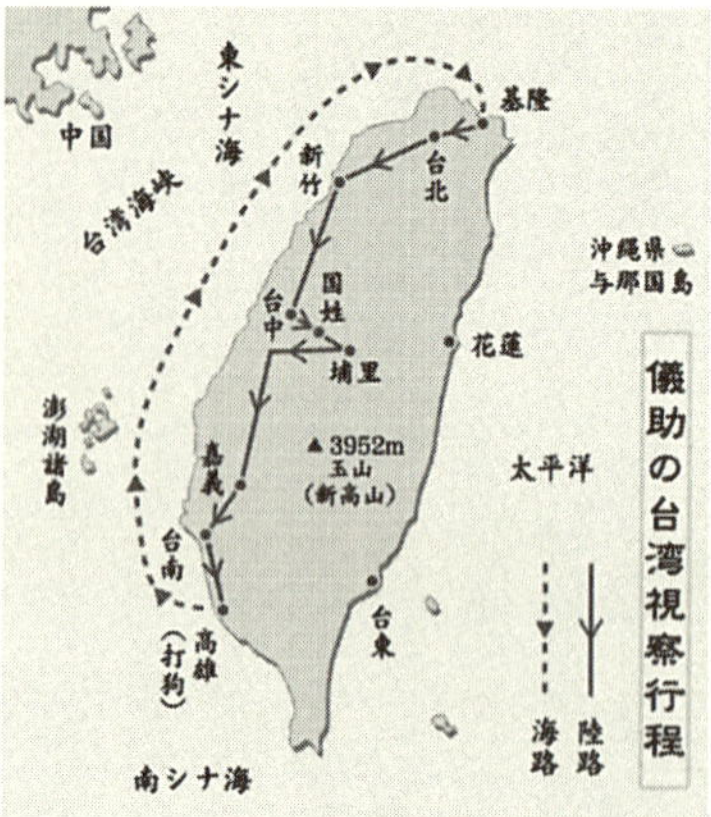

青森県立図書館には、同内容の「台湾視察結論」が残されている。儀助の筆とは違っており、日本新聞社の原稿用紙が用いられている。同社の誰かが校訂、清書したと思われる。拓殖務大臣・高島鞆之助（前台湾副総督）に提出した文書の草稿「台湾視察日記」もある。なお、台南州庁内の共栄会という団体が昭和九年、「視察論」と「日記」を一冊の本として刊行している。

台湾に向かった理由を「視察論」はこう述べる。「昨二十八年四月馬関条約の結果台湾我が帝国版図に帰せしより実に我が大島郡民驚愕模様あり」

日清戦争に勝利した日本は日清講和条約（馬関条約＝下関条約）により、中国大陸の遼東半島、台湾、澎湖諸島（中国と台湾間の台湾海峡に浮かぶ小島群）を領有した。大国の清に対する勝利、初めての植民地領有に国民は熱狂。奄美大島でも六月二四日から二日間にわたり、舟競争、花火、競馬、闘牛、相撲、踊りなど大島の芸能を尽くしての大祝賀会が開催されたことが、島庁書記の奥村某から十島巡視中の儀助への手紙で報告されている。だが、島民の高揚は瞬く間に冷める。

台湾は明代（一四～一七世紀）からサトウキビ栽培が盛ん。砂糖は一六世紀から日本にも輸出され、一時は長崎出島のオランダ貿易の二割を占めた。一八八四（明治一七）年の清仏戦争と二年後の暴風雨で衰退傾向にあったとはいえ、なおも一大産糖地であった。台湾領有が、脅威のライバル出現を意味することに、奄美の人々は程なく気づく。台湾糖業の実情調査を求める声が「農事集談会に、県会に、有志者の建白に皆之を述」べる状態となり（「視察結論」）、儀助は視察を断行する。奄美の糖業改善、負債解消に必死に取り組む彼にとっても台湾対策は重要だった。

大本営から台湾入りの許可が下りたのは二八年一一月二八日。困難を極めた十島視察を終え、わずか三カ月後だった。正月早々に出発する予定は「土匪再び蜂起せるを以て」延期され、三月まで待たされる。土匪は抗日ゲリラのこと。樺山資紀総督が本国に「今や全島全く平定に帰す」と打電したのは日本軍の台湾進駐から半年後の二八年一一月一八日。儀助らに台湾入りの許可が下りる一〇日前だが、現実には、各地で抗日ゲリラ闘争が頻発していた。その状態は、激しい交戦に限っても一九〇二年まで続くことになる。台湾に上陸した後に儀助らは、その現実と政府の植民政策の混乱に直面する。

植民地統治の現実

大本営から「門司港にて便乗せよ」との令達があり、儀助と島庁書記の麓甚悦、有志者総代の岡為次の三人は三月二五日に奄美大島をたった。ところが、福岡県門司に着いてみると兵站部は少し前に関門海峡の対岸、山口県下関に移っていた。漠然とした不安を感じつつ、儀助は下関に足を運び、交渉の末、ようやく乗船許可を得た。政府の借り上げ船「名護屋丸」が下関を出港したのは四月二日。憲兵、警部、巡査など八〇〇余人が乗り組んで船は満員。客室は歩兵少佐ら高等官十余人で埋まり、儀助らは昼夜とも食堂の一角で過ごすはめになった。海上は平穏で、五日には無事台湾北端の基隆港に到着した。ところが接岸直前、船上で巡査たちの騒ぎが起きる。「今になって減給の達しとは！　東京での話はわれらを釣る嘘だったのか。上陸を拒否する」

台湾領有直後の治安部隊員の多くは東北出身者だった。薩長藩閥体制の中で不遇をかこつ彼らは応募に殺到した。ところが、情勢は一変する。民政移行である。

森久男著「台湾総督府の糖業保護政策の展開」（『台湾近現代史』創刊号所収）によれば、当初の最重要課題は軍事占領であり、二八年度中は軍政が敷かれ、台湾関係の歳出は臨時軍事費特別会計から支出されたが、二九年度は民政に移行し、支出も一般会計からになった。軍事費を含む同年度の台湾関係の歳出は二二〇〇万円で、国家予算の一割以上という巨額。対して地租など台湾の歳入はわずか八〇〇万円。巡査たちの減給の詳細な経緯は不明だが、民政移行後の同年度予算編成に際する歳出抑制の影響と思われる。

影響は台湾派遣官吏すべての処遇に及んだ。「視察論」によれば、月給三割増の代わりに食費官給は廃止。不自由な自炊になり、しかも心身の弱っている者は皆マラリアに襲われる。官吏の「十中八九が内地帰還を希望」していると儀助は記している。

儀助自身、到着前は、四月一日から内地同様に憲法が適用されるからには日本人は台湾のどこでも宿泊などに不自由はないだろうと思っていたのだが、楽観はすぐ打ち砕かれる。上陸した一行がまず兵站部に行って大本営の達しを示し、宿泊先斡旋などの協力を依頼したところ、民政に移行したから関係ないと拒絶された。基隆には守備隊交代のため数万人に上る憲兵、巡査が屯集し、あばら家まで徴発されていた。

儀助らは民政支庁の笹田某を訪ね、ようやく一夜の寝床を得る。

台北では民政局長官舎を借りることができたものの、四月一〇日、儀助の外出中に突然立ち退きを命じられ、麓書記が終日探し回ってようやく別の官舎を見つけた。翌日、麓が高熱を発する。前夜の官舎が馬小屋に隣接した不衛生極まる部屋でハエ、ノミ、トコジラミの襲撃を受けたためであろうか。病院で診断の結果、麓は即刻入院。偶然にも、儀助が南島探検の際に脚の腫れの治療を受けた村部源治医師が軍医として駐在していたため、村部に麓の世話を頼み、儀助と岡だけが出発することになった。

初めて兵舎での宿泊を許されたのは、台北から約六里南の桃仔園でだった。夕食は煮魚、煮しめ、たくあん、米飯だけ。寝床では相変わらずトコジラミとノミの両軍攻撃に遭う。巡視中、三度の食事を確保できず中華饅頭で空腹をしのいだ日もあった。台湾視察もまた、難行苦行となった。

台湾領有への懐疑

本来の目的「糖業調査」に着手できたのは上陸から半月後の四月二一日。基隆より一五〇キロ以上南にある台中の製糖場見学だった。本格調査は、さらに一五〇キロ南下した台南でようやく実現する。サトウキビ生産の中心地が台湾中部以南だったからである。

儀助自身は「台湾視察日記」で台南一帯の栽培法などについて簡単に触れているだけ。白糖工場については「詳細は岡氏の調べに譲る」としか書いていない。青森県立図書館蔵の「台湾糖業調査概況」は、儀助の筆ではなく、内容からも、これが「岡氏の調べ」と見て間違いなさそうだ。同書はサトウキビ耕地面積や生産額、輸出額、品種や栽培法、台風被害、耕地売買価格、経費等の収支、製糖法などを丁寧に記している。だが目ぼしい成果はなかった。台湾の糖業自体に見るべきものがなかったのである。

儀助が「視察論」に「沖縄、大島、九州、四国の総計を以てするも台湾一地方に当る事能わず」と書くほど台湾の製糖量は多いが、一八八四年の清仏戦争以後は衰勢著しく、四年前の最盛期の半分弱、約六一五〇万斤に落ち込んでいた（「台湾視察日記」）。しかも大部分は品質不均等な黒糖。工場は牛を動力とする石臼式で、近代化が遅れていた。台南の白糖工場は日本人の経営だが、同年に創業したばかりで参考にはならなかった。政府は、手中にした植民地・台湾の増産によって砂糖の内国産化を狙った。だが、領有初期は抗日ゲリラの鎮圧に汲々とし、殖産策を立てる余裕がなく、三一年末に台湾総督府二〇年間財政計画が立案されてからようやく具体化し始める。実際の振興・保護事業着手は三三年度の後半以降で（『台湾総督府の糖業保護政策の展望』）、同年の台湾製糖株式会社を皮切りに内地の財閥資本による新式製糖会社が続々創立される。儀助らの台湾糖業視察は二、三年早すぎた。


さて、台湾では清朝末期に基隆―台北間約三〇キロの鉄道が開通。総督府は全土の軍事鎮圧のためにも南北縦貫鉄道の建設を急いだが、開通済みなのは台北から南へ一二〇キロの簡便鉄道だけ。大部隊輸送で込み合い、儀助らは一部でしか乗車を許されず、高齢の儀助は歩行で脚を痛め、後半はかごを雇って移動した。

それでも、官公庁を訪ねるなどして田畑の面積、もう一つの重要産業・樟脳の生産、南部西海岸の天日製塩など、台湾における殖産の可能性を中心に熱心に調べた。もとより糖業調査や行政視察で満足する人ではなく、その目は台湾の歴史、社会、文化にも向けられる。アヘン禁止の是非に関して「一度阿片を喫したる者、之を禁ずれば忽ち鬱屈して人性を全うすること能わざるに至る」「下等の妻女は密売淫して己が夫に阿片を続《マ》るは《マ》現況なり」という、医師の話も聞き出してもいる。

豚の路上放し飼いによる街の不潔さ、葬儀に泣き人を雇う風習などにも触れている。だが、儀助のほかの探検記に比べると「台湾視察日記」は、特に前半は精彩を欠く。期待していた軍の協力は得られず、通訳を伴わなかったため、行動範囲にも調査にも限界があったが第一の理由は台湾領有への落胆であろう。儀助は渡海前から、経費ばかりかさむ台湾領有に懐疑的だった。目にした実態は予想よりさらに悪い。統治政策の混乱から在台官吏や守備隊員の処遇は劣悪で、皆気力を失っていた。

数千万円の国財を費消し、数千人の勇士を戦争とマラリアで失い、その後を守る者が怠惰に陥っているとは…。「南進の気力なく速に帰途に就かんとせり」。精神力の人・儀助が、旅程半ばの台中で切り上げたいと思うほど、その失望は深いものだった。

首狩り死体を目撃

数日熟考の末、儀助は南進続行を決意する。翻意させたのは、持ち前の憂国の情であった。「台湾視察日記」の四月二一日の条に、儀助はこう記す。「今、中途に帰れば台湾の事再び口にする能わず。如かず一層進んで生蕃《せいばん》地の現状を見、其上南北貫通の跋渉《ばっしょう》を果し、然る後東京に出、台湾今後安輯《あんしゅう》（＝安定させる）の方策を輿論に訴えんと欲す。衷情勃々《ぼつぼつ》、禦《ぎょ》する能わず」

「生蕃」は先住少数民族を指す。台湾は複雑な歴史を反映した多民族、多言語社会だが、人口の98％は漢人系。清朝時代、台湾の漢人は、清朝に帰順しない先住民族を生蕃、帰順して平地や山裾で耕作にも従

パイワン族の頭骨架（明治31年、『伊能嘉矩所蔵台湾原住民写真集』風響社、1999年）

事している部族を熟蕃と称して区別した。漢字の「蕃」は異民族を未開視する語。日本は統治末期の昭和一〇年に生蕃を高砂族、熟蕃を平埔族と改称する。台湾政府は現在「台湾原住民族」を正式名称としているが、ここでは歴史的用語として「蕃」を用いる。

生蕃の地に儀助が分け入ろうとしたのは、そこが最も統治の難しい地域だったためだ。宗教的な目的で異民族や敵対部族の首を狩り、家の周囲に祀る首狩り習俗があるのだ。

儀助は、台中から六〇キロほど内陸の埔里行きを陸軍参謀官に願い出るが、「今月二日に電信工二人が生蕃に殺害されて樟脳製造人夫もみな下山しており、通行は危険だ」と許されなかった。一計を案じて児玉利國県知事（陸軍少将）に相談したところ、「明後日、埔里支庁へ経費を送付する。巡査が護衛するから同行すればよい」とようやく許可を得た。

四月二二日、台中をたった儀助一行はまず亀仔頭に宿泊。四キロほど進むと、そこはもう生蕃の地だった。数百メートルごとに報楼という矢倉が組んであり、儀助らが通る際にボンボンと鳴り物が鳴る。二、三人の隘勇《あいゆう》が昼夜常駐し、通行人を見守っているのである。台湾学の先駆者伊能嘉矩著『台湾文化志』によれば、隘は生蕃と漢人・熟蕃の区域を分ける境界線のこと。清朝が開拓農民を生蕃防御に当たらせる隘勇の制を敷き、日本統治時代に入っても自衛組織として残っていた。

一方、日本軍の進駐によって清朝の旧支配層は大陸に逃避し、統一組織的な武装闘争はなかったが、土匪、すなわち漢人系住民による地域的な抗日ゲリラ活動が続発し、特に中部以南では激しい交戦が長く続く。日本軍は土匪に手を焼き、生蕃地近辺の住民や樟脳製造の入山者を首狩りから守るだけの余力がなく、隘勇に頼っていたのだ。儀助は、隘勇も日本守備隊の非力を知れば「忽ち変じて土匪となる、明々白々の事なり」と警鐘を鳴らした（「視察論」）。

儀助もついに首なし死体を目撃する。四月二五日、埔里にほど近い北港渓の橋上。鈍刀で首を切り落とした際の骨片が散らばり、生血がまだ固まらずに流れていた。被害者は埔里の漢人商人。山の人夫らと四〇人弱で通行中、橋下に潜伏した約三〇人の生蕃に襲われたという。ほかに亀仔頭の農民二人も殺害され、儀助は亀仔頭の原野に至ってその埋葬現場を見る。

前記の日本人電信工夫二人が首を狩られた事件の後日談も聞いた。憲兵警部が漢人通訳に生蕃の酋長に犯人差し出しの交渉を命じ、「生きては帰れない」と拒む通訳を「万が一のことがあっても妻子の面倒は見る」と無理やり派遣したところ、案の定、通訳は酋長の息子らに首を狩られてしまったという。

儀助は憤然として「此の蕃社（註…社は生蕃の集落）討伐なくして可ならんや」と記す。

★45　台湾の民族構成　現在の台湾人口二三〇〇万人の98％を占める漢人の多くは明代ごろから戦前までに移り住んだ福建省系で、本省人または内省人と呼ばれる。人口の15％を占める客家《はっか》人も含まれる。もともとは黄河流域の住民で、伝承によれば四世紀以降の戦乱に追われて中国南部の山間部や海外へ移り住んだ。中国内外に推定五五〇〇万人いるとされ、独特の方言と文化を持つ。台湾の戦後移住漢人である外省人は13%。先住少数民族は人口のわずか2%。平埔族は漢人との区別が付かないほど同化している。

一転、日本の占領肯定

「視察論」で儀助が真っ先に提言した植民地経営策は、検地の実施だった。官・民有地の面積が不明確では占領も名ばかりで国家の利益も望めないと指摘。薩摩藩が琉球を征服した際、検地人三六〇余人を送り込んだことを「絶大の壮挙」とし、台湾でも小紛擾を恐れず検地を実施するよう主張した。

また、軍事力を背景とした威力による台湾統治を明らかに肯定している。それどころか、鉄道敷設や道路建設に伴う用地接収について「蒙昧無智の人民、人権論を主張」するが、それでは台湾の開発が進まないと、およそ儀助らしからぬ論を展開する。理由は、日本軍の進駐以前からの要因も含めた台湾の混乱にあったと思われる。アヘンにおぼれる住民、首狩り風習のため近づくのも危険な生蕃地、至る所に潜伏する土匪などの実態を列挙し、そういった無政府状態では法律や規則を敷くなど無意味であり、唯一の「救治策は愛撫に勝る峻険の法」だと主張した。「救治」という言葉から、儀助が台湾を病んでいると捉えたことが見て取れる。

一方で台湾は、砂糖、樟脳以外にも大規模な茶栽培、天日製塩、砂金、養魚、二毛作の米など、産業の可能性にあふれてもいた。しかも台湾の西半分を見た限りの話であり、東半分の生蕃地に「財源の潜伏しあるや断じて疑いなし」と述べ、天候、土地の肥沃さ、生産費の少なさを考慮すれば、生産力は北海道の五倍以上だと推定している。可能性に富みながら、病んだ社会―。ここに至って儀助は「必ず永世日本の領土と為さんと期す。今の概算にて内地より補給費十箇年一億万円の予定へ、更に二億万円と為すも名実共に我が有となれば、後来断じて所得能償の道あるを信じて疑わず」との結論に至る。

台湾領有は「持て余しの観」があり、列強から放棄を要求されて「遼東半島の二の舞い」になるのではと憂慮していた儀助が、直接見聞した結果、日本の領有肯定に転じた。

西郷碑建立

話を奄美に戻す。筆者が儀助の足跡を追って青森県から来たと告げると、龍《りゅう》マサ子さん（八八歳）はまず「全部笹森先生のおかげです」と、深々と頭を下げた。西郷の島妻うとま（於戸間）の兄の孫で、奄美大島龍郷《たつごう》町にある西郷隆盛資料館（旧西郷宅）と記念碑を一人で守ってきた人である。

西郷は安政六（一八五九）年から三年間、大島で流人生活を送った。初めは大島きっての名家・龍家の本家に寓居したが、しばらくして龍一族の娘うとまを娶った。うとまは婚姻前に愛加那（正式には龍愛。加那は愛称）と改名。菊次郎、菊草（後の菊子）の二子をなした。儀助が島司を務めた当時も愛加那は健在で、西郷と暮らした家もそのまま残っていた。

儀助の建てた石碑は二段、高さ約二メートルの立派なもの。六層の基壇（高さ約一・三メートル）に載っており、西郷手植えの木々に囲まれて今も堂々とした姿を見せる。碑の右脇には、儀助の寄贈した水盥《すいかん》石も残っている。

市立弘前図書館に多数残る史料が、碑建立に注いだ儀助の熱意を物語る。「西郷隆盛事跡調」は、大島における西郷の事跡調査、旧宅の図面作製、遺品収集などを儀助が依頼したのに応え、龍郷の階長良（戸長役場吏員か）が提出した報告書。資料館は、このとき階が集めた遺品などを収めている。同書の明治二八年二月という日付からすると、儀助は赴任直後に建立を思い立った。

儀助が西郷を深く敬愛したことは、「貧旅行」の項で既に紹介した。また、南島探検の帰途、沖永良部島に立ち寄った儀助は、地元の名望家・土持政照と面談し、同島における西郷の事跡を聞いた。このとき土持が儀助に贈ったとみられる西郷愛用の朱塗りの旅枕が笹森家に残されている。周知の通り、西郷は大島での謹慎後、文久二（一八六二）年に帰藩を許されるが、尊王攘夷の先走った行動を咎められ、同年のうちに再び流刑に処され、徳之島を経て沖永良部島に流される。親身の世話をしたのが土持だった。こうした経緯からも、儀助は島司になるや西郷顕彰を決意したと思われる。

なお、土持は儀助の求めに応じ、明治二九年に沖永良部での西郷の言行を記した一書、さらに三一年五月にも「南洲翁遺事」を書き起こして儀助に贈っている。

一方、朝敵の汚名がすすがれて西郷に正三位が追贈される前年の二一年、陸軍中将山地元治が龍郷の西郷旧宅を実見し、県令渡辺千秋に建碑を進言。翌年から義援金の募集が始まったが、不首尾に終わった（東喜望著『笹森儀助の軌跡』）。儀助は島司就任後にそれを継いだのかもしれない。

儀助の建碑運動も困難を極めた。二九年七月ごろまでに集まった募金はわずか三九円ほど。儀助は上京し、勝安房（海舟）に碑文を揮筆してもらい、西郷と旧交ある貴顕四〇余人を訪ね歩いた。その際の住所録が市立弘前図書館にあり、大山巌、黒田清隆、松方正義、樺山資紀、高島鞆之助、前田正名、山本権兵衛ら錚々たる人物名が並ぶ。だが、儀助の断簡によれば「同意、不同意相半ば」だった。陸羯南の新聞「日本」も、碑文を紹介する記事を掲載（三〇年九月二九日付）して後押ししたが、思ったほど効果はなかったのか、儀助は「嗚呼、人世の薄情なる、憤慨の至りに絶えず」と書き残している。

儀助はめげず、鹿児島県庁内務部第三課に取継所を開設してもらい、自身と野村政明ら五人を発起人に募金体制を再構築。趣意書、碑の設計図、約五〇〇円の建碑予算書などを配布した。それでも募金ははかどらず、寄付金不足のまま鹿児島で碑石を発注。再度上京し、各大臣に協力を仰ぎ、ついに資金の目途を付けた。いつもながらの粘りである。

三一年五月二九日、愛加那の親類でもある龍田佐隆史戸長の周旋で旧西郷宅地のうち約四分の三を買い入れ、碑が建てられた。八月八日には落成式が挙行され、儀助は愛加那と龍田に碑の維持費として一〇〇円を贈呈した。二人連名の感謝状が市立弘前図書館に、西郷の弟従道の感謝状が笹森家に残っている。

なお、碑のある西郷宅跡は昭和三〇年、鹿児島県史跡に指定されている。

流血の政争

西郷碑落成から月も改まらぬうちに儀助は大島島司を辞任する。辞職の背景としてまず思い浮かぶのは、政争である。最初の事件は麓純則・名瀬戸長の後任を巡って起きた。

麓は島庁吏員だった明治二〇年、「組合を結成し、加盟者以外は砂糖の取引を禁ずる」などとする「県令三十九号」に憤慨し、県令渡辺千秋に辞表を叩きつけた人。鹿児島商人らと結託した県令が大阪の阿部商会の排斥を図るものだ―というのが理由で、辞職後に撤廃運動を起こした。この硬骨漢を、儀助は名瀬戸長から島庁第一課農商務主任に取り立てた。

儀助が麓の意向も踏まえて後任に指名したのは元島庁書記の仙波泰介だった。儀助が『南島探験』に、鹿児島士族であるが「数十年来当島にあり、能く島民と鹿児島商人との関係を悉知せり」と記した能吏である。だが、麓の戸長退任の翌日から後任者の推薦運動が起き、日を追って激しさを増した。発令前に、後任は仙波だとの噂が広まり、「徳之島の二戸長に内地人が任命されたが、今回もそうなら島民にも考えがある」という書面を提出する者もいた。連合村議員らも島庁に来て「学校費の不納、生徒の退校、戸長役場員の総辞職勧告など、あれこれ協議している者がおり、容易ならぬ事態になる恐れがある」と〝忠告〟した。十島巡視中の儀助不在にかこつけ、圧力をかけたのだ。仙波は、有志者間の不仲を招くのは本意ではないと、就任を辞退する。

青森県立図書館蔵の「大島郡雑記」には、後任について名瀬方連合村会議員らが連名で提出した「上申書」が二通ある。一つは金久村の井上淳を担ぐ一八議員、いま一つは同村の朝稲義雄を推す二議員のもの。ところが、一議員は両方に署名していた。似たことが西為徳戸長の辞任の際にもあり、儀助は「堂々議員を名乗る物知りも、甲に頼まるれば甲に捺印し、乙に頼まるれば乙に捺印す」とあきれ、そんな無節操は三〇年前の東北の山間孤村以下だと怒りを記している。

儀助は、実は南島探検の際も、奄美の政治風土を詳細に調べている。儀助が訪れる直前の二六年九月中旬、沖永良部の島民を二分する抗争が起き、二人が刀傷を負い、約六〇人が投石で負傷。六〇人ほどが建物に立てこもり、大島から島司や警察官が来て収拾に当たるという事件があったのだ。現職の大島信衆議院議員を推す共同会と、前職（奄美で最初の代議士）の基《もとい》俊良を担ぐ正義会の衝突である。島民の間では一応、改進党系の鹿児島県独立倶楽部に近い共同会を吏党、自由党系の同県同志会に近い正義会は民党と呼んでいた。だが、儀助の調べでは、主義主張のぶつかり合いではなく、鹿児島商人への負債減免交渉に原因があった。共同会が、山崎商店に対して借金三万二千円余を半額に減免する約束を取り付けたため、正義会はそれ以上の棒引きを求めて談判に及んだ。これが対立の芽となり、ついに刃傷沙汰に至ったのである。

基俊良（個人蔵）

大島信は大島出身で元の名を信正熊《しなまさぐま》といった。藩校造士館での成績は抜群。五年、鹿児島に行幸した明治天皇の読書説明役に選ばれたことで、近代の奄美では初めて二字姓を許され、大島信と改名した。のちに駒場農学校に学び、奄美出身者初の中央官庁吏員（内務属）になった大島は、島民派島司の新納中三に協力して糖業改善など奄美に尽くした。南島探検の帰途に会った儀助の前で、大島は、鹿児島商人の暴利を改めようとして解任され、非業の死を遂げた新納をしのんで落涙した。一方、基は藩役人を父に持ち、自身も藩政時代から四〇年余にわたって島役人を務めた。鹿児島県が五年、政府の奄美黒糖自由売買化に先んじて黒糖売買の独占維持へ大島商社を設立したとき、契約交渉に臨んだ経験も持つ。奄美のあらゆる面に通じた長老である。儀助は南島探検の際、基、大島、麓から多くの情報を得た。三人や仙波、この後に紹介する浜上謙翠は島司主催の儀助歓迎会にも出席している。彼ら奄美の中心人物たちを、儀助は島司就任後も頼りにするが、大島とはある事件をきっかけに袂を分かつ。

大島信の中傷

浜上謙翠が儀助に提出した上申書「大島信質疑の妄《もう》を弁ず」（明治二九年五月一一日付、青森県立図書館蔵）は、「大島信は第九議会に於て、当路者が大島各離島定期航海を大島興業株式会社に命じたるを不当の所置なりとし、種々贅弁《ぜいべん》を叩て政府に質問したるに対し、今其妄を弁ぜんに」と書き出している。

浜上は喜界島生まれ。大島の赤木名村長から島庁入りし、勧業課長だった二五年冬、大島を発展させ負債を解消するには航路開発が不可欠であると一念発起して島庁を退職。基俊良を社長に大島興業を興し、奄美各島間の汽船航路を開き、鹿児島へも航路を延ばした。さらに二九年二月、一二〇〇トンの汽船を購入して大阪に航路を開き、黒糖を運んだ。

これに対し、衆議院議員の大島信は、前年一二月から同年三月に開かれた第九議会で「大島興業の離島間航路の船は小型すぎる」「元糖業改良資金の島民共益金の一部・二万千二百一円を島司が収奪し、営利企業の大島興業に貸与した」などと演説した。島司の儀助まで攻撃してきたのである。

元糖業改良資金とは、一九年、台風被害で奄美の負債が一挙に膨張した折、新納中三島司が島民を救おうと蔵相松方正義に貸与を要請したもの。そのとき松方が、貸与の細目について新納との折衝に当たらせたのが子飼いの若き内務官僚・大島信だった（原井一郎著『苦い砂糖』）。同資金は二三年、五〇年の年賦計算の元金を先払い返還したことにし、残り八万五千円を島民の共有とした。

共有金は大阪第七十九国立銀行に預け入れ、島司、各戸長、農事集談会の議決を経て運用した。大島信は前島司の大海原尚義と同じく製糖の機械化事業を計画していて、その資金が欲しかった。自らが実現に尽くした糖業改良資金が敵対する浜上＝基一派の事業資金になったことも不満だったのだろう。だが儀助は大海原の製糖工場を、サトウキビ運搬の困難な奄美大島では非現実的だと批判しており、大島信の計画に与しないのは当然であった。

浜上は「―妄を弁ず」で逐一反論した。いわく、各離島には汽船の停泊施設がなく天候不良時には大型船でも荷物の積み降ろしに不自由する、大島信が二六年に腹心二名を請願に上京させた折の旅費にも島民共益金四百五十円を使っている、大島興業の二万円余拝借は郡内各方糖業者と戸長の承認を得ている―。

一方、浜上の二九年五月二三日付儀助宛て書簡には、大島信が内務大臣官邸控室で儀助を非難していると松沢某から聞いたことや、大島信が島司または台湾書記官を希望しているが高島鞆之助陸軍・拓殖大臣に不採用を依頼してあるから希望は到底叶わないことを記し、「(大島信は）家計上も大に困難、従て一般の信用無之、擯斥せられ居申候」とある。追いつめられた大島信が、大島興業や儀助へのなりふり構わぬ攻撃に走っていたのである。陸羯南が儀助に宛てた同年六月一二日付の書簡にも「大島信は島司希望とあらば、貴兄は他に好位置を求めて本人に譲るも宜《よろし》からん。目下之処は先づ知らぬ顔して御在職あれ」「柏田正文と中代議士は小生懇意に御座候故、一封差出し大島之非難をやめさせよ、又笹森は決して不正之事を為す人にあらずと申《もう》送《す》候」とある。羯南は大島を制止しようと取り計らっていた。

以上の背景がなかったとしても、『南島探験』の中で既に「航海補助金を下付して、定期航路を開き、離島人民に便宜を与ふる事」と提言していた儀助は、浜上を積極的に支援したはずだ。島司になった直後こそ各派に等方位で接していた儀助は、次第に基・浜上派に頼る度合いを深めていた。

なお、大島信は三二年、佐賀県東松浦郡郡長に在任中、失意のうちに病死する。数え四七歳だった。

★46 **浜上謙翠の航路開発** 奄美各島間の定期航路は明治二三年の大阪商船会社が最初だが、月一回の航海のため、浜上謙翠が島庁を辞し、懸命の遊説で資金を集めて大島興業を設立。二七年四月、汽船「平安丸」を借りて離島間航路を開設した。船購入などで私財が尽き、上京して元老や国会議員らに協力を求め、苦労の末に二八年四月以降、毎季六千円の補助を取り付けた。儀助が島民共有金の貸与で後押ししたのはこの際のこと。事業は順調に増大したが、三四年、急病により五〇歳で死去した。

重病で?島司辞任

市立弘前図書館の『雑綴』にある「島庁吏員調」という書類に、儀助は島庁職員三一人全員の名を挙げ、その大半に所属派閥を書き込み、末尾に「基派一一、大島派一〇、無所属三」という集計を記している。島司就任時、儀助が島庁吏員に「政党に関する事を許さず」と命じたにもかかわらず、庁内に基俊良派、

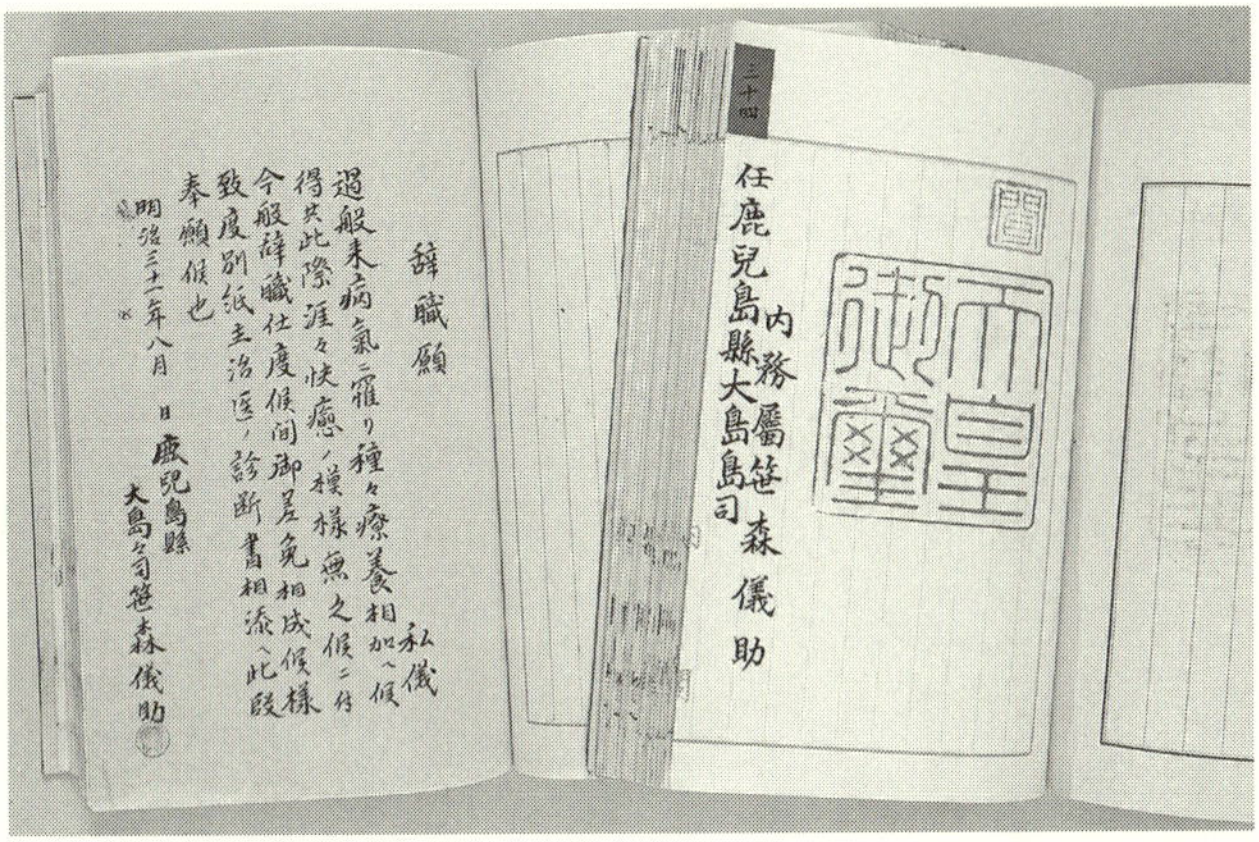

儀助の島司辞職願（左）、右は就任時の辞令（国立公文書館蔵）

大島信派に二分したあからさまな派閥が形成されていたのだ。

一方、師工藤他山の子・外崎覚に宛てた明治三一年五月一一日付の書状（市立弘前図書館『津軽地方諸名士自筆書簡』所収）で、儀助は鹿児島人との軋轢について次のように書き送っている。

兎角《とかく》無藩力之嘆《なげかわ》しさ、薩長人の如く不相成は御同感之事と存候。小生も赴任以来四ケ年に相成、大島開闢《かいびゃく》以来之長寿長官と相成、殊に薩人と島人と之競争場にかかる長寿を得るとは僥倖、御一笑可被下《くださるべく》候

丸四年という儀助の在任期間は、初代から五人の島司のうち、前職の大海原の四年四カ月に次ぐ長さ。残る三人は一年から二年で辞任に追い込まれている。「薩人と島人の競争」が何を指すのかは判然としない。島庁内で鹿児島出身者と島人の勢力争いが激しかったのか、それに基派―大島派の勢力争いが関係しているのか。儀助は島民側に立って負債棒引き策を進めたり、低利の銀行誘致を進めたりしたため、鹿児島商人の抵抗に遭ったのか。いずれにしろ、儀助は島政運営に相当の苦労を強いら

れた。島民派を貫いて四年。「かかる長寿を得るとは僥倖」は本音であろう。この書状の二カ月半後、儀助は依願退職する。

儀助が内務省に提出した「辞職願」および付属の「診断書」が、国立公文書館に所蔵されている。診断書は三一年八月七日付で名瀬の寄留医師・原田貞造が書いた。「七月九日に診断した結果、慢性の脳充血のため右耳内膜炎を発し、聴感遅鈍、頭重、めまい、消化不良、便秘、下肢に浮腫を生じ、一六日から鹿児島に転地して暫時快癒したが、昨今再び悪化し、歩行困難、麻痺などの諸症状が増加した。清涼の地に転じなければ十分な治療はできない」との内容である。

日付からすると、儀助は遅くとも西郷碑落成（八月八日）の目途が立ったころには辞任の腹を固めていた。歩行困難なほどの重病では政府も依願免職を認めるほかない。内相板垣退助、首相大隈重信の決裁を経て、儀助は同年八月二九日に免官となった。

第二の故郷・奄美大島を去って二カ月半後、儀助に一通の手紙が届く。「御在島中は一統一方ならざる御厚意を蒙り（中略）、今般御帰国に付、一統へ金円御恵与被成下、重々の御厚情何とも御礼辞の申述様も無之、（中略）当地産紬一反進呈致度候」。島庁の現職・元職員一九人に、民間人五人を加えた二四人連署の感謝状であった。儀助は餞別を受け取るどころか、退職金二〇〇円から島庁職員らに金一封を配り、労をねぎらったのだ。

儀助は翌春、日本語学校長として朝鮮半島へ渡り、風雲急を告げる露清韓三国の国境地帯を幾度も踏査する。歩行困難な重病で辞職した人が、である。辞任理由に疑問が湧く。

辞任の真相

奄美市の郷土史家・弓削政己氏は、「鹿児島新聞」明治三一年九月一五日付に儀助の島司辞任に関する記事を発見した。儀助が上京中に依願免職を申請して許可されたことを報じ、大島に帰らずそのまま帰郷することになった儀助が大島郡二二カ方の各戸長に宛てた感謝の手紙全文も掲載している。記事によれば、儀助は辞任に際して郡の学資金として一〇〇円を寄付した。また、既に紹介した通り、島庁吏員一同に金一封を配ってもいる。結局、儀助は退職金二〇〇円のほとんどを大島に還元した。感謝状には「今や時勢の進運は不肖の在官を許さず」と書いた。中津軽郡郡長や農牧社社長の辞任も、彼が転身を図るのは〝次に為すべきこと〟に突き動かされたときである。おそらく島司辞任も同じであろう。

どんな時勢に動かされたのか。前掲の外崎覚宛て儀助書簡（三一年五月一一日付）に、「露と言う、独と言い《ママ》強盗あり」という文言が見える。前年一一月一四日、艦隊を送り込んで中国山東半島南岸の膠州湾を占領したドイツは、三月六日、つまり儀助が外崎に書状を送る二カ月前に膠州湾の租借に成功した。一方、ロシアは同月二七日、遼東半島の旅順口、大連湾を租借している。日清戦争の結果、日本が手中にした遼東半島を三国干渉で還付させた独・露・仏のうち、独・露が清国の一部をかすめ取ったことに、日本国中で怒りが広がり、「臥薪嘗胆」が一気に国民全体に浸透していった。

儀助は外崎への書状に「区々たる相談と論議と何か用あらん。小生之東洋問題、既に決しあれば、世間の利口論議は一向耳に入らず」とも書いた。「区々たる相談と論議」は、軍備増強と地租改正を巡る論議を指すと思われる。日清戦争と台湾占領に膨大な国費をつぎ込んだ日本が、さらなる軍備拡張の原資を確保するには増税は避けられない。政府は同年六月七日に地租増徴案を衆議院に提出するが、混乱に陥って三日間停会となり、一〇日には反対多数で否決され衆院解散となる。

この軍備増強・増税論議に関し、儀助は前年の初めごろから重大な懸念を抱いており、「樺山宛て意見書」で「しばらく帝国議会の両院を閉じ」「議会費五十六万円余を民力休養費に充て」「軍備拡張方針を変えずに経費節減」すべきだと上申した。驚くべき案である。帝国議会開設当初、傍聴をぷつりとやめたのは、党利党略の民力休養論議に失望したためだった。しかるに、日清戦争と台湾征討のため「(明治)二十六年前の国税に比すれば三倍強の増加」に至り、米騒動が起きるほど国民経済が疲弊している今、「軍備拡張の一方に偏して、また民力休養の説を唱うる者」がいない。議会にはいったい存在意義があるのか…。儀助は、自分が「憲法を非議する者に非ず」と断った上で、「非常の時に当りて非常の権を行うは、かの欧米法学者流の許すところなり」と議会の一時閉鎖を主張した。憂いはそこまで極まっていた。

なお、樺山への意見書にはもう一つ重要事が記されている。儀助が島司に就任した翌年の二八年、上京した折に松岡内務次官(註…松岡康毅。後の農商務相)に、議員になるよう勧められたが辞退したという事実だ。儀助は断った。だが、何度も繰り返すが、政治に無関心ということではない。幕末、国防の強化を藩主に訴えて蟄居に処された儀助は、その後も一貫して国防に重大な関心を払い、それが『千島探験』『南島探験』の大きな動機ともなった。島司の任にある間は官吏という立場からか国防に関する日立った発言はないが、憂国の情が薄れていたはずはない。むしろ日清戦争以後、日本を取り巻く国際情勢が緊迫の度を深める中で台湾を視察し、儀助は次第に危機感を募らせていったに違いない。そうこうしているうちに、儀助は三一年七月、公務で上京を命じられた。鹿児島県庁、鹿児島商人との軋轢、島内の派閥争いに辟易していた儀助は、東京で亡国の危機を肌で感じ、島司退官を決意したのであろう。

★47　奄美の儀助資料　奄美に残る儀助の遺物は龍郷町の西郷碑、市立奄美博物館所蔵の島司時代の肖像、書類一枚ぐらいしかない。空襲による焼失が主因。また、初代島司・新納中三は島民派を貫いて解任させられ、非業の死を遂げた悲劇性もあって今も有名だが、儀助を知る島民は多くはない。郷土史家・弓削政己氏は「新納と並ぶ島民派島司・笹森儀助はもっと評価されてしかるべきだ」として資料の発掘を進め、近年少しずつ見つかり始めている。

第七章　大陸時代

朝鮮の日語学校長に

儀助は明治三二年五月、現在の北朝鮮北部に向かった。笹森家に残る旅券には、「教育の為め」とある。東亜同文会の日語学校を設立し、校長として運営に当たるのが目的であった。

東亜同文会は三一年一一月二日、東亜会と同文会が合併して発足した。会長は近衛篤麿公爵。近衛の最も信頼するブレーンである陸羯南が幹事四人の一人に入り、翌年三月一四日の春季大会で初代幹事長に任命される。

前身の一つ、東亜会は三〇年春、福本日南の渡欧送別会の席上で結成が決まった。福本は司法省法学校を羯南や原敬とともに放校になり、その後、羯南と日本新聞社を興した。送別会には羯南のほか、同社客員の池辺三山ら錚々たる言論人が顔をそろえた。ただ、東亜会は資金的な準備もなく実際には研究・友好の団体にとどまった。一方、同文会は翌年九月、近衛を中心に長岡護美、谷干城、清浦奎吾ら三〇人ほどで発足。羯南ら東亜会の言論人も参加した。東亜会とは違い、「上海と東京に同文学堂を置く」「航海・貿易・銀行・鉱山等の事業を経営する」など具体的な事業計画を持っていた。清国在住の同志が既に日清英学堂（上海）などの事業に着手していたからである。

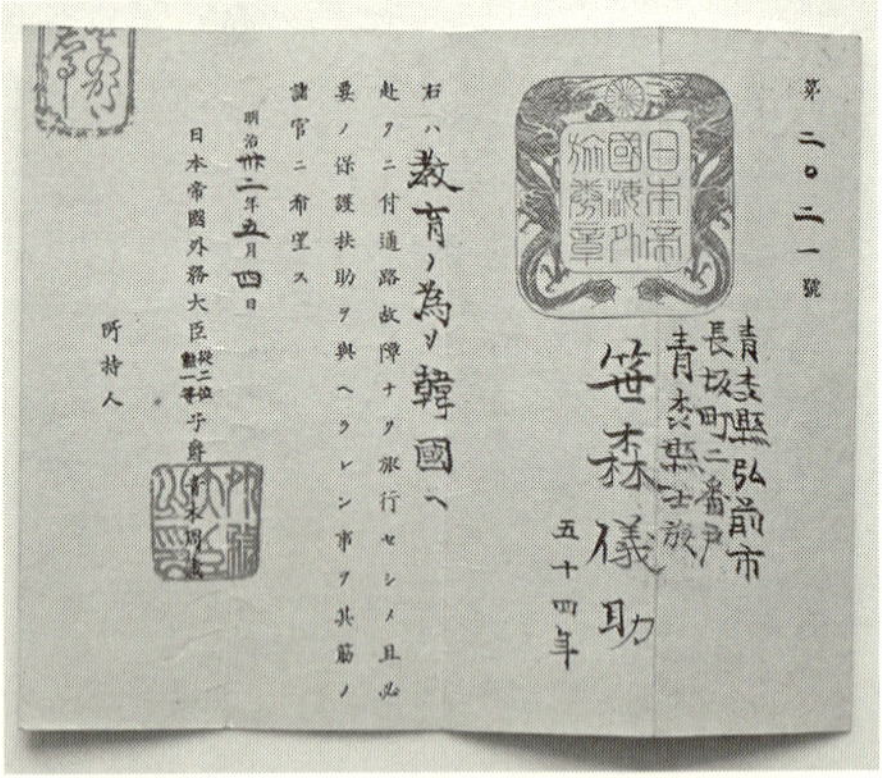

明治32年５月４日付の旅券（笹森家蔵）

東亜会と同文会の合併には財源問題が絡んでいる。東亜会会員の代議士平岡浩太郎（福岡県。玄洋社初代社長）が国庫補助支出を働きかけたのを機に、政府が合併を促したのだ。誕生した東亜同文会への補助は大隈重信内閣の下で交付が内定していたが、三一年一一月の内閣総辞職で延期。次の山県有朋内閣で外務省機密費八万円のうち四万円が割り当てられ、同会は三二年度から事業計画を立てることができた。

東亜同文会結成の「主意書」は「日清両国の交や久し。文化相通じ風教相同じ。情を以てすれば即ち兄弟の親（註…観の誤植か）あり、勢を以てすれば即ち唇歯の形あり」の一文で始まる（『東亜時論』第二号「会報」）。日清両国は不幸な交戦の過去を乗り越え、手を携えて列強の侮りを防ぐべき時である—との趣旨である。誕生時、侵略的意図がなかったことは明記しておかなければならない。「主意書」に沿って「支那を保全す」「支那の改善を助成す」「支那の時事を討究し実行を期す」「国論を喚起す」の四項目が決議された。一年後に発表された「綱領」では「支那」が「支那及朝鮮」に改められている。

稲葉継雄九州大教授の『旧韓末「日語学校」の研究』によると、『近衛篤麿日記』に「清国での活動財源は地方富豪に頼れるが、朝鮮では地方が貧しく本会の独力経営にする」旨が記されている。これからすると、朝鮮事業は国との補助金交渉の過程で浮上したと思われる。

朝鮮部の事業には①『漢城月報』の発行②平壌に日語学校設立③北青に日語学校設立④京城学堂への補助―の四つが掲げられた。三二年五月一七日付の会員向け報告書には、平壌学堂校長に真藤義雄、北青学堂校長に笹森儀助を当てることなどが書かれている。

儀助が指名された理由について明確な記録はない。「活人画」が、「東亜同文会で、今度彼れ朝鮮人に日本語学を教えたいと思うが、何分適当の人物が見当たらなくて困って居った、君ならばということで、強いて依頼である」と記すのみである。指名したのは羯南であろう。儀助が教育行政にも経験豊かで、優れた探検家であることを、彼は誰よりも知っていた。探検の能力が重要な訳は追々述べる。

城津学堂

開校予定地は現在の北朝鮮咸鏡南道の北青だったが、儀助が現地に着いて日本海沿岸の城津（現金策市）に変更した。城津の方が「新開港地にて日本語の必要を感ずるが故に一般土民の学校に対する感覚も深い」と判断したのだ（外務省外交資料館蔵『東亜同文会関係雑纂』所収の「東亜同文会事業成績」）。

城津は、前年の明治三一年五月に開港場として列強に開かれ、居留地が定められたばかり。儀助が東亜同文会の会報『東亜時論』第一八号（三二年八月二五日号）に寄せた報告によると、居留地の区画割り測定は済んでいたものの競売は開始されず、外国人はまだ家を建てることもできなかった。日本人は税関官吏一人、元山の貿易商店出張員二人、元山居留の小売商人四人、儀助一行の三人がいるだけ。いずれも軒が傾き、屋根が破れた不潔な小屋を借りていた。トラが頻繁に出没して人畜を襲うほど辺鄙な所だけに、学校の開設には相当苦労した。

校舎は日語学校開設に好意的な監理・鄭顕哲によって官庁旧舎の一部を借りることとした。監理は開港場の全事務を管掌する韓国政府の役人。だが、実権は元山にある海関（現在の税関）が握っており、その海関がなかなか旧舎改築許可を下さなかった。韓国政府は外国施設設置に相当神経を尖らせていた。助教の佐伯達は教頭、事務長の仕事も担当していたようで、二、三の民家を借り、開校式を待たず巡回式授業を開始した。生徒定員は平民と士族各一〇人を予定していたが、まず士族のみ募集したところ「門前殆んど市を為」して「入学志願者は最早三十有四名の多き」に達した（九月八日付儀助宛て佐伯書簡）。開港場・城津における日本語需要への期待が窺える。

『東亜時論』第二二号（同年九月二五日号）に掲載された「城津学堂規則」によれば、入学資格は「十歳以上二十歳以下」。佐伯から儀助への三三年一月六日付書簡には「何分、乞食主義の青年のみにて貸費生を設くるより外、十分に収容すべき道も御座なく候」とある。士族とはいえ、ごく一般の貧しい地元民の子弟ばかりだったようだ。課程は三カ年で、学科は修身、読書、語学、書き取り、習字、作文、算術、地理、歴史、理学。日本語の読み書きを中心とする基礎的な学習内容であった。

★48　旧韓国の開港場　韓国政府は明治三〇年七月、木浦、鎮南浦を開港場に定め、一〇月には両港に列国居留地を指定。翌年五月には城津、馬山、群山を追加開港した。森山茂徳著『近代日韓関係史研究』によれば、清国における列強の大規模な租借地（特定の一カ国が独占）獲得の動きが朝鮮に波及することを恐れ、国王・高宗が先手を打って開港場を定め、各国共同居留地とすることで列強の相互牽制を作り出そうとした。開港場を通じて凶作地に物資を流入させ、農民反乱の防止を図る狙いもあった。

校務離れ幾度も

開校式は明治三二年一〇月五日、日韓の官吏などを招いて盛大に挙行された。儀助が視察から戻るのを待っての式だった。開校準備、生徒募集に最も忙しい頃、儀助は一度ならず城津を離れて歩き回っていたのである。

『東亜時論』第一七号（同年八月一〇日発行）によれば、儀助の城津着任が七月一三日。翌八月の八日から一六日まで、朝鮮半島北部からロシア・清国との国境の川・豆満江一帯を調べたのが大陸における最初の探検行だった。次は九月二日から二二日までで、遠く極東シベリアのハバロフスクにまで足を延ばした。着任から開校までの三カ月間、三分の一は留守だったことになる。さらに開校式四日後の一〇月九日、儀助はまたも旅に出る。今度は三五日も費やし、豆満江周辺のロシア領、清国領内、朝鮮半島最北部の咸鏡北道内をくまなく踏査した。それから一年間は、後で述べる学校移転問題もあって探検は中断するが、三三年一〇月一五日から二週間、再び国境地帯を歩く。

儀助が教壇に立ったか否かは、記録が見つかっていない。基本的に儀助を含め三人の教員で三学年の課程をこなしたのだから、儀助も教えた可能性もないではないが、儀助は学校を留守にするのが日常茶飯事。授業はおろか校務も佐伯達ら助教たちに多くを任せた。稲葉継雄九州大教授は「要すれば、笹森儀助という人は学問、教育の人ではなく探検に本領を発揮したということ」と話す。

大陸における探検活動は儀助個人の意思だけによるものではない。三一年五月六日、外遊中の近衛篤麿に代わって東亜同文会長の任にあった長岡護美が、儀助や平壌日語学校長・真藤義雄、『漢城月報』発行主任・志村作太郎らに手渡した渡韓の「心得書」には、「日本思想を養成すること」「日本語及日本文を主として練修せしむる事」「世界の事情を知らしむる事」「物質的智識を授くる事」という教育方針のほか、「朝鮮官民並他外国人とは可成《なるべく》胸襟を開き、信用を失わざる様努力すべきこと」「其地方の情況は二週間毎に一回必ず通信し、注意すべき出来事ある場合には臨時通信すべき事。但秘密を要する事項は別紙に認むべし」とあった。これについて稲葉教授は『旧韓末「日語学校」の研究』で、東亜同文会の綱領第三条「支那及朝鮮の時事を討究し」を具体化したものにほかならず、「日語学校教師らは、端的にいえば、北韓の情況を探る密偵の任をも帯びていた」と指摘する。

『東亜同文会雑纂』所収の「本会事業概略」によれば、儀助らの報告は「復命と通信を問わず、事の秘密を要するものは主として之を総理大臣及外務大臣、参謀本部、海軍軍令部、陸軍省、海軍省に通報」し、その他は会報に掲載された。実際、儀助に限らず助教の佐伯や、平壌学堂校長の真藤も頻繁に現地情勢を報告し、東亜同文会の会報『東亜時論』や後継誌『東亜同文会報告』に掲載されている。

同会は随時、外務大臣に情報を上げたとみられ、儀助が東亜同文会に提出した「北関豆満江六鎮・露領ポスヱット湾・清領琿春三国境界線視察日記」(同三二年一二月付)は現在、外交資料館が所蔵している。

朝鮮半島東北部は、列強の圧力で開港場が設けられ、外交上、軍事上、極めて重要な地域になったが、日本は明らかに情報不足であり、特にロシア、清国と国境を接する咸鏡北道は全くの情報空白地帯であった。東亜同文会の活動費として下された補助金四万円は外務省機密費予算の半額にも達する。あるいは情報収集と報告が、外務省側の出した条件であったか。だとすれば、陸羯南が儀助を選んだのは、探検能力への期待も大きかったからであろう。

日本漁民の横暴

明治三二年八月八日、儀助は朝鮮半島北東部の沿岸測量のために来航した日本海軍の軍艦「摩耶」に乗船した。大陸に渡って最初の調査行である。儀助がなぜ軍艦に乗り込むことができたのか。直接の答えはないが、稲葉継雄氏が『旧韓末「日語学校」の研究』で興味深い事実を指摘している。三三年八月三日付の『近衛篤麿日記』に、「参謀本部陸地測量部員笹森儀助」という表記があるというのだ。儀助自身の残した履歴書や記録には、参謀本部から辞令を受けたという記載はない。だが、儀助が軍艦にあっさり便乗を許されていることからすると、軍部ないしは外務省から何らかの根回しがあったと推測される。

摩耶艦は朝鮮半島の北東岸沿いに北上。軍艦便乗という制約はあったものの、儀助は各港の地形、戸数、港から周辺各地への距離などの情報を可能な限り報告している。

丹念に調べたのは外国艦船、なかでもロシア、イギリス艦隊の来航についてであった。イギリス艦隊については各港の入港数のほか、八月一二日の項に、羅津湾東方の黒島という小島付近の暗礁に座礁した英艦の残骸や石炭が沈んでいることを記述している。座礁を儀助は城津を出る前に聞き及んでおり、『東亜時論』第一九号（三二年九月一〇日発行）掲載の儀助報告に同事件に関する記事もある。それによると、七月五、六日ごろ、東洋艦隊の演習中に木艦一隻が座礁。二、三日後に強風が吹いて無事に浮上したが、艦長が責任を取って自害したという。ロシアは朝鮮への清の影響力抑制、日本の進出阻止、親露政権樹立を画策。半島南部の巨文島を占領したイギリスと、朝鮮政界の主導権を争って激しく対立していた。

儀助が報告に力を入れたもう一つの項目は、日本漁船の動向だった。『東亜時論』の記事では、川口港の一四隻（日本人乗組員七六人、韓人三一人）をはじめ各地で日本漁船が操業し、豆満江の河口でも儀助は日本漁船一隻を目撃した。いずれも半島沿岸でのナマコ漁船で、税関に漁業税（乗組員一〇人以上の場合、日本銀貨一〇円）を支払い、漁業免許を得た合法操業であった。東喜望著『笹森儀助の軌跡』によれば、二二年に調印された日本朝鮮両国通漁規則に従ったものである。

だが、安心という村で、日本漁船に向かって発砲、投石事件が起き、ナマコ製造（干しナマコか）用の薪の不売騒ぎも起きるなど、日本漁民は各地で猛反発を食っていた。儀助によれば、原因は日本漁民の粗暴な振る舞いにあった。「陸に上りて韓村に水を汲み、酒を買うや常に暴行して韓民と争い、人を傷け、傷を被ること絶え」なかったのである。儀助は次のような事件さえ記している。「山口県平民古城多三郎、咸鏡郡小斜浦に於て同村住、朴成亡二十二才の妻十八歳を乗船せしめ、猥褻を極むと」。日本漁民による強姦事件である。

『東亜時論』掲載の紀行文では、編集者の配慮か、固有名詞が伏され、表現が和らげられている。儀助は、日本政府等に対する真摯な警鐘として、そのまま掲載されることを望んだのではないか。同誌第一九号には「沿海の韓民は日本漁夫を見ること悪魔の如く引いて、一般日本人に対する感情を傷うこと少なからず」とも書いている。この悪感情の重要性に気付くには、当時の日本は正しい情報があまりに不足していた。

西伯利亜旅行

最初の視察旅行を終えた儀助は、わずか二週間後、今度はロシア極東への旅に出る。その記録『西伯利亜《シベリア》旅行日記』が東亜同文会に提出され、『東亜時論』第二五号（明治三二年一二月一〇日発行）と第二六号（同月二五日発行）の二回に分けて掲載された。なお、青森県立図書館に残る草稿には「露領浦塩斯徳《ウラジオストク》及ハバロフスク府黒龍総督所在地紀行」の内題が付されている。

九月二日に城津よりやや南の元山で日本郵船会社の定期航路汽船「相模丸」に乗船してから、元山へ戻るまでの二一日間の行程。通訳を伴わない単身の旅では広大な極東シベリアの調査はそもそも十分なものにはなり得ないが、儀助は持ち前の気力で可能な限り調べ歩いた。調査内容は「現今スベリア経済の基礎たる物産及将来国利となるべき物産」「我邦人移住開墾牧畜等の望み有無如何―但手続方法の概略」「露人の性質、我邦人と対して其長短得失の点如何」など一九項目である。

青森県立図書館には『西伯利亜旅行日記』付属書の『露領浦塩・西伯利亜取調書』（以下、『取調書』と略す）も残されている。右の項目に従って調べた結果を、『西伯利亜旅行日記』執筆前にまとめたものであろう。そこにはウラジオストク港などの輸出入品、物価など統計的な資料が記載され、シベリア鉄道建設工事の進捗状況、それに伴う土地収奪、兵員移動、囚人村の状況など生々しい情報も記されているが、

『西伯利亜旅行日記』にはごく一部しか採用されていない。秘密にわたる事項は総理大臣か外務大臣、軍に通報するよう指示されていたためかもしれない。

さて、ウラジオストク上陸の翌日、儀助は貿易事務所を訪ねる。日本政府が九年に設けた機関で、領事館の機能も兼ねていた。儀助は当初、ウラジオストクだけを視察して帰るつもりだったが、二橋兼所長と相談した結果、ハバロフスクまで足を延ばすことにした。理由を儀助は「内部首府の実況と宇蘇利《ウスリー》大原野の形勢を見ざれば未だ以て西伯利亜を詳かにせりと云うべからず」と書いている。北京条約によってロシア領になったウラジオストクは、建設開始から四〇年足らずだったが、西欧様式の建物が林立する都市になっていた。その壮麗さを目にして、内陸も想像以上に発達しているかもしれないと考えたのか。

通訳の斡旋を貿易事務所に依頼したが、物価高のため通訳は三円から五円の日当のほかに、少なくとも一日三円の食費が掛かるという。費用の乏しい儀助にはあまりに高額だった。「先々に日本人の団体事務所があり、私費旅行者には案内や通訳など相当の便宜を図ってくれる」という所員の話に、儀助は一人で内陸へ向かうことにした。実際に、行く先々で邦人たちから便宜を与えられ、儀助は『西伯利亜旅行日記』に「日本魂はスベリアの拡野《ママ》にも充実せるかと道々暗涙に堪えざること数々なり」と記している。

シベリア鉄道に驚愕

儀助は九月七日にウラジオストク駅からシベリア鉄道に乗り込む。

明治二四年建設開始のシベリア鉄道が完成すれば、九千キロ離れたモスクワと太平洋が直結する。その重

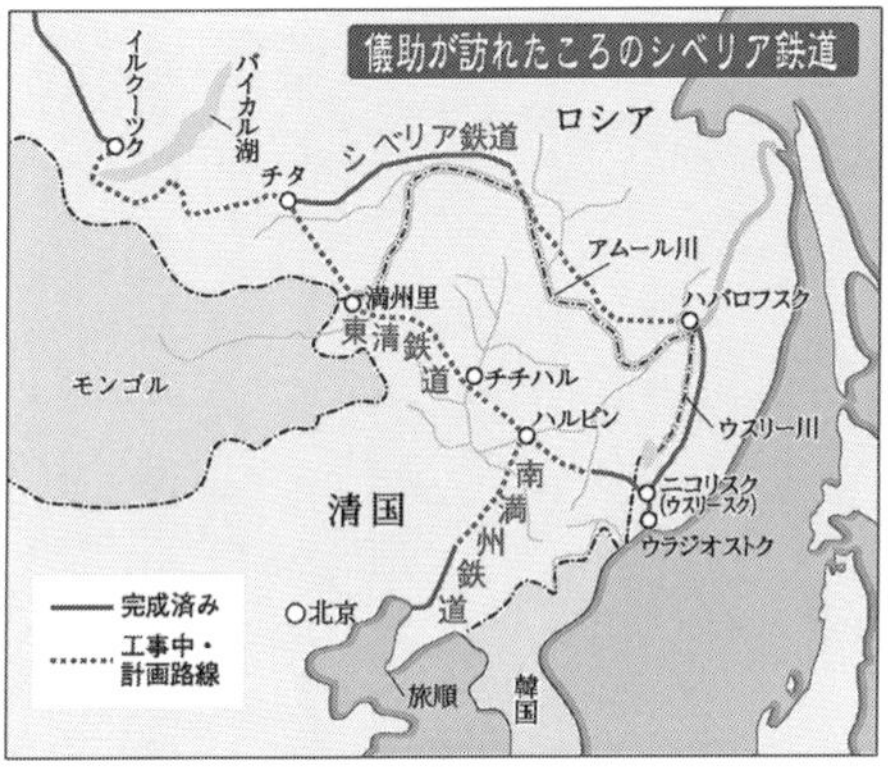

大性を儀助は「樺山宛て意見書」で、「寰宇《かんう》（＝全世界）の軍備交通に関して大変動を致せるものなり」と訴えていた。儀助の乗車したウラジオストク―ハバロフスク間のウスリー線は三〇年に全通。欧州ロシア側の基点チェリアビンスクからの本線は、前年にバイカル湖西岸のイルクーツクまで開通していた。さらに、ニコリスク（現ウスリースク）から分かれる満州鉄道も既に一六〇露里（註…一露里は約一七キロ）、東清鉄道もハルビンから西のチチハルに向けて三五露里の軌道が敷設済みだった。

『取調書』は「満人を軽視し、軌道布設に当る土地家屋、墓所地、官用の名にて代価を払わず、如《し》かのみならず婦女に対し強奸等乱暴至らざるなき」「然して支那官吏は一も二もなく自己の人民を押《おさえ》て露人の要求に従うは実に浅間敷《あさましき》（後略）」と記す。

満州の鉄道敷設権は、清国の李鴻章が密約によってロシアに与えた。日清戦争の敗北で張り子の虎に堕した清国が日本や西欧列強による分割を避けるにはロシアに頼るしかなく、清朝発祥の地・満州を犠牲にしてでも滅亡を免れようとした。儀助の記録は、見捨てられた満州の状況をよく伝えている。

完成済みの西部シベリア鉄道の旅客輸送量が二九年の一六万人から三年で三五万人に、中部シベリア鉄道は一万四七〇〇人から三〇万人に急増。四〇余万人が移住し、沿線に次々と村が建設された。貨物輸送も激増。シベリアへは穀物などの食糧が、逆にシベリアからは鉄、石油、織物などが運ばれたが、輸送能力が追いつかず、貨車一二〇〇両分が一カ月も滞留しているという（『取調書』）。儀助は『西伯利亜日記』に、「スベリア及満州鉄道完成の後には皆日本帝国に大変化を及すべきの機動を伏在するの地たり」と書き記している。

そのころ、日本では既に日露開戦の機運が沸々と煮え立ちつつあった。その是非について儀助は直接的な意見は書いていないが、ニコリスクの日本人団体・蜻蛉倶楽部事務所の杉村直勝（仙台人）が語った次の言を、「真に知言と信ず」と評している。「（ロシア政府は年数千万円もの資金を投じており）若し他の国にしてスベリアを領有するも如斯大騰なる放費は出来得べきに非ず。況んや日本の如きスベリア現時の事業を継続する時は僅かに一両年を出ずして全国身代限りをなすは火を見るよりも明瞭なることなり。（中略）況んや戦争して領有するの下策に出る者あらんや」

三千人もの邦人

儀助が最初に泊まったウラジオストクの扶桑舎に、山本三四男という愛媛県出身の男が同宿した。明治二七年からシベリア鉄道建設に従事し、ハルビンから帰省途中だという。山本が言うには、ウスリー線のウスリー川四大架橋の工事は日本人が一手に担い、とりわけ石工の技術が評判となった。以来、支線の満州線（東清鉄道）建設にも日本人の石工が重用されている。

入江寅次著『邦人海外発展史』下巻によれば、シベリア鉄道工事への日本人の就労が本格化したのは二九年、広島移民会社が石工、大工、土木人夫、鍛冶職など一五〇〇人を送り込んで以降である。鉄道建設に限らず、日本人労働者の評価は全般に高かった。ハバロフスク本願寺住職・阿部道明（註…正しくは道瞑か）は儀助に「大工、石工、鍛冶、左官等は日本人の専業の如し」と述べ、手仕事の技が優れている上に気が利くので「小童と雖も各商店、他国人より高価に雇入は常」で、例えば人足一人一日の雇い賃は清国人八〇銭、韓国人六〇銭に対して日本人は一円から一円五〇銭と段違いだと言った。

扶桑舎の経営者を儀助は「近藤熊五郎」と書いているが、近藤熊夫の記憶違いと思われる。近藤熊夫は大分県出身。同地初の日本人旅館を開いたようだ（『セーヴェル』誌4号所収・杉山公子著「浦塩に生きた人びと」）。当時、定期航路が長崎から釜山、元山、ウラジオストクを結んでおり、初期にウラジオストクに渡った人は九州出身者が圧倒的に多かった。

儀助は杉浦龍吉を訪ねた。杉浦商店は貿易商のほか為替業務や、新潟県の「愛国丸」（一八六八トン）を四月から一一月まで月一回定期運航している。代表的な邦人商人であり、儀助も「一等商人」と書いている。このように同地には商人など多数の日本人が入り込んでおり、儀助はその数一六七〇人と記す。二五年には邦人会である「同盟会」が結成され、三年後に「同胞会」に改称。近藤や杉浦ら商人が運営の中心を担っていた。『西伯利亜旅行日記』の記述では、ハバロフスクにも巴倶楽部、ニコリスク（現ウスリースク）にも蜻蛉倶楽部という邦人会があった。なお蜻蛉倶楽部は三一年、川上操六大将（陸軍参謀総長）が来遊した際、天長節を記念して在留邦人に酒肴料として下賜した五〇円を基金に結成されたという。

邦人会のない奥地にまで日本人は入り込んでいた。『取調書』に掲載されている三一年末現在の統計表「スベリア在留日本帝国人員表」によると、居留日本人は総計二八〇〇人。最多はウラジオストクの一六七〇人であるが、西はバイカル湖岸のイルクーツクに二人、東はアムール川が間宮海峡に注ぐ河口の街ニコライエフスクにも一六八人の日本人がいた。だが、後述するように、ほかに多数の未登録者、つまり密航者がおり、実数は三千人以上とみられていた。

日本人は働き手として重用されていただけでなく、たいていは敬われていた。ハバロフスクで会った知人の話では、ロシア人は清国人、韓国人を往来で叩いたり、突き倒したり、婦人に抱きついたりするのが常だが、日本人には決してそうしないという。儀助自身も体験する。ハバロフスクの博物館（註…郷土誌博物館。現存）を見学した際のこと。清国人、韓国人は門外に追い出されたが、儀助はすんなり入館できた。

一方で、ロシアは韓国人の帰化には積極的であった。ブラゴベシェンスク寄留の松尾久四郎は「露国が韓人を盗む事の巧なるには驚く可し。帰化の韓人は特に愛撫し、兵士、警察、村長、望に採用して其歓心を買い至らざるなし」と語っている。移住者が約四万人とあっては、「盗んで」いるというのも、あながち誇大表現でもなさそうだ。片や日本人は「一人として農業に従事する者を見ず。（中略）男女老弱（＝老若）一人として永住の志を懐く者なく、皆資を獲て内地に帰るの心懸」だけであった。ロシアの借地法が外国人の土地所有を禁じていたことにもよるが、韓国人の移民は優遇していたのだから、理由はほかにある。ロシアは日本人の労働能力を評価し、敬意も払いながら、日清戦争に勝利した日本を警戒してもいた。

からゆきさん

ニコリスク（現ウスリースク）の崎蛤倶楽部事務員・杉村直勝の妻は奄美大島名瀬の出身。大島に四年暮らした儀助に心を許してか我が過去を次のように打ち明けた。

一四歳のとき長崎見物に行き、杉浦という数百人を使っている人の奥様が月給一〇円で女中を求めているというので、天国に上る気持ちで同行十余人とウラジオストクに来た。着いてみると家を表から見物させただけで街はずれの小屋へ押し込められ、その晩から人買いが来て一人三〇〇円で数人が売られた。私の売られる番になって、約束が違うと断ったら散々ぶたれ、いろいろと残酷な目に遭った…（『取調書』）。

海外に遊女として売られた「からゆきさん」といえば、映画にもなった山崎朋子著『サンダカン八番娼館』が有名だが、売られた先は東南アジアに限らない。山崎の別著『アジア女性交流史　明治・大正期編』は「遠くはシベリアの奥地から西はアフリカの東海岸に至るまで、明治の初年からというよりも、早く幕末期から、多数の日本女性が渡って行っていた」と述べ、「誘拐方法は一も二もなく口業であった」と書いている。杉村の妻の告白はぴたりと符合する。

長崎県島原市の大師堂の広田信証住職は「福岡県と熊本県にまたがる炭鉱の石炭は、浅い有明海を小舟で（島原半島南端の）口之津まで運ばれ、外国航路の運搬船に積み込みました。その船の船底に娘たちが押し込められる夜は、山手で火事が起きたといいます。騒ぎに乗じて密航させたのです」と話す。

そうやって遠いシベリアに売られた娘がいかに多かったかは、『西伯利亜旅行日記』『取調書』からも窺える。当時人口一万四千人のハバロフスクに日本人は二四〇人いたが、うち一四〇人は女性だった。醜業婦徴収金帳には「百二十人」とある。からゆきさんが邦人の半数にも上ったのである。儀助の聴き取りではニコリスク、ウラジオストク、遠くはブラゴベシェンスク、イルクーツク、ニコライエフスクにも多数のからゆきさんがいた。そして各地とも「目に立つものは貸座敷営業人にして（中略）最も盛大を極」めていた。ハバロフスク本願寺の阿倍道瞑師が言うには、ニコリスクでロシア陸軍の将校夫人二、三人が兵卒に強姦される事件があって以後、日本商人の娼館開業を奨励しているという。

ニコリスク蜻蛉倶楽部幹事長の田川金吾が煉瓦製造業、写真業と同時に娼館を営んでいるように、大陸で成功した者の多くはからゆきさんの斡旋業や娼館経営から身を興した男たちだった。ブラゴベシェンスク寄留の松尾久四郎も「総ての創開地へ先登するは必ず該婦（註…売春婦を指す）先ず行き、其の手を以て手続を露官に得、然る后《の》ち始《はじめ》て正当の営業人進入するの歴史は今と雖《いえ》ども昔日に異なることなし」と語っている。からゆきさんは開拓の先兵の役割を果たした。「娘子軍」とも称されたゆえんである。

実態は政府も承知しており、救世軍、婦人矯風会や各地の領事館から在外売春婦、斡旋業者取り締まりの要請を出したが、全く実体を伴わなかった（『アジア女性交流史』）。娘たちは異国の苦界に沈められ、母国からも見捨てられた。「それでも親孝行したいと、身を削って送金してよこしました。でも、運よく帰国できても、親類や近所の手前、家に帰れた者はほとんどいなかったのです」と広田住職は話す。

★49 大師堂　からゆきさんの大多数は九州出身で、とりわけ耕地が少ない熊本県天草地方や長崎県島原半島の貧しい農漁民の娘が多かった。島原市の大師堂を興した広田言証師（一八五二—一九二八）が明治末から大正にかけて東南アジアやインドへ聖地巡礼した際、現地で出会ったからゆきさんを哀れんで死者の供養をしたという記録があるが、明治三一年の寺創建直後にはロシア極東や韓国でも供養を行ったと伝わる。寺にはからゆきさんの寄進で建立された仏塔、玉垣、石柱があり、「ウラジヲ」「ニコリスク」の地名も見える。

石光真清との再会

「汽車が停ってふと眼を覚ますと、六十才を少し越えたと思われる日本人が乗込んで来た。私はその風体を見て思わず微笑した。ところどころ破れて色のさめたフロックコートに、凸凹の崩れかゝった山高帽をかぶり、腰にはズタ袋をぶらさげ、今一つ大きな袋を肩から斜に下げていた。しかも縞のズボンにはカーキ色のゲートルを巻き、袋の重みを杖にさゝえて入ってきたのである。私は自分自身の哀れむべき風体も忘れて、老人の頭から足先までをしげしげと楽しんだ」

石光真清《まきよ》の手記『曠野の花』にある、儀助との邂逅シーンである。

石光は慶応四（一八六八）年、熊本に生まれた。同市の石光真清記念館の役員・樋口欣一氏によれば、一〇歳で西南戦争を経験し、陸軍幼年学校に入学。陸軍中尉として日清戦争に加わってロシアの膨張主義の脅威を痛感し、休職の歩兵大尉としてロシアへ私費留学する。だがそれは表向きで、諜報活動のために大陸へ渡ったのである。仮名・菊地正三を名乗った。菊地は妻の実家の姓、正三は幼名である。

儀助と出会った日を、『曠野の花』は一九〇〇（明治三三）年八月一七日（註…ロシア暦。太陽暦の同月二九日に相当）だと記す。前年に大陸へ渡った石光は、一年間アムール川中流の軍事・貿易の要衝ブラゴベシェンスクにいた。ロシア軍が突然、同地の在留清国人三千人を虐殺する事件が起きて脱出。いったんウラジオストクに行き、三等車に乗ってニコリスクに向かう途中、儀助が乗車してきたとしている。

その通りなら、不可解な点がある。儀助がシベリアに行ったのは一年近くも前の明治三二年九月。石光が会ったと書いた時期に、儀助がロシアに居た記録はない。そのころは城津で暴動があり、城津学堂も儀助自身もロシア視察どころではなかった。何よりも、探検・視察のたぐいは細大漏らさず記録し、東亜同文会などへの報告も欠かさない儀助が、何も書き残さなかったことはあり得ない。

半面、石光の記憶違いにしては、『曠野の花』に書かれた儀助の発言には、同年の義和団事件（＝北清事変）を踏まえたように受け取れる部分がある。したがって、邂逅がいつなのか、今のところ謎である。

明確なのは、二人の出会いが実際は一回ではなかったことだ。儀助は『西伯利亜旅行日記』に、ウラジオストクに着いた汽船「相模丸」に「同船せしものは田村怡与造《いよぞう》大佐（註…のち陸軍中将）、町田経宇大尉（註…のち陸軍大将）、留学生休職大尉石光真清とす」と書いていて、それは『曠野の花』に石光自身が書いたウラジオストク渡航の日付と一致する。さらに儀助は「石光は余と（扶桑舎に）同宿す」と明記している。列車での邂逅は〝再会〟だったことになる。だが、石光は一回限りの出会いのように書き、儀助は再会には一言も言及しなかった。何らかの意図があったのか。

ところで、『曠野の花』は、儀助を「地理学の先駆者」「オランダ派の地理研究家」などと紹介していて興味深い。さらに重要なのは、儀助の行動の背景が記されている点だ。「三国干渉に憤慨して必ずこれに報いてみせるぞ、と家族親戚知己の反対を押切って飛出して来た」とあり、彼が単に陸羯南の勧めに従って大陸に渡ったのではないことを裏付ける。

ウラジオストク本願寺の僧・清水松月が実は参謀本部から派遣された花田仲之助少佐であることも、『曠野の花』は書いている。松月には儀助も面会し、ロシアの宗教事情などを聞いたが、スパイだと気づいた様子は微塵もない。ボロの僧衣をまとった松月は、田村大佐にさえ「私は坊主で結構」と言い切り、大佐が憤然として立ち去る話が『曠野の花』にある。数年後、石光は日露戦争中の旅順で、颯爽と馬を駆る花田少佐に再会する。敵を欺くには身内から。儀助が疑問を抱かなかったのも無理はない。このように当時のシベリア、満州には多様な任務、立場で日本の情報収集者が潜り込んでいた。石光も、その後ハルビンに移って写真店を営みながら諜報活動を続ける。

「石光は日本の将来のため、自らの意思で危険な仕事に身を投じた。彼ほど真摯な憂国の士を、私はほかに知りません」と記念館の樋口さんは言う。日ごとに緊迫の度を増す大陸情勢に「とにかく現地でロシアの真意を探る必要があるわいと考えてナ、誰れに頼まれたわけでもないが、元山から徒歩でここまで来ましたよ」と石光に語った儀助も共通する精神を持っていた。

石光真清（個人蔵）

なお、石光は、維新直後、蟄居に処されて前科一犯の身にあった儀助を県庁で重用した青森県大参事・野田豁道の甥に当たる。奇しき縁は、二人とも知らなかったようだ。

三国国境視察

儀助は明治三二年一〇月九日、また旅に出る。今度は韓国、ロシア、清国の国境地帯の調査行である。報告書が「北関豆満江岸六鎮・露領ポスエット湾・清領琿春三国境界線視察日記」（以下「視察日記」と略す）であるが、同書は二部現存する。一部は青森県立図書館にあり、末尾に「東亜同文会御中」という宛て名書きがある。儀助の筆ではなく、同会に提出するため誰かに清書させたとみられる。もう一部は外務省外交資料館にある。東亜同文会が外務省に提出したらしい。大陸での儀助の視察報告のうち、同会の会報『東亜時論』、後継誌『東亜同文会報告』に掲載されなかったのはこの旅だけだが、それは「視察日記」に三国の国境警備の実態が記されているためと思われる。「事の秘密を要するものは主として之を総理大臣及外務大臣、参謀本部、海軍軍令部、陸軍省、海軍省に通報」することになっていたからだ。

出発はシベリア視察から城津に帰ってわずか一七日後。儀助五四歳。当時の水準ではとっくに老境である。宿泊先の多くは牛方宿・馬方宿であった。例えば清国国境に近い茂山では、数十人の牛馬引きと同宿。儀助は「汚穢《おわい》此の上もなく、満室の臭気は紛々として熾《さかん》に鼻を撲《うっ》て流石《さすが》に当夜は閉口せり」と記した。そんな宿さえなく、民家に頼み込んで泊めてもらうことも一度ならずあった。まともな食事など望むべくもなく、一一月なのに粗悪な麦飯を冷水で流し込んだりした。

大陸は早くも冬を迎えていた。ロシア極東南端に近いポシェット湾では一〇月二一日にして結氷が始まっていて、山奥の茂山一帯では一一月二日から三日間で積雪約一メートル《メートル》に達した。あまりの底冷えに酒を買おうとしたが、凶作で酒造・販売が禁止されており、郡守に頼み込んで一瓶譲ってもらう場面もあった。老体にはことさら寒気が骨身にしみた。旅半ばの一〇月二八日、儀助は「風邪に侵さるるのみならず、十余日食物変換せし為め、身体非常に衰弱を覚う」と記している。

馬賊襲撃の危険も付きまとった。万が一のために脇差しを携帯していたが、頼みの通訳、馬引きは「一般韓人の癖として温言以て之を撫せば却て驕慢に出て、叱責すれば不平を鳴らして用を弁ぜず」という体。大陸における調査行で最長の三四日に及んだこの旅は、最も困難を極めた旅でもあった。

石光真清の写した咸鏡道・元山の朝鮮人（個人蔵）

話が前後するが、まず汽船「萩之浦丸」で城津港をたち、翌日に独津港に着いた儀助は少し内陸の鏡城に向かった。同地在官の観察使（道の長官）李根澔は「大臣然たる空威張りの体裁」の人物だけれども、各郡守に向けた公文（註…下命書か）を下付した。公文は後で大いに役立つ。儀助の調査依頼にも李は快く応じた。依頼項目は二七カ条。過去の調査項目とほぼ同じだが、新たに①露人伐木の景況②露人砿山採掘の景況③露清貿易の景況④清韓貿易の景況⑤清・露（の）日人・韓人に対する情況─の五項目が加わっている。この回の調査行での儀助の狙いが窺える。観察使の李はわずか五項目にしか答えられず、その他は「不分明」と言った。儀助は最初疑ったが、のちには本当だと理解する。同国では地方行政がずさんで文書が整っていなかったのである。

韓国兵備は名ばかり

豆満江は白頭山（中国名・長白山）に発して日本海に注ぐ川。中国語では図們江と表記する。全長五〇〇キロのほとんどは清韓国境だが、河口約三〇キロは露韓国境になっている。一八六〇年に沿海州がロシア領になって以来、豆満江河口域は三国にとって国防上の重要地帯であった。

儀助は鏡城、輸城、富居、明津を経て、豆満江沿岸の国境の街・慶興に到着。やっとのことで借り上げに応じる舟を探しだして河口まで下り、そこから、ロシア領に入ってポシェット湾まで北上。ロシアの国境警備の実情を探った後、いったん韓国領内に戻り、慶源から清国側の琿春に渡った。さらに再び韓国側に帰り、豆満江沿いに穏城、鐘城、会寧、茂山、富寧、輸城、鏡城を経て、独津港から船で城津に帰った。

ポシェット湾は豆満江の三国国境から北東へ二〇キロほどの美しい入り江。現ポシェット村役場によると、ソ連時代、中国との対立が深刻化したときに軍部が増強され、人口三八〇〇人の多くを軍人とその家族が占める。儀助が訪れた当時も湾岸二〇〇余戸の建物は全て軍人住宅で、農商工の家は三〇戸にすぎないが、港は賑いを見せているという。

琿春を経て韓国内に戻った儀助は六鎮（慶興、慶源、穏城、鐘城、会寧、富寧）の兵備を見て歩く。鎮とは地方守備に当たる鎮台のこと。陸軍の陸営、海軍の水営（各道に一カ所）の下に位置した。「北胡の暴乱」

を抑えるため六鎮に堅城を築いたと儀助が書いているように、豆満江を越えて度々侵攻してきた女真族、のちの満州族を一四三三年、李朝王・世宗が排撃し、六鎮を設置した。

だが、体の衰弱を押して儀助が六鎮各所を踏査してみると、かつての陸営・水営は「皆壊頽し、野草茫々として徒らに狐狸の住家」となっていた。兵備も極めて手薄で、九一里半に及ぶ豆満江沿岸の国境を守る兵士が総員二〇〇人。ほかに、富寧に五〇人ほど駐屯しているだけだった。兵隊らしい兵隊を見たのは行営だけ。訪ねた儀助に、金珍根少佐はロシア式の操練を披露。軍服に身を固め、剣銃を持つ兵士三〇人の動きを、儀助は「やや見るべきものあり」と評している。金少佐の説明では、前年に兵士二〇〇人を募集し、当年、京城から士官三人が来て訓練を開始した。うち一〇〇人が行営に駐屯しているが、実際に兵役に就いているのは約三〇人だけ。兵卒の月俸が四円五〇銭のため妻子を養えず、やむなく一〇〇人を三班に分け、一〇日交代で兵役に就き、残り二班は帰郷し農耕に従事しているという。総兵二〇〇人といっても実員は何割かということになる。しかも訓練を始めたばかりの農民兵。儀助は「有名無実の士兵」と書いている。

国境警備が名ばかりでは、本来ないはずの出入りが起きる。豆満江を渡って馬賊が襲来し、逆に膨大な数の良民が飢饉を逃れてロシア、清国に渡っていた。

国民逃亡に手打てず

旅が始まって間もない一〇月一五日、儀助は明津から峰を越えたチョウスルという村で、通訳の朴京栄から「昨年、韓人五人で明津近くに泊まった際に、馬賊二人に襲われて身ぐるみをはがされた」という体験談を聞いた。それから先、儀助は至る所で、満州地域から襲来する馬賊の被害を耳にする。

八月には金満家として聞こえる甲山の郡守邸を馬賊が襲い、郡守の姪を射殺。実兄を連れ去り身代金二万円を要求してきたという。冬になって豆満江が結氷すればどこでも渡れるため、襲撃がいっそう増える。たいてい富家を狙い撃ちにしたが、豆満江に近い地域では貧家でさえ被害と無縁ではなかった。古城で郡守の兪正憲が顔を曇らせて儀助に「六、七月の薄災（註…冷害か）がひどく、飢餓が目前なのに、来月、川が結氷すれば民財が略奪される」と語った。毎年のような馬賊被害に、兪はしばしば政府に兵備を上申したが、「国庫欠乏のため、いかんともしがたい」という返事が空しく返ってくるばかり。往時は兵備のため税を課していたが、重税に耐えかねロシア・清国に脱出する人民が年間数千人にも上り、政府が減税措置を講じると今度は財源不足で国境兵備ができなくなった。

このころ、ロシアは極東の建設、開拓に人手が幾らあっても足りない状態。既に紹介したように、韓人の移住を奨励するばかりか、積極的に重職にも登用し、あたかも「韓人を盗む」ようだった。儀助は今回の旅でも、韓国人優遇の一端を見る。ポシェット湾付近から清露国境まで行く途中のこと。結氷期を迎えたウラジオストク港から帰国する出稼ぎ韓人らと道連れになったのだが、馬賊襲撃に備えてロシア兵数人が護衛した。また、韓人移民のためのロシア語学校を設けており、ポシェット湾付近で「僅か三日間で五校の多きを実見せり。空々たる原野、僅か数戸の人家ある所に洋館の学校を見る」と儀助は記している。

一方、清国は、韓国人をただ流入するに任せていた。どちらにしても、韓国政府は国民の逃避をどうすることもできなかった。

一一月二日、儀助が会寧に着いて郡役所を訪ねると、小使いが一人いるだけで用をなさなかった。聞けば、前年八月に辞任した郡守の後任を政府が任命しても皆辞退し、赴任する者がないという。郡守代理は村祭りのため帰郷したきり帰ってこない。北関中、唯一の富裕な街にしてこれか。儀助は韓国の地方行政の麻痺を知る。当然、地方役所の文書は整っておらず、各地の産業や、林業・鉱業などへのロシア進出状況など、儀助の調査の狙いは思ったほど達成できなかった。

「北関豆満江岸六鎮・露領ポスエット湾・清領琿春三国境界線視察日記」添付の地図（外務省外交資料館蔵）

各地の郡守はそろって儀助を酒肴で歓待し、白米や鶏などの食料を贈った。おそらく、両班などの要人を丁重にもてなす歴史的習慣にもよるものだろう。一方で、日本人への反感の強さも、再び痛感させられた。ロシア領内の韓国人移民の家に宿を求めたときは、半酔した息子が「日本人を泊めるな。ロシアに来れば日本人など価値は半分だ」などと悪口雑言を吐き、主人がなだめてようやく泊めてくれた。茂山近くのホロニ村でも同様の目に遭う。

富寧の郡守・楊麟郁に、儀助は東亜同文会の趣旨を述べ、一五〇〇年前に論語を日本に伝えたのが百済人であることにまで言及し、日韓友好の重要性を訴えた。ところが、楊は逆に、日本漁民の非道を指摘し、「見るにしのびず、政府と観察使に対策を訴えた」と語った。「なにとぞ、日本政府に微意を伝えていただけますように」。楊は日本漁民による強姦など二件の重要事件の概要をしたためた書を儀助に手渡し、頭を下げた。儀助は東亜同文会宛ての報告書「北関豆満江岸六鎮・露領ポスヱット湾・清領琿春三国境界線視察日記」に、「断然処置することなくんば、恐らく本会折角の苦心も水泡に属すること、深く留意を請う」との意見を付した。それが、同会がこの報告書を外務大臣に上げた理由の一つかもしれない。

教育の必要性

儀助は加藤清正遠征の事跡を発見した。富居の一里手前。丘陵畑地に立ち並ぶ数百の墓石を見たのだが、それを地元民は「壬辰の役」で同士打ちした明兵の墓だと称していた。壬辰の役は、日本で言う文禄の役(一五九二年)、すなわち豊臣秀吉による最初の朝鮮出兵を指す。そのとき、咸鏡道の奥地まで進軍したのが清正だった。さらに、古城という所を訪れた儀助は、その地名を「清正の豆満江を渉《わた》り兀良哈《オランカイ》の数城を陥《おと》し、余威を極北の地に光耀かして凱旋せしところ、或は此の地方に非ざるか」と推定。旧六鎮の古記も調べ、「清正六鎮を蹂躙《じゅうりん》せるの状情照々として存するを見る」と記した。今では史実と確認されている清正の満州オランカイ、朝鮮北部攻略が「史家の修飾にあらざること」にいち早く気づいたのだ。

この旅で再び聞いた日本人漁船員の狼藉は、日本では一部の荒くれどもによる突発事件として軽視されたようだが、韓国人の恐怖感ははるかに大きかったと思われる。一四世紀以降に暴れ回った倭寇や秀吉出兵は、朝鮮半島では外敵の代名詞であり、それと重ね合わせる韓国人が少なくなかったはずだ。

ある寒村に泊まったときのこと。日本軍参謀本部は咸鏡南道の摩天嶺以南の測量を既に終了していたが、明治二九年から翌年にかけて、端川、吉州、咸興、北青、定平の五カ所での作業の際に抗日の「小衝突」が起きたという。儀助は「王妃の崩去及断髪令、是れが各地衝突の原因なるが如し」と書いている。王妃の崩去は、閔妃暗殺事件を指す。二八年一〇月、日本軍守備隊らが王宮に乱入して、親露派の実力者・閔妃を暗殺した事件である。断髪令は翌一一月に発せられた。髪を切ることは父母から授けられた身体を傷つけるもので、韓国伝統の儒教精神に背くとして、反日感情を著しくあおる結果となった。

さて、儀助は鏡城で観察使直轄の公立小学校を視察することができた。観察使・李根澔の話では生徒総数五〇人だが、登校者数は三〇人以下だという。学校を訪ね、主席教官に聞くと登校者は一八人との答え。しかし、前後三回の参観で儀助が実際に見た生徒は二、三人だけだった。授業は無料にもかかわらず、登校する生徒はまれ。儀助は同地での教育活動に、あらためて意欲をかき立てられた。

城津に帰ったのは一一月一二日。五カ月後、春になるのを待ちかねたように、儀助はまたも旅立つ。のちの「活人画」によれば、三三年四月二七日、元山港から汽船「亀鶴丸」で出航した。行き先、目的等については残念ながら記述がない。翌二八日、航行中に右舷スクリューが損傷し、船は新浦港に寄港して潜水業者に修理を依頼したが直らず、やむなく減速航行。二九日午前三時に暗礁に乗り上げ、三〇度も傾いた。機関室に駆けつけてみると、全員酒を飲んで寝ていたという機関手らが、責任をなすり付けあっていた。「責任論は生きていてこそ言える。今は救済が先だ」という儀助の一喝でようやく鎮まり、ボートで救助船数十隻をチャーターしに行き、韓人一二〇人を陸に避難させ、荷も降ろして船体を軽くし、船数十隻が引っ張って亀鶴丸は脱出に成功した。儀助自身も一時は海に飛び込む覚悟を決めたほどで、旅はやむなく中止した。

一カ月後の五月二八日、今度は鏡城に向かう。学堂を鏡城に移す腹を固め、再調査に赴いたのだ。

学堂、鏡城へ移転

『東亜同文会報告』第一八回報告（明治三四年五月一日号）によれば、儀助は「露韓国境視察談」と題して会員向けに講演を行い、「昨年一月の二日に東京へ帰りました。それから再び三月に城津の学校の方へ行きましたが、（中略）鏡城と云ふ処へも日本語学校を開くことに確定して居りましたのですから昨年七月から鏡城に出ました」と述べている。

三三年一月二日は、三国国境視察から城津に帰って四二日後。その視察で鏡城の教育事情を直接目にし、儀助は鏡城での教育事業の必要性、有用性を確信したようだ。だが、三二年一〇月五日の城津学堂開校から、まだ三カ月弱。しかも東亜同文会が当初、北青に学校開設を予定していたのを、儀助が半島に渡ってから城津に変えさせたのであるから、鏡城移転案は少なからず唐突な印象がある。

儀助は「鏡城へ学校移転取調要件 并《ならびに》 特別補助の件」（青森県立図書館『笹森儀助遺稿』下巻所収）とい

う本部への報告書でこう述べる。「学校を建設するは第一に人心収攬と通商開拓を率先奨励するを以て大目的とす。而して此の大目的を達するに必ず、人口衆多にして形勝に富み、而かも四通八達の大都府にして北関の首府とも云ふべき処に立脚の地を定め、漸を追ふて内地各方面に及ぼさざる可らず。是れ本校を鏡城に開設する所以の大略なり」。城津は人口少なく、交通も不便で学校の場所にふさわしくないと結論したことになる。開港場としての将来性から城津を選んだはずが、期待外れだったようだ。報告書は「鏡城紀行並学堂移転の理由」と改題して『東亜同文会報告』（三三年九月九日号）に掲載された。

城津監理も「昨秋学校創立当時は新郡施政の為め充分に尽すこと能わず、（中略）殊に居留地地区は雑草茫々として徒らに牛馬の牧場に充て、又一人として家屋を建設するの資産家来たらず」と言っている。開港場ではあったものの、韓国政府がしぶしぶ指定したにすぎず、外国人居留地はいつまでたっても分譲されなかった。開港が名ばかりでは、期待が急速にしぼんだのも致し方ない。

失望は助教の佐伯達も同じだったようで、『東亜時論』第二二号（三二年一〇月二五日号）に早くも、「吉州或は鏡城地方に分校を設置するに到ること又遠からざるべしと信ず」との私見を送っている。

儀助が鏡城滞在中の六月一日はちょうど旧暦五月節句であった。韓国では一般に端午祭と呼ばれ、今も最も盛んな民族的祭りの一つである。よほど物珍しかったのか、大陸でのほかの旅行記では風俗にほとんど触れていない儀助が、「人民は総て業を休み、城内五、六歳以上、四十歳前後迄の男女は晴衣を着飾り郊外に出でて遊ぶ」と書き、端午祭の風物詩の一つである長尺のブランコやシーソー、京城から来た韓国独特の軽業団の妙技などを生き生きと描写している。

孫文（右）と山田純三郎（愛知大学・東亜同文書院大学記念センター蔵）

六月三日までは端午祭で学校も全て休業のため、主目的の学校視察ができたのは四日からの三日間だけだった。それでも、郡守の崔齋極が好意的で部下に案内させたので、儀助は公立一校、私立五校を参観できた。この六校とは別に、李義錫という人が、財産家の子弟ばかり二〇余人を集めて学問を教えていた。ほかに実力者が四人いるが、いずれも李の手下。あらゆる事項をこの四氏が協議し、首領の李氏の裁決を経て実行に移され、あたかもこの五氏が自治を執行しているようで、観察使や郡守でさえ五人には逆らえないという。このように旧韓国の地方行政制度は前近代的なまま放置されており、まして教育制度はまだまだ未整備であった。通学の習慣も定着しておらず、儀助が参観した六校の出席者数は計八七人と、名簿の半分にすぎなかった。儀助は出席奨励のため、生徒一人につき五〇銭までの賞金を配ったりした。

★50　孫文と山田兄弟　東亜同文会には陸羯南や儀助のほかにも多くの弘前人が関係した。儀助と同じ在府町生まれで津軽塗の再興者・山田浩蔵の長男良政は、一九〇〇年に開学した南京同文書院の教授として中国に赴任。孫文に深く共鳴して中国革命を支援し、広東省惠州蜂起に参加して戦死。遺志を継いだ弟純三郎は上海東亜同文書院教授の傍ら、孫文の側近として活躍し、孫文の臨終に日本人で唯一人立ち会った。中国革命の要人に関する千点余の山田家資料は、東亜同文書院の事実上の後身・愛知大学に寄贈された。

鏡城学堂開校に暗雲

儀助の具申を受け、東亜同文会本部は明治三三年度予算に鏡城学堂費を盛った。稲葉継雄著『旧韓末「日語学校」の研究』によれば、確定額で二五二〇円となっている。

当初案に計上されていた城津学堂費四千円は最終段階でゼロになる。城津学堂を廃止して鏡城学堂を新設するということだ。これを鏡城側は歓迎し、城津側は猛反発した。咸鏡道では学校体系が未発達で、東亜同文会による日語学校は、モデル校、または一部代替教育機関として期待されたからだ。特に城津の監理は、学校が鏡城に移れば「開港場をして益々不振の域に陥いらしむる」と移転中止を懇願した。城津学堂は監理の協力で開校したこともあり、儀助も無視できなかった。予算は一校分しかなく相当に無理はあったものの、経費を切り詰めて城津学堂に教員一人を残す方針を決定。東亜同文会本部もこれを認め、本校を鏡城に移し、城津は分校として存続することとした。

鏡城学堂開校に向けた最終調査と準備のため、儀助が五月末から鏡城に赴いた際、郡守を動かして校舎用の官舎借用などをうまく運んだのは参謀本部陸地測量隊監督の青山良敬であった。青山は前年から同地の測量に当たっていた。儀助は実際に陸地測量部員の肩書も持っていたのかもしれない。

七月中旬、儀助はいよいよ鏡城へ転居した。帰国後の三四年四月に東亜同文会で行った講演で「鏡城に居りました者は、唯私と熊本から連れて行った学僕一名、それから朝鮮の通弁と僅に三人のみ」と述べている。学僕は、笹森家に残る書簡から、熊本出身で当時一九歳前後の内田万人と分かる。後で助教の村上三男も鏡城へ移って来て、城津には儀助の信頼厚い助教・佐伯達が一人残り、学堂を切り盛りした。なお、城津学堂には一時、小山利光、木本辰起も助教として在籍した。『近衛篤麿日記』に記された儀助からの報告（三三年七月二一日付）には、木本がウラジオストクのドイツ人商店番頭・久保竹三郎宅に潜伏してロシア語を勉強中だとある。儀助と連絡を保ちながら極東情勢を探っていたものとみられる。

さて、順調と思われた鏡城学堂の開校準備だが、現地に行ってみると、障壁が幾つも待ち受けていた。一つは観察使の交代である、校舎用に借りた建物は大修繕が必要で、資材と大工を乗せた「相生丸」は八月一七日、元山から鏡城近くの独津港に着いたが、着工の相談に崔齋極郡守を訪ねると「新しい観察使が京城を出発した。到着まで着工してはならぬ」と言う。仕方なく待っていると、新観察使は洪水による道路不通、城津の騒擾のため大幅に遅れて九月一日にようやく着いた。

新任の観察使は李奎遠といった。着任二日後に訪問すると、学校創立については「京城と打ち合わせ、皇帝の許可を得て返事をするから、待つように」と指示した。日ごろ沈着な儀助もさすがに怒りを覚えたようで、「貴国のためを思って身を捨てて学校設立に当たっている」「この上さらに皇帝の許可を得るまで待てとは何ごとか。城津に帰る」と啖呵を切った。李は顔色を失い、「私も開校に尽力するから、ぜひこの地にとどまるように」と一転懇願した。李にしても、鏡城に日語学校は欲しかったのである。これでいよいよ鏡城学校は実現するかに見えた。ところが今度は、城津の騒擾の影響が鏡城に及んできた。

「城津暴動」「城津民乱」とも呼ばれるこの騒擾事件の顛末は、儀助と佐伯が『東亜同文会』第一二回報告（同年一〇月二五日号）に報告している。それによると、八月一九日午前一〇時ごろ、隣接の吉州民一三〇〇人が突然、城津を襲撃し、獄舎にあった首領の韓鼎禹を奪還し、官公庁に一斉に放火。城津住民は着の身着のままで逃げたという。儀助は、同月二四日に鏡城に着いた郵便脚夫からその情報を得た。

さらに、鏡城に城津の書記ら官吏数人が滞在しているため、吉州民が鏡城へ進撃するとの噂が流れ、鏡城も騒然としてきた。

★51　城津騒擾　吉州民が隣の城津を襲撃した背景はよく分かっていない。一説には開港場となった城津の利潤をめぐり元々の住民である吉州住民と、新参の城津住民が対立したためだという。地域問題であって旧韓国の体制に関わるものではなかったが、同国では歴史的に、両班を中心とする官吏層は不公正な税を取り立てる者とみなされ、民衆蜂起は地域の官吏層攻撃として噴出する場合が多かった。城津の官公庁が放火された理由もそこにあった。

再び三国国境へ

城津騒擾は城津と吉州の韓人同士のいさかいで、放火されたのも韓国の官公庁や官舎だけ。領事館分館をはじめ日本関係の建物は無傷であった。とはいえ、異国での争乱はやはり不安である。不穏な空気を察知した分館長は騒擾勃発の前日（八月一八日）に入港した「相生丸」に出港延期を命じていた。

悪いことに、状況把握のため街に出た日本人巡査が、騒擾発生から一時間後の一九日午前一一時、吉州住民の集団に出くわし、あろうことか短銃で三、四人を射殺してしまったことが判明する。分館は蜂の巣をつついたような騒ぎとなり、分館長は「報復に来るかもしれない」と慌てて避難を指示。居留日本人は続々と相生丸に駆け込んだ。一等先に逃げ込んだのは分館長だった。しかも、一般人を身一つで避難させながら、自分は四〇数個もの荷物を船に運ばせ、居留民三人が乗船する前に出港を命令。後で轟々たる非難を浴びるという失態を演じる。

騒擾勃発を耳にした儀助は、学堂を心配してすぐに城津に向かおうとした。だが、地元警察官から、日本人警官発砲の極秘情報を得て、城津行きは危険すぎると踏んで鏡城にとどまった。

一方、鏡城にはさらに深刻な事態の影響が表れ始めていた。ロシア侵攻により、大量の難民が清国から半島北部の六鎮に押し寄せて来たのだ。ロシア政府は七月九日、馬賊や義和団運動から東清鉄道を守るとの口実で、満州侵攻を命じた。口火が、同月一七日にアムール川（黒龍江）中流の国境の街ブラゴベシェンスクで起きた清国人大虐殺。儀助がシベリアで会った石光真清の遭遇した、清国人犠牲者三千人以上というあの事件である。その後ロシアは一〇月一日の奉天攻略まで、一気に満州全域を占領してしまう。

鏡城はロシア、清国との国境豆満江までわずか二九里半。難民となった清国人や清国領内の韓人がなだれ込んで来て、混乱を避けるために各所で道路が封鎖された。さらに、のちに儀助が東亜同文会で行った講演によれば、敗残兵などが「鏡城の土地へ崩れかかって、婦女子を捕獲し財物を奪うなどの乱暴」を働き、鏡城は大混乱に陥った。三〇里南の城津騒擾との挟み撃ちで、鏡城は学校開設どころではなくなった。そこでとった儀助の行動が彼らしい。「唯死ぬよりはと思い、此方の情況を視察せんと決心しまして一〇月一五日に鏡城を立ち」、再び国境地帯の調査に向かったのである。

調査記録が「露清韓三国境上戦後視察記事」（青森県立図書館蔵）で、『東亜同文会』第一三回報告（同年一二月一日号）にも掲載された。それによると、鏡城から陸路北進した儀助は、一週間後の一〇月二一日に韓国、ロシア、清国の国境に到達した。この間、儀助は例によって、不潔極まる牛方宿などに泊まり、アワ飯に大根汁などという粗食に耐え、身を切るような寒さを忍んで旅を続けた。

行き帰りの道すがら、所帯道具を牛車に載せ、小児を背負い、あるいは泣き募る五、六歳の子どもを無理やり歩かせている老若男女の一団を見た。命からがら逃げてきた清国領内の韓人たちである。

儀助の目的地はノォウキエフスク（現クラスキノ）。ポシェット湾から五里ほど西の、ロシア軍本営の街である。儀助は前年一〇月に世話になった松尾福一方に投宿。ウラジオストクから戻ってきたばかりだというロシア商店番頭の森新次郎に、ロシア軍の琿春攻めの模様を聴いた。森の話では、ロシア軍は清軍六千人の抵抗に難渋しながらも、二八時間後に琿春に入城し、街の大半を焼き払った。ロシア本国には「敵兵一千余人を殺した」と報告したが、実際は二千人以上を殺害し、その半数は戦闘とは無関係の清国人。占領直後、四方に警備巡邏兵を配備し、清国人を見たら銃殺せよと内命したためだという。

幻の鏡城学堂

琿春を襲ったロシア軍について、儀助は東亜同文会への報告書「露清韓三国境上戦後視察記事」で「真に東洋の盟主たらんと希望せば、宜しく第一着に満州三省の戦況を調査し、其実況果たして某《それがし》の言に如くんば、希《ねが》わくは義兵を挙げて満州の無罪の人を殺せる暴逆人を責伐し、其の怨念を吊《ちょう》せんことを。是れ決して土地を得んとするにあらず。人道を宇内《うだい》に燿《かがや》かさんと欲するのみ」と訴えた。

翌春、東亜同文会で行った講演で、儀助は「直に同文会の方へ報告しましたし、実は元山の主備隊と相談しまして、参謀本部の方へ取調べなさいと云うことを申しましたけれども、何等の返事も来ないです」と述べている（『東亜同文会』第一八回報告＝明治三四年四月二五日号）。

軍部も事の重大性は十分認識していたはずだが、当時、日本軍の最大の関心は、義和団の乱（北清事変）における連合軍内のロシア軍の動きにあった。清の西太后は一九〇〇（同三三）年五月ごろに態度を翻し、義和団の支援で列国施設を攻撃するようになった。英・米・日・露・独・仏・伊・オーストリアの八カ国は六月一〇日、連合陸戦隊を組んで北京に向かい、ついに戦闘状態に入った。その中で、ロシア軍の足並みだけが揃わず、連合軍の攻撃がしばしば延期されたりした。ロシアは義和団の乱に乗じて満州、さらに朝鮮半島も支配下に収めようと画策していたからだ。

日本が最も恐れてきたロシアの南下があからさまな形で進行し始めた。それは儀助の、幕末以来の危惧の現実化でもあった。「私も年でもモウチット若ければ学校をば止めて琿春へ這込《はい》みたいと云う考もありましたけれども、ソンなことは若い方がありますから、若い方がする仕事だと思いまして遠慮しましたが、今以て私は残念だと思って居ります」。東亜同文会での講演で儀助はこう述べた。

相次ぐ争乱の中で鏡城学堂の開校はますます困難になっていったが、実現への努力は続けられた。助教の内田万人が儀助に宛てた三四年三月二四日付の書簡には「当鏡城学校の事も終《つい》に設立の良運に至り申候」

とある。だが、実際はその直前、韓国外部大臣から鏡城学堂開設差し止め命令が発せられていた。儀助は協議のため、急遽帰国する。東亜同文会は同月二六日、翌四月一二日、二二日の三回にわたって幹事会を開催し、「鏡城学堂の当面閉鎖、城津学堂は鏡城学堂の支校として継続」することを決定。鏡城学堂はついに幻の日語学校で終わることとなった。

なお、儀助の最終的な帰国はこれまで、同年六月とされてきたが、『東亜同文会』第一七回報告（明治三四年三月二五日号）に「鏡城学堂長笹森儀助氏は同学堂建設打合の為め本月十三日帰朝」と明記されている。儀助の帰国は三月一三日ということになる。

帰国した儀助はそのまま退職した。前掲の講演は翌四月の一三日、東亜同文会評議会で行ったものとみられる。既に五〇代半ば。国難を前になお志はあったが、体が言うことを聞かなくなっていた。特に大陸の冬は想像以上に厳しく、二月には「鶏十羽のうち五羽が凍死」（儀助の講演）するほどの寒気に見舞われ、老体にことのほかこたえた。結局、前年晩秋の三国国境再訪が、生涯最後の探検・調査となる。既に戦争の世紀に突入し、日本の大陸進出も加速していた。以後、東亜同文会の理念「東アジア共栄」が、軍部によって著しく歪められていく。それをどういう思いで受け止めたか、儀助は黙して語らなかった。

第八章　市長時代、晩年

第二代青森市長

弘前市長坂町の自宅に戻った儀助は、晴耕雨読を楽しみ、親戚、故旧の墓に参るうちに、小友謙三の墓がないことに気づいた。小友は旧姓中田。陸羯南の叔父で、同い年の儀助とは竹馬の友であった。中田家と同じ茶道の家・小友家に養子に入ったが、漢学に通じ、小学や師範学校で教鞭を執り、明治九年の天皇巡幸の折には青森での天覧授業に白銀小学児童の引率を任されるほど有能な教師だった。顔真卿流の書家としても知られた。二九年六月に病没したこの親友のため、儀助は墓を建てることにした。

建立後、謝意を記した羯南とその姉らの書状（三五年五月一〇日付）が笹森家に残されている。その手紙を受け取ったとき、儀助は四年ぶりに官職に復帰していた。第二代青森市長に就任したのである。

いきさつは、儀助がのちの三六年一二月、自らの辞職願提出について議会演説した際に言及している。草稿「辞任の理由を明にすること」（市立弘前図書館蔵『雑綴』所収）には「帰県、農事に従事中、前市長より候補の申込あり」とある。前市長は工藤卓爾。青森は三一年四月一日に市制が敷かれ、工藤町長がそのまま初代青森市長となったが、三五年二月、青森市が衆院議の独立選挙区に決定したことを受け、工藤は同年八月の総選挙出馬を決意して市長を辞職し、後任に儀助を推挙した。

当時、市長は市議会議員を選挙人に第三候補者まで選び、その三人の中から総理大臣の裁可により、内務大臣が任命する制度であった。工藤の後任候補者を選ぶ市議会は同年四月二六日に開かれ、儀助は一回目の投票で二一票（淡谷清蔵五票）という圧倒的支持を得て第一候補者に当選。第二候補者には淡谷、第三候補者には渡辺佐助が選ばれた。余談になるが、のちに市長を務める淡谷は、ブルースの女王・淡谷のり子の本家筋に当たる。

国立公文書館蔵の資料によれば、履歴書を添えて三人の候補者名が上申され、五月六日、総理大臣桂太郎の裁可によって儀助が正式に市長に就任した。なお、『青森市議会史』などは裁可を五月「七日」としているが、「六日」が正しく、儀助自身による履歴書もそうなっている。

工藤前市長が儀助を推した理由については筆名・六花という地元紙記者が工藤本人に聞き、「活人画」に「当市の位置上よりして外部との交際が頗る頻繁であって、市長たるものは、一方には外交的手腕も亦必要である。而して市の福祉を図り、市の隆昌を企つる任にある此の市長は、決して篇党殉利の人でなく、公平に、剛毅に、正直に、熱心にもって市政を処断せらるる人でなからねばならぬ」「数度面晤もし、またその経歴も見聞しているが、当市長としては目下の処此人の外なかろう。即ち氏は中立公平の人である。健強持久の精神を有し、一口にいえば至極真面目な人である」と書いている。

当時の青森市は、「正直」で「中立公平」な人物を現実問題として必要としていた。県税六一一二円余、市税一万八六五〇円余に上る巨額の税金未収を抱えていたからだ。市の予算規模が約一〇万円の時代である。儀助は前掲の「辞任の理由を明にすること」で、この未収問題にも触れている。「一昨年韓国辞任、

明治末期から大正初期ごろの青森県庁通り（青森県史編さん資料）

帰郷の際、内務省県事局某々と談話の際、本県青森市財政びん乱、県会の多発なる何とか取片付の法方《ママ》なきや前長官、前書記官等に数次忠告するも思わしく運ばず。某《それがし》答、帰県、現市長にも及ぶ丈け心添可致《いたすべし》と」。儀助は深刻な事態を聞き及んでいたのである。

★52　独立選挙区　全国の商工業者らを中心とする請願運動により、明治三三年三月に改正選挙法が公布され、選挙人資格が「直接国税一五円以上納付」から「一〇円以上」に、大選挙区制から府県単位の小選挙区制になり、同時に人口三万人以上の市が独立選挙区になった。全国五一市のうち青森など九市は三万人未満のため独立区にならなかったが、同年末、青森市の人口が三万一千人に達し、青森商業会議所の大坂金助会頭らが請願運動を展開。三五年二月、ようやく実現し、弘前市に次いで青森県内二つ目の独立選挙区となった。

横領追及、貧民救済

青森市長に就くや儀助は税金未収の整理に全力を傾け

た。対応の概要は、市立弘前図書館蔵『雑綴』所収の儀助自身の記録から窺える。それによると、驚くべきことに、未納金の大部分が実際は市職員の横領であった。儀助は青森県庁に担当者数人の派遣を要請し、徹底的な解明を図る。

最終的には着服した職員一〇人ほどをあぶり出し、うち五人を裁判所検事正に告発し、横領金のほぼ全額を回収。未収額を六六六円余（三六年一一月末現在）にまで減らす見事な成果を挙げた。『青森市史』別冊人物編によれば、市財務主任・斎藤弥太郎が大きく貢献した。斎藤はのちに助役になる。同書はまた、儀助の人格と強固な意志が解決の要因だと指摘している。

儀助は「活人画」の記者にこう語る。「（市職員は）朝出勤すると早や四時の退下ばかり考えているような風である。何日間、人民からの願が停滞してあっても一向平気なものである。人民から催促せらるるというのは丁度、借金をして金を返さぬのと同じで、事務家の最も恥ずべき事であろう」。この記事の中で、儀助は自身を「市の小使」と称している。明治時代にあって、あっぱれな公僕精神である。

市は一月に起きた八甲田山雪中行軍遭難事件（註…★53参照）の重苦しい空気に包まれていた。最後の一遺体が発見されたのは、儀助の市長就任後の三五年五月二八日。捜索活動は陸軍が地元民などの協力を得て行ったが、市も支援に追われた。相次ぎ行われた各方面の慰霊祭の受け入れも、大変な苦労だった。歩兵第五連隊（青森）主催による最大規模の慰霊祭は七月二三日、幸畑《こうばた》陸軍墓地（現在の青森市郊外）で執り行われ、青森港には戦艦「初瀬」「朝日」「富士」など軍艦一六隻が続々と入港。参列者は伏見宮の名代貞愛親王、寺内正毅陸相以下の軍関係者のほか、正式な招待者四〇〇人、遺族四七二人に上った。

ひと儲けを目論む商人もいて、次のような儀助の市長告諭が同月一七日の東奥日報に掲載された。「各商業家は互に相戒告して苟《いやし》くも遠来の客に非難さるるが如き行為を慎み、殊に彼の遭難軍人遺族、艦船乗組の海軍将士に対しては出来得る限り親切に之を待遇し、又幾多の便宜を与へ、毫も青森市の商業家は機に乗じて暴利を貪るとの如き悪評を受けざる様注意せらるるべし」

陸軍慰霊祭の翌々日には、合浦《がっぽ》公園内で市の招魂祭があった。全国的にも珍しいこの大規模海浜公園に、新たに招魂碑が建立され、祭典委員長の儀助が雪中行軍犠牲者や戦死者を弔う祭文を読み上げた。

雪中行軍を襲った大寒波は予兆だったのか、同年は異常に寒い年となる。卜蔵建治著『ヤマセと冷害』によれば、同年の青森県の作況指数は53。特に太平洋岸は皆無作で、天保以来の大飢饉といわれた。同年一二月の県議会で救済対策土木事業の県債発行が否決され、翌年一月の臨時会でようやく可決されたこともあって、県の対応は遅れ、県民生活、県経済の被害は拡大した。儀助は三六年三月六日、市内有力者五七人に委嘱して青森市細民救済会を組織し、新聞紙上で募金を募った。これが呼び水となり、四月一日には代議士など県内有力者による県窮民救済会が発足。儀助も発起人に加わった。市内の救助対象者は一〇七戸。六月一一日、儀助自らが米町の街頭に出て米と牛缶詰を配った。以後、義援金、種籾、着物などを配分。九、一〇月の市議会では、土木事業など計三三五三円余の救済事業費も可決された。

これら凶作対策とは別に、儀助は市長就任直後から貧民対策に取り組んでいた。まず三五年五月二三日に全市の貧民の実情を視察。機織業などを奨励し、翌年一一月二三日には浦町小学校内に授産工場を設置している。『南島探験』に顕著な、貧しい人々に向ける慈愛のまなざしは最後まで変わらなかった。

★53　雪中行軍遭難事件　明治三五年一月二三日から八甲田演習に向かった歩兵第五連隊（青森）第二大隊が、昼過ぎから猛烈な吹雪に見舞われ、二五日までに二一〇人中一九九人が凍死した。軍部が、青森市、弘前市、三本木（現十和田市）を結ぶ新たな兵員輸送路開拓と、シベリア、満州での戦闘に備える耐寒訓練を目的として行軍を実施。日露開戦の機運が急速に高まる中で起きた事件だった。貧弱な装備も原因とされ、軍部の責任が問われた。新田次郎の小説『八甲田山死の彷徨』を原作に映画「八甲田山」（森谷司郎監督）も制作された。

悲願の上水道

代議士らが青森市長の儀助を「無能だ」とささやきだした。ほとんど何の新規事業も企画せず、着手もしなかったためだ。だが、儀助が無為無策だったわけではない。

「一市を経営するに当たり財務のあがらないことが第一の傷で、財務があがらなければ、信を市民に得ることはできない。私が事業を行わなかったのは、財務を整理しないのに事業を行うことは、むしろ乱脈を助長することを恐れたからである」「政治を図ることのかなめは、財務の整理を期するより急なものはない。財務が乱脈すれば、他はいうに足りない」。明治三六年一二月議会最終日（同月一六日）での儀助の演説である（『青森市議会史　明治編』）。多額の未収問題に加え、未曾有の凶作によって市の経済が極度に冷え込む中、市民に新たな負担を強いる新規事業は始めるべきではない――。我慢の市政運営は、再選狙いや人気取りなどとは無縁の、儀助ならでは誠実さに発したものだった。実は、右の演説は辞任理由の説明である。儀助はこの議会に辞表を提出し、辞任寸前に至って初めて胸中を明かしたのだ。

例外的に儀助が積極的に動いたのが、先に挙げた困窮者対策と、上水道建設であった。ただし、水道は儀助の発案ではなく、むしろ青森市の長年の悲願で、それに儀助がついに着手したのである。

青森平野は平坦で地下水位が高く、排水の流れが悪い。しかも市街地の山手に下肥を使用する水田が広がっていて、井戸水に多量の有機物が混じり、「尿を濾過して飲んでいるようなもの」とまで言われた。最初の市水道計画立案は七年末。八キロ西南の小牧野山から木の樋で水を引くこととし、工費三万五千円余のうち政府から三万円の借り入れも許可になったが、県庁内に掘った非常用の井戸からたまたま良質の水が湧き出て、工事が中止になってしまった。しかしその後も、大火時の水不足、疫病流行の頻発で水道待望の声は高まるばかり。中でも陸奥日報記者上がりの助役・川田水穂は三〇年、『青森水道論』を著し、強く必要性を訴えた。

工藤卓爾町長（のち初代市長）は東京から工学士・千種基（函館水道の元主任技師）を招聘。千種は横内川の水源、配水管埋設地の調査を行い、翌年に設計書を提出した。千種の調査にも同行した川田はその後、三六年七月一一日まで助役を務める。儀助は、川田の熱心な水道論に耳を傾け、着工を決意する。二人の取り組みや、完成までの経緯は『青森市水道六十年史』（青森市水道部発行）に詳しい。儀助の直接の功績に触れた部分を紹介すると、「笹森儀助が市長に就任し、千種工学士の水道設計は概算設計であるため、工事実施設計書を作成する必要があり、そこで秋田水道の設計を終えた水道技師・和田忠治を日給百円（註…月給の誤植か）の高給で臨時に雇い入れ約三カ月間で同技師は設計を完成した。このころの市役所書記の月給は一二円であったから、破格であったことが知れる」とある。

儀助の着工決断は極めて重大であった。千種の算出した総工費は六五万円。市の年間予算の実に六、七倍の巨額に上るからである。儀助は三五年一〇月議会に、横内川測量のための調査費二九七円余の補正予算案を上程し、山之内一次知事に県費補助一五万円を申請。一二月七日の市議会に総工費六五万円のうち三〇万円を市の負担として公債を起こし、国庫補助二〇万円、県費補助一五万円を仰ぐ案を提出し、可決された。同月一三日には県議会が一五万円補助案を可決。翌三六年一月一二日の臨時市議会は「水道公債募集及び償還方法予定案」を満場一致で可決した。儀助は三月一七日に水道敷設申請書を内務大臣宛てに、一九日には国庫補助申請書を内務、大蔵両大臣宛てに提出。これに応じて県も六月以降、知事、県選出代議士らを先頭に内務省、大蔵省、海軍省に陳情攻勢をかけた。

儀助自身も国の要路に請願を続けたようで、控えとみられる「水道と青森」が市立弘前図書館蔵『雑綴』に収められている。それは主に港湾都市・青森に水道が不可欠であることを訴えているが、冒頭には「特に伝染病其他恐るべき悪疫の多くは飲料水の不良に原因するものなれば」と書いてある。奄美諸島で相次ぐ伝染病を目の当たりにしてきた儀助には、実際の懸念だったのだろう。

だが、陳情の効果は思わしくなかった。内務省は、国庫補助申請額を二〇万円から一六万二千円に減額することなどを求めてきた。儀助は七月二一日、市議会を招集して補助申請額を減額し、その分の市公債増額を決め、政府に同意を求めた。残念ながら内務省は一二月二五日、補助できない旨を通知してきた。日露開戦に備え、財政の締め付けが一層厳しくなったからだった。

それでも水道の請願運動は続けられた。敷設認可は儀助が市長を退いて三年後の三九年九月、完工は四二年一二月。儀助時代の案の通り、八甲田山系を水源とする横内浄水場から水が引かれた。昭和五九年に厚生省の研究会が「日本一おいしい水」に選定する市民自慢の水道水の誕生であった。市は同九年の市水道二五周年に当たり、水道敷設提議をたたえる感謝状を儀助の子孫に贈った。

★54　青森港と水道　青森は明治六年に函館、安渡（現青森県むつ市大湊）とを結ぶ汽船航路が開設され、港湾都市として急速に発達したが、飲料水の質が悪く、船舶の用水確保が困難だった。国内では一八年の横浜を皮切りに函館、長崎、大阪などいずれも港湾都市で近代式水道が敷設された。青森は二八年から貿易港指定をたびたび国会に請願し、三度採択されながら、なかなか実現しなかった。水が一因と考えられたことが市、県挙げての水道敷設運動につながり、全国一三番目の着工となった。

商業補習学校を設立

儀助は青森市長就任後、間髪を入れず青森商業補習学校、現在の青森県立青森商業高等学校の設立に取りかかった。ただし、市の事業としてではない。明治三五年八月二三日の東奥日報に、次のような記事がある。「市長笹森儀助氏には先般来、私立商業補習学校設立の計画をなし、市内有志の賛助を求めつつありしてに何れも賛成を表し、其寄付金の如き既に五〇〇円余に達したれば、来る九月より開校の運びに至るべしという。而して開校は夜学校のことなれば教師としては師範学校、中学校の教師に委託することとなし、其撰択方を本県視学官に依頼し置きたりと」

私立を目指した理由は、言うまでもなく市の財政逼迫である。儀助はこれと目標を定めれば、工夫と努力で障壁を乗り越える人である。奄美大島の島司時代にも西郷隆盛碑建立のために苦労をして五〇〇円の寄付を集めた経験があったが、今度も同じ方法で資金を工面した。市立弘前図書館の『雑綴』には青森市民多数の寄付者名簿がある。無論、儀助も率先して寄付している。

東奥日報の同年八月三〇日、九月一三日、一四日付の記事によれば、儀助は評議員会を設けて学校のあり方を諮問した。評議員は村本喜四郎、松森豊、樋口喜輔、大坂金助、淡谷清蔵ら市政財界の重鎮。このうち村本、樋口、大坂の三氏は寄付に積極的に協力し、開校後も授業等に多大な貢献をする。評議員会は市公会堂や新町尋常小学校校長室などで数次開かれ、校長を儀助、顧問を豊嶋視学官、中山師範学校長、戸村中学校長、川田水穂助役の四氏に委嘱すること、校舎は新町尋常小学校内に置き、授業は午後六時三〇分から二時間、授業料は一人月額二〇銭、教員報酬は予算の範囲内で支給することなどを決めた。定員六〇名の生徒は尋常小学校を卒業した商家の子弟や奉公人、これから勤める児童であり、その意図は「商業補習学校」という校名に反映されている。

『商業教育百年史』によれば、日本の本格的な商業学校教育は事実上、一七年制定の「商業学校通則」に始まり、小学中等科卒業以上を対象とした中等商業学校と、初等中学卒業以上を対象とした高等商業学校の二種があった。これに対し、商業補習学校は二六年制定の「実業補習学校規程」により正式に始まった。『井上毅君教育事業小史』によれば、「実業補習学校」とは「実業の知識技能を授くると同時に小学の教育を補習する学校」であるいわば〝働く少年の学校〟だ。

「実業補習学校規程」は三五年に改定され、郡市による設置が奨励された。青森県も山之内一次知事が同年三月二八日付で、「各郡市に於て成るべく実業補習学校を設置し、以て其の地方に於ける模範学校」にするよう通達している。よって儀助の私立青森商業補習学校設立は、政府、県の奨励を率先して実行したとみることもできる。だが儀助は、はるか以前、遅くとも二八年一〇月には既に「実業補習学校」という概念を熟知していた。井上毅との密接な関係からである。

青森県立青森商業高校の校長室に掲げられた「創立功労者・笹森儀助」像

儀助は陸羯南の紹介で井上の知遇を得た。井上は儀助の『千島探験』天覧を取り計らい、続いて『南島探験』に序を寄せている。前掲の『井上毅君教育事業小史』は、文部大臣在任中の二六年三月から翌年八月までの井上の教育事業を、木村匡という人がまとめた本であるが、出版から二カ月後の二八年三月一五日、井上は死去した。実は同書が笹森家に現存する。「遺物として井上家から送与　明治二八年十月」という表紙のメモ書きからすると、儀助の望みに応えて井上家が形見として贈ったものである。同書には「実業教育の施設」の章が設けられ、実業教育の緊急的必要性、実業教育費国庫補助法の必要性などが述べられ、実業補習学校の重要性も力説されている。二六年の「実業補習学校規程」制定、翌年の「実業教育国庫補助法」公布の主導者は、井上その人だったのである。

ところで、奄美大島の教育振興の項で触れた通り、日本最初の農学博士玉利喜造が儀助に宛てた書簡に「大島で実業補習学校を目論み、教員を必要としていると伺った」旨が書かれている。儀助は既にその頃に一度、実際に実業補習学校設立を図っていたことになる。

貧しい人々の学校

『青森県立青森商業高等学校六十年史』によれば、開校当時の青森市は津軽米の北海道移出のため、東北では酒田港に次ぐ米の集散地であった。津軽・下北両半島のヒバも青森で製材されて出荷された。山口県下関港に次ぐ鮮魚集散地でもあり、北海道、樺太（サハリン）で漁獲された魚が東北・奥羽両線で関東、関西まで送られた。明治六年の青函航路開設以降、人と物の北の玄関口として急発展していた。

「翁は市の性質、その将来の発展を考え、商業教育機関の必要を感じたのである。それは当時の情勢よりして、商業的学理の研究所を設けけんとしたのではなく、出でて直ちに商戸に働くべき士を養成せんとするにあった」と、横山武夫著『笹森儀助翁伝』は記す。儀助自身が農牧社という実業経験を持っていたことも見逃せない。困難な経営を軌道に乗せるために、儀助は従業員にさまざまな技能知識を学ばせた。商業教育で言うと、葛巻恒四郎を弘前銀行に派遣、柴田元太郎は兼松（成言？）師につかせて、それぞれ西洋記簿法を学ばせた。これが商業補習学校設立に影響した可能性がある。

ほかにも、儀助は数え切れないほど多くの場面で教育振興を図ってきた。例えば、歴代島司で初めて吐噶喇《トカラ》列島を巡視した折、各島に学校創立の基金を積み立てさせ、各離島から女生徒を奄美大島に招いて教育と行儀見習いを施し、各島の教師に就かせている。また、奄美大島では大島農学校（鹿児島県立大島高校の前身）設立に寄与した可能性が高い。

さかのぼって明治二四年、西日本一周の貧旅行では、現在の岡山大医学部を再興し、関西学園などを興した中川横太郎、熊本の私立中学・文学館を開いた津田静一などを訪ねているが、彼らの多くは士族授産など地域振興の一環として学校を開いた人々であった。儀助にも同じような教育至上主義的思想が窺える。それは幾多の人材を輩出した弘前在府町に生まれ育ち、自然に身に付いたものなのかもしれない。

一方、『南島探験』や奄美での島政運営に顕著な、常に貧しい人々に目を向ける儀助の姿勢は教育分野においても同じであった。そうしてみると、青森商業補習学校の設立は儀助の人生の集大成、一世一代の事業に見えてくる。

さて、青森商業補習学校の開校式は計画よりわずかにずれ込み、三五年一〇月一日、新町尋常小学校内に多数の来賓を招いて執り行われた。儀助が教育勅語を奉し、学校設立の経緯と同市に商業教育機関が最も必要な理由などを述べた後、山之内知事らが補習学校の重要性、有用性について演説した。

学校は順調なスタートを切った。開校に協力した村本喜四郎、樋口喜輔も毎夜交互に出勤して督励。儀助は誰よりも早く出勤し、講師の欠勤などがあれば自ら教壇に立った。生徒の回顧談によれば、その説くところは全て精神修養だった（『笹森儀助翁伝』）。ところが、同年の冷害がじわじわと学校運営に影響を及ぼしてきた。「可成《なるべく》生徒等を出すべき関係者より募集する」（同年九月二〇日付の東奥日報）方針だった寄付金の拠出遅延が目立ってきたのである。

儀助は翌三六年三月、市議会に同校の市立移管案を上程する。同月二四日付の東奥日報によれば、理事者側は「在籍七〇人のうち授業出席者が三五人前後に減少している」「一カ月三三円の授業料収入を差し引き、経費の残りを市と国庫補助で折半し、国庫補助がつかない場合は市費で充当する」「修了後の高等商業教育進学を希望する者がいて資格面からも市立化が望ましい」ことなどを説明した。

しかし、野党議員から異論が相次ぎ、原案は否決。代わりに「四〇〇円を市費で補助」するとの議員建議案が可決される。この結果、市費補助によって学校の財政基盤はある程度固まった。だが、国庫補助申請をみすみす放棄して市費投入を決めたのであるから、学校にとっても、市にとっても実に損な議決としか言いようがない。そうした不合理な議決に至った背景には、政争があった。

辞職

儀助は明治三六年一二月一三日に突然、青森市議会へ辞職願を提出する。辞任理由を述べた議会演説は、主に市財政紊乱の整理についてだった。そもそも儀助が市長職を引き受けたのはその問題解決のためであり、目的を遂げた以上は留まるべき理由はない。もとより市長の椅子への執着など微塵もなかった。

あえて別の要因を探せば、議会内の抗争であろう。『青森市史』政治編によれば、当時、市議会に勢力があったのは呉服店経営の淡谷清蔵、酒造業の大坂金助、小間物商の樋口喜輔、運送店を営む田中勇三の四氏。ほかの議員は四氏に私的情縁や商取引の関係で従属的存在であり、青森は特異な商人政治の市であった。このうち、淡谷は中立系、残る三氏は改進党系の青森市実業協会に所属していた。これに対抗し、市政刷新を訴えたのが進歩党系の青森有志協会の川口栄之進、関小兵衛、郡場本太郎だった。

全国的には改進党が第一党を占め、青森市議会も同様だったが、青森県政界は進歩党系の牙城だった。衆院議員の四議席は菊池九郎、工藤行幹ら進歩派が独占し、県議会も議長の榊喜洋芽（東奥日報創刊に参画、元代議士）らが主流を成していた。ところが、三五年八月二〇日の第七回総選挙で寺井純司、田中藤次郎の改進派二人が初めて当選。進歩派に退潮の兆しが現れ、政争がさらに激化した。そうした県政界とのねじれもあって、市政界は先鋭的にぶつかり合っていた。市議会は「有志協会出身の野党派議員を中心に笹森市政への攻撃が続き、ことごとに提出案件に反対」した（『青森市議会史』明治編）。

私立青森商業補習学校の市立移管問題を審議した三月二四日市議会の「バカヤロー発言」がそれを象徴している。大坂議員が「市財政窮乏の折柄、多くの支出は望めない」と発言中、「栄町の道路工事を中止すれば可能である」という川口議員の独り言を耳にし、「黙れバカヤロー」と暴言を吐いた。建設中の道路（栄町―相馬町間）が大坂町の大坂議員所有地に通じることを川口議員が当てこすって挑発したもので、議会は翌日まで混乱し、商業補習学校の市立化案は否決された。

当時、新聞はいまだ政党機関紙の性格が色濃く、市議会における野党・進歩党系の拠点が東奥日報だったが、商業補習学校の設立は「近ごろの快挙である」と絶賛し、同校の市立化問題でも「可決に躊躇なからんことを信ず」と訴えた。水道開設問題でも一貫して儀助を後押ししている。陸奥日報など他紙もほぼ同様で、儀助市長は決して孤立無援ではなかった。

だが、儀助は議会でほとんど沈黙を通した。理由を、辞任演説の中で「豈に漫《みだり》に市会を侮蔑するものならん。只だ徒らに多言、而して其実行の伴わざるの無責任なるを思えばなり」と述べている。おそらく本音ではない。横山武夫著『笹森儀助翁伝』によれば、儀助は三六年に来県した憲政本党の大石正巳（元農商務相）に送った書簡（六月二七日付）で、代議士中に収賄が横行し、多くの細民を放置し、国、党、農商工業を真剣に論議する者がいないことを嘆じ、「既成政党を解散」し「真誠の人士を集め、新たに公明正大な政党を組織」すべきだと訴えた。なおも国と国民の行く末を深く案じる儀助の目に市議会がどう映ったか。低次元な政争に愛想が尽きた、というのが真相ではあるまいか。

同年一二月一六日、市長辞任が可決された。儀助五八歳。以後、表舞台に出ようとはしなかった。わずかに三八年七月から三年間、弘前の第五十九銀行の監査役を務め、翌春からは大阪に行って五女はまが勤める池田病院の会計監督掛をした。そのはまが一〇月に病死すると、翌月に弘前へ戻っている。

沈黙のまま死去

長女は早世したが、儀助はほかに三男四女に恵まれた。

二男修一は子供のころから弘前市長坂町の自宅近くにあるメソジスト教会の日曜学校に通い、洗礼を受けた。『青森県労働運動史』第一巻によると、東奥義塾に学ぶうち次第に政治・社会問題に関心を持つようになり、社会主義新聞「光」に地方記事を提供するリポーターや、弘前の社会主義思想研究会「渋茶会」の主宰者ともなった。儀助が市長を退いて弘前に戻ったのはこのころである。

日露戦争前から左翼活動への弾圧が急速に強まっていた。修一は官憲のブラックリストに載っていたが、儀助と同じ町内に生まれた本多庸一の手引きによって、本多が最高指導者にある青山学院の神学部に進んだ。東京でも、キリスト教社会主義に徹したヒューマニスト渡辺政太郎らと下町の貧民街でチラシ配りをした。官憲から圧力があったのか、四一年に青山学院を中退し神戸神学校に転校。のちに「貧民街の聖者」と呼ばれる賀川豊彦と神戸のスラムで伝道活動をした。

三男の修二もまた、日曜学校から社会主義の道に入る。東奥義塾を中退して弘前電燈会社に入社し、「バザロフ会」なる研究会を組織し、秘密集会を行ったりした。神の前に人間は平等であるというキリスト教は、根源的に社会主義的傾向を有している。明治時代の社会主義思想は、フランスの民権論と、アメリカのキリスト教に伴って入ってきており、東奥義塾に学んだ修一、修二兄弟が社会主義思想に傾倒していったことには必然性がある。

かつて東奥義塾の菊池九郎や本多と親交を結んで民権思想に触れ、本多から聖書の講釈を聞いたこともある儀助は、東奥義塾の影響から左翼思想へ向かった息子たちをどんな思いで見ていたであろう。儀助は何も書き残しておらず、永遠の謎である。しかし、兄弟が社会・政治のありようを憂えて行動し、とりわけ修一が貧民救済に情熱を注いだことは、思想は別として、血脈のなせる業を思わせる。

修一はその後、日本基督教会の牧師になって中部、関西など各地の教会に牧し、島根県出雲市に今市教会をつくり同地に没した。その長男、つまり儀助の孫の青山学院大名誉教授・笹森健氏（埼玉県在住）が次のような逸話を語る。「亡くなった母がよく、おじいちゃんは来るたびに一升酒だったのよ、と話していました」。下戸と伝えられてきた儀助が実は酒豪だったとは…。「事務に就いている間は飲むべからず」という工藤他山師の教えを守り抜いたその意志力にあらためて驚嘆せざるを得ないが、それ以上に、笹森儀助という人物の持つ、いまだ多くの謎と、人間味と、名状しがたい大きさを感じさせる。また、左翼思想、キリスト教に身を投じた息子たちと決して疎遠ではなかったことは、儀助晩年の安息を窺わせ、何かほっとさせるものがある。

青森市長辞任から九年後の大正四年秋、儀助は弘前市鍛冶町の銭湯で倒れ、旧知の名医伊東重（同二年に弘前市長、のち代議士）の手当てもかいなく、九月二九日、その生涯を閉じた。満七〇歳。純正院殿徳誉儀勇居士。人と人生をよく表した法名である。同市新寺町の笹森家菩提寺、行岳山金光院西光寺に眠る。

第九章　対談――笹森儀助の思想

河西英通（上越教育大助教授）※現広島大教授
小林和幸（青山学院大教授）

『笹森儀助　風霜録』の終わりに当たって、『笹森儀助書簡集』編集委員のお二人に、儀助の人間像、思想について語り合っていただいた。（司会・松田）

―儀助は青森県下北半島の区長時代、県内に先駆けて一般民選、重複選挙法を実施に移した。県内の民権派との合同を拒んで「弘前事件」を起こし、軍備の観点から千島や南島を探検したことなどから保守派の印象が強かったが、どうもイメージが違ってきた。

河西　これまで少なくとも明治一〇年代の儀助は右、保守、反動という負のイメージだった。農牧社創設の辺りで微妙にクロスし、『南島探験』辺りから先進的なプラスのイメージが強くなる。ところが今回の『笹森儀助　風霜録』や、笹森家に残る書簡から、実は民権思想の持ち主であることが分かってきた。すると、今まで民権派として、儀助と対峙する立場に置かれてきた人たちはどうなるのか。正と負という二元論的な捉え方から問い直さなければならない。

小林　同感だ。保守と進歩、非民権と民権という対比的な捉え方自体が修正を迫られている。儀助が非常によい事例になると思う。何かを保守するから保守なのだが、何を保守するかが問題。一般民選導入のところで詳しく示されたように、儀助は西洋化、民主化を推進した一面もある。保守は改革を拒否し、全てを保守するという捉え方はおかしい。民権も、民権派だからといって天皇主義ではないかというと全然違う。その意味でこの『笹森儀助 風霜録』は、保守主義、民権主義、国権主義というものを明らかにする重要な一里塚になるのではないか。

—新生日本を動かした人々の多くは、自分が国を背負っているという意識が強かった。

小林　儀助の原動力も、やはり日本のため、国家のためという強い使命感だろう。それを武士的と表現すべきかどうかは分からないが、明治人の気概を持っていた。

河西　近代的な国家の形ができて、個人と国家、地域と中央という関係が明確化する前の時代には、個人も国家のあり方を論議できた。弘前藩のように微妙な立場で明治維新を迎えたり、敗者の側に立ったりした側でもだ。出来上がったものに反対するのではなく、自分たちにも対案があると主張できる。自由民権運動も国権主義もそうだ。明治という可能性を持った時代、変革の時代に生きたから儀助という人間も輝いたのだろう。

—儀助は下北時代から青森市長時代の私立青森商業補習学校設立に至るまで一貫して、教育振興に意を用いた。新しい教育を受けた二〇代そこそこの若者たちが中央で日本を動かしている状況を知っていたためだろうか。

小林　そうだと思う。国家を機能させるには、まず国民からで、国民をつくるのは教育だ。しかるに国の現況はどうだ。改善には国民の教育が必要だ。そういうことは、強く意識していると思う。

――新時代・明治になって、教育がなければ何も始まらないと。

河西　はい。例えば、彼は直接関与しなかったが、弘前市の東奥義塾は高く評価されている。藩閥から離れた、あるいは外された人々にとって、学閥が形成される以前の明治一〇年代、私学の持っていたパワーや、そこから育つ若者たちに対する期待があった。

――明治期には、教育と地域振興がほとんど同意語であるかのように、各地が教育振興競争を繰り広げた。

河西　学問、特に洋学であれば藩閥政府を通さずに直接接触が可能で、だからアメリカに遊学させ、そういうつながりを持つことで近代化を図ることができた。儀助はそれを見ている。

――そういう教育競争は主にエリート教育だったが、儀助の場合は、庶民にこそ教育を与えないと地域向上は望めないという、〝下からの教育思想〟が顕著なようだ。

小林　森有礼文相の教育行政に違和感があったのかもしれない。よく知られているように、森は、皇室に対する不敬を理由に西野文太郎に暗殺された。儀助は貧旅行の途中に西野の遺族を訪ね、遺書を写させてもらっている。皇室への不敬のことも書かれているのだが、もう一つ興味深い遺書もあった。西野が馬島春海に宛てた遺書で、「恣《ほしい》まま学制を変更し頻りに授業料の額を高ふし、天下の学者をして華族・素封家子弟の外高等の学科に就く事を得ざらしむ。此制にして行はるるときは十数年之後、人才萎靡《いび》、国威振わず、将来皇国人民は外国人の奴隷となるは疑を容《いれ》ざる所なり」とある。そういうエリート教育偏重への不満に対する共感が、儀助にあったのではないか。

——教育に限らず、開国後、欧州からエリート主義的な部分だけを取り入れようとする姿勢が外交の基本にあった。それを批判する勢力が、玄洋社をはじめ、いわゆる対外硬派と呼ばれる人々だった。

小林　その通り。国民をちゃんと見ているのか、と批判した人々だ。

河西　国民の最底辺というか、辺境の人々に向けた儀助のまなざしには教育問題に限らず地域振興、民力育成の問題においても共通する批判があったのではないか。上だけを引っ張っていくナショナリズム、国家主義ではなく、丸ごと包んで取りこぼしなく引っ張っていくべきだと。

——陸羯南と共通する精神が見える。羯南の「国民主義」は国民が国家の基本要素だというものだが、一部国民ではなく全国民をもって日本が成り立っているという考え方だった。儀助も同じく、色丹アイヌの人々から、赤貧洗う沖縄県八重山地方のマラリア患者まで、皇国の恩恵を受けない人が一人としてあってはならないと主張した。

小林　「天皇の赤子に非ずや」と繰り返し訴えている。この主張は、「王政復古」のもとに政権を握った明治政府にとって政権の正統性を左右しかねない意味を持っている。

——当時、末端の国民の幸福まで考えた人は、それほど多くなかったのでは？

小林　その点でいわゆる民権派、政党に対する不満があったと思う。自分たちの立身出世や党利党略、あるいは自分の選挙民のためだけを思っているという不満。儀助は千島や沖縄、あるいは選挙権を持たない人々の現実を見て、不満がさらに高じたのではないか。

河西　民権運動を支える基盤というのは、具体的にはやはり利害関係だった。豪農にせよ豪商にせよ、自分たちの経済的利益を実現するために政治行動を打診していき、それが民権運動になっていく。ある意味で部分的な政治運動にならざるを得ない。したがって、貧民や少数民族まで含めるような議論は、中江兆民のような一部の者を除いて、残念ながら生まれてこなかった。対照的に儀助や羯南はそうした具体的背景を持たず、優れて理想論的であり、ものすごく見事だと思う。羯南はジャーナリストとしてそれを抽象化し、儀助は実践的に、歩いて根拠を出した。具体的な利害関係を持たないが故にナショナリズムだと私は思う。そうしたナショナリズムというのは、当時の支配者にとっては怖い存在だったのではないか。具体的な権力を持った人間からすると、注文されても困るような思想という意味で。

小林　徒党を組まず、党派に与しないという点でも一貫している。

河西　とりあえず単独で行動する。下北時代からの行政官としての自信、さらに責任感もあっただろう。選挙は数だから、民権運動、民党は自ずと、組織しなければならない性質を帯びる。それが儀助には合わなかった部分もあるのではないか。集める、上に乗っかるというのが肌に合わない。議員就任を請われても応じなかった要因の一つだろうし、探検の方に向かっていった理由かもしれない。

――農牧社開設も、世の中がこぞって自由民権運動に大騒ぎしているとき、儀助は食うや食わずやの弘前士族の生活をどうするかに目を向け、徹底的に実践に向かう。

小林　面白い人だ。民権運動、民党の観念的な理論のことよりも、現場、現実、実地を見る。そういう現実を政治家は本当に見ているのかという思いが極めて強かった。

――理想がないわけではなく、現場を見ることを忘れず、理想のために現場を見る目が曇らない。

河西　そこが重要だ。儀助的な人間がもっといれば、民権運動も変わっていたかもしれない。思想、理念、国家観といった空中戦は、地元の人にはなかなか分からない。単に近世同様、あの人が指導しているのだから間違いないだろうと追随する状態だった。儀助のような人間がいて、青森型の民権運動ができていればと思うと残念だが、彼はそういう活動へと広げなかった。だから共同会にも入らなかった。

小林　東奥義塾の民権派の人々と決別したわけではなく、付き合いは続けた。

河西　だから、普通の感覚で言うと、なぜ同じグループの中で行動できなかったのか不思議だ。

小林　人柄や人物を見て、好ましい点は尊重する。それがあった時代だった。

――儀助と羯南の生涯を全体的に見渡すと、羯南あっての儀助、儀助あっての羯南という印象が濃い。

小林　現実に歩き、行動でき、羯南の目となり足となったのが儀助。また、ジャーナリストの羯南は公共を相手にしたが、儀助は例えば千島や南島を探検して本を書いても、それを広く一般に公表するという意識が薄い。

――あくまでも自費出版して議員や国の要路に配るという意識。民俗学という思考もなく、この窮状を訴えずして人々は救えないという感覚しか窺えない。

河西　自分は有名になったり、稼いだりしないから政治的解決を目指すしかなかった。そのときに最も効果を狙える人々に近づいたのが、彼のリアリストらしさだ。

――千島や南島探検の主目的である国防は国の将来を左右し、放置された島民を救うのは国民の福祉にかかわる問題。儀助は両方を追求した。小林先生の指摘された「国利民福」。羯南や貴族院のあるグループと同じ思想の上に立っている。違いは、泥沼に足を踏み入れて行動できる人が他にいなかった。

小林　この『笹森儀助 風霜録』に、探検家というくくり方に違和感があると書いていたが、同感だ。探検は「未開の地を初めて踏査する」という印象を受けるが、儀助の探検記を読むと未開の地を行くというよりも、そこにいる人間・日本人はどうしているか、常に人間に興味を示した。

河西　儀助自身も書いているが、それまでも沖縄県八重山地方に政治家や軍隊は来たけれども表面的なことしか見ていず、マラリアが怖いからと島側の船窓は開けないという体たらくだった。過去の情報は真実なのか、自分の見たままを自分の語りで伝えたいと考えたのだろう。組織に属さない儀助には、しがらみがない強みがある。本当はこうだ、と自分が見た実像を歯に衣着せずに示すことができた。一等先に見に行くという意味の探検ではなく、いいかげんな情報を根底から覆し、私は見たと言い切るという意味での探検だった。

――為政者は現場の実況を見なければならないと、儀助自身が『貧旅行之記』に明記している。

小林　だからこそ自分の目で見た。当然、儀助的なバイアスがかかった見方ということになるのかもしれないが、そこには日本人の福祉増進を図りたいという理由がある。朝鮮やシベリアの探検も、儀助らしく「日本の発展」が主たる視点だ。面白いのは、もし日本の朝鮮支配の正当性を主張するなら、日本人が朝鮮でいかに素晴らしい政治を行い、尊敬されているかを書けばいいはずだが、儀助は逆に今日本人の恥ずべき点がここにある、こういう不法な行為を行っている、修正・取り締まりが必要だと書いている。そこに独自性がある。

—あまねく恩恵を与える皇国、という理想像とのずれを感じ、いら立ちもあった？

小林　そうだろう。こんなことをしていては朝鮮がロシアになびく、朝鮮人はロシアの味方になってしまうと。だから書くことによって現実を訴え、何とかしようとした。ロシアの侵略を何としても避けたいという思いもあっただろう。

河西　帝国主義というのも厄介なもので、本来手を出さなくてもいい領地にまで手を出した挙げ句、領地支配には難行苦行が伴う。儀助が具体的に見たものは、軍事力や経済力だけでは（植民地の）人々はなびいてこないという、帝国主義の持つ落とし穴、怖さだった。もっと大きな哲学や世界観がなければ早晩崩れる。そういうクールなまなざしが儀助の中にあった。

—台湾の場合、あまりにひどい現状を見て、植民地化を肯定している。

小林　よく言われることだが、非文明に対して文明国たる日本が指導していかなくてはならないのだという考え方。それが儀助にもあったと思う。

—一方、大陸ではブラゴベシェンスクの大虐殺などロシア軍のひどい所業を知るが、それを懲らしめ、善政を行うはずの日本も北清事変において八カ国連合に加わり、大陸進出を始めていた。

小林　軍事的脅威が目に見えてそこにある。それが明治の現実だから、それにどう対処するかという問題があった。儀助にも、日本の影響力を強めたいという思いは無論あっただろうが、軍事的に制圧すべきだとまで考えていたかどうか。

―儀助個人だけでなく、東亜同文会にとっても当初掲げていた理想と現実が乖離していった。

小林　東亜同文会といえば支那保全論がある。この論は多元的だが、その中のアジア主義的な考え方がある。兄弟たる日本と朝鮮と中国が連合して欧州の侵略を防ぐ、その中で最も文明化している日本が指導者になるというものだが、儀助は、指導者たるべき日本人に朝鮮でこんなことをしている者がいると、現実を見極めようとした。

―北清事変以降、軍事に関して儀助は評論しなくなる。義和団に対する支那保全ではあるけれども、日本が支那を攻撃する側に入ってしまったためか。

河西　その辺りが転換点だと思う。儀助の様子が変わってきている。

小林　東亜同文会の考え方は支那保全だが、政府の主流は欧州との連合、欧州文明のもう一つの国を目指した。福沢諭吉的な、脱亜論的な考え方により欧州文明の一国として中国に入って行くという考え方だ。欧州との協調が重視されている。一方、アジア主義でいけば、できる限り欧州は排除したい。現実的には無理だが。そういう難しい時代に儀助はいた。

河西　日清戦争後、日本が文明国の側に入り、さらにロシアよりも上の文明国化を目指すという上昇志向のなか、自分がどういう考えに依って立つべきか、難しさが出てきている。儀助の困難というよりも、世紀転換期における日本外交の難しさが彼に反映されているのではないか。

―それは「軍備」の意義の転換でもあった。儀助にとってそれまで軍備は常に日本の「防備」であって、日本軍が外へ押し寄せていくということをどうしても肯定できない部分があったのでは？

小林　それに関しては羯南が儀助に宛てた明治二七年一一月三〇日の書簡が興味深い。羯南は「軍国多事に狂して内地の実力忘れ候事は御同感に有之」と書いている。「同感」とあるから、笹森が意見を出して、羯南が同意したということ。日清戦争の最中に「国内のことも忘れてはいけない」と言っている。軍備拡張に儀助が積極性を持っていたか、これを読み疑問を持った。この日、羯南が新聞「日本」に書いた論説は確か、「軍事以外の国務　世論の方向を転ずべき時期」だった。

河西　日清戦争自体が純粋に軍事的な理由で始まったのではなく、内政の手詰まりを外に出て行くことで打開を図った面もあった。羯南や儀助といった国防論者、自衛論者から見ると筋が通らない、必然性がないということになる。

小林　全てを賭けていいのかとブレーキを掛けている。日清戦争の後の三国干渉により、自由党や進歩党も含め、こぞって「臥薪嘗胆」になるが、羯南や谷干城（貴族院議員）は軍備見直し論だった。否決はされるが、谷は実際に「軍備緊縮上奏案」を提出した。儀助の立脚点もおそらく同じだった。

—国利民福論者の彼らから見れば、国利は大事だが民福を伴わなければ意味がない。

小林　そこだ。儀助が樺山資紀内相に提出した「戦後経営の意見書」で「議会の一時停止を」と述べたのはそのころだから、こぞって軍備拡張に与し、国民を見ていない議会などいらない、そういう文脈なのかもしれない。

河西　国権主義者で保守反動というレッテルを張られてきた儀助たちから、そういう視点が出てくるところが面白い。旗を振ったのではなく、逆に「待てよ」と言う。

小林　だから保守主義の一面的理解がおかしいと思う。見直さなくてはならない。

―柳田国男が儀助の晩年を「不遇であった」と書いたことに、河西先生は疑問を呈していた。

小林　幸いな晩年かどうかは、日本の現状を晩年に見て、自分の成し遂げた成果はここにあるなと思えるかどうかだ。

―その点では、先ほどのお話の通り、自分の抱いていた理想と現実があまりに合わなくなった。

河西　あえて「儀助の晩年は不遇だった」と言うならば、その点だ。だが、あの時代に生きた人の多くが抱いた違和感であって、明治維新から半世紀がたち、こういう日本でよかったのかということを思った時代ではないか。だから儀助は身を引いた。

―柳田の言った「不遇な晩年」とは、学者として不遇という趣旨でもあるのか。

河西　無名ではあった。後に『南島探験』に触発された人々が南島談話会を立ち上げたが、柳田の不遇論に立つと、儀助を不遇にした責任は柳田にもあると思う。柳田自身がいつも安全地帯にいるのではなく、民俗学者としてもっと早く独り立ちし、崖っぷちに立って日本の民俗学をスタートさせていれば、儀助は間違いなく大事な存在で、もう少し早く彼の業績・事跡が世間に知られたと思う。

―儀助は一個の人間としても魅力的で面白い。

河西　自宅を放り出してとんでもない所まで行って、何度も死ぬ目に遭った。儀助はすごい人。だが私は、奇跡の人として神格化はしたくない。彼のような思いを持った明治人はたくさんいただろう。儀助の家族関係が、彼の壮大な行動、実践を可能にした。家庭崩壊したり、妻が実家に帰ったりというようなことがなかった。

小林　明治という時代を考える上でも、やはり面白い。特に現実主義であるところ。この人がナマの現実を伝える役割を担ったことが、貴族院の硬派と呼ばれる政治家たちの政治活動を支えたと思う。

―儀助ほど、誰にもこびを売らず、自らの責任で生きた人はいない。

小林　自分で行動しているのに、他人のために生きた。しかも国家や国民のためとか、スケールが大きい。生き方として貴重だ。

―これが不遇な人生なら、誰もが不遇ということに…。

河西　まさにそうだ。皆が皆、儀助のように生きたらどうなるかという心配はあるが（笑）。明治という時代がそれを可能にした。何かをせずにはいられない。若いころの山田登との関係とキリスト教との関係など、思想の相対《あい》する時代に投げ込まれて、あちこちぶつかりながら儀助が学んだことは、権威的なものに寄り添って動くのではない「自立の精神」だったろう。自分で実践するからには頭でっかちではない、具体的な経験を基に行動しようとした。そこが強みだと思う。

（了）

あとがき

縄文遺跡の取材を担当したことが、この本につながった。風が吹けば桶屋が…式の話だが、実際のことである。今から約二〇年前、社会部記者だった私は、ちょっとしたきっかけで青森市の三内丸山遺跡の記事を書いた。巨木の六本柱の跡が見つかり、大規模な建造物を伴った国内最大級の縄文集落である可能性が高い。そんな一報が、予想外のセンセーションを巻き起こす。熾烈な報道合戦の中で学習の必要に迫られ、日本人は、そして日本の基層文化はどこから来たのかなど、それまで私にとって敷居の高かった民俗学や人類学に触れることとなり、その過程で、笹森儀助という人が気になり出した。谷川健一氏の多数の著作から、逆引き辞典を繰るみたいにして、たまたま儀助にたどり着き、『南島探験』や『千島探験』の表紙を開いたのである。

儀助については私の入社後も何度か短い記事が東奥日報に載っていたため、明治期の探検家で、奄美大島でも活躍したという程の知識はあったのだが、それまでは、心惹かれるということはなかった。しかし、青森県副知事、県立図書館長を務めた故横山武夫氏が著し、柳田国男が序を寄せた『笹森儀助翁伝』を読んだのが決定打となった。同書から浮かび上がる儀助像に圧倒されたのである。政府の中枢で活躍するようなことはなかったのに強烈な存在感がある。何者にも頼らず、何者にも屈しない、野武士を思わせる強烈な自負心と堅固極まる意志力。青森県出身者には太宰治、寺山修司、棟方志功、淡谷のり子などかなり風変わりな人が多いが、儀助は飛び抜けて個性的で、まさにオンリー・ワンの人物だと感じた。

数年後、編集委員室に異動し、何か長編企画をと言われ、私は迷わず「笹森儀助を書きたい」と返答した。そうやって実現したのが連載「笹森儀助 風霜録」なのである。

書くからには新しい何かを掘り起こしたいが、できることは原史料を読み直すことだけだった。地元紙だからできる特権でもある。ところが、青森県立図書館や市立弘前図書館の儀助史料を引き出してみると、雑多な文書が乱雑に綴じられたものも多く、筆字を読み起こし、年代順に整理するだけで一年を要した。その間、編集局幹部たちは何も言わず待ってくれた。取材も優遇してくれて、無人の北千島、立ち入り困難な北朝鮮東北部を除き、沖縄、奄美、台湾、ロシアと、儀助の足跡をたどることもできた。週一回一ページを二年九カ月も一人で使わせてもらえたことも、小紙としては異例の贅沢であった。

そうすることで、儀助の知られざる一面を描くという狙いは、それなりに達成できたように思う。第一に、青森県内の原史料を読んでいるうちに、保守的・国権主義的というレッテルとは遠くかけ離れた、進歩的で民権的な儀助像が浮かび上がったことだ。

奄美の近代史の根本的な見直しに尽力されている郷土史家・弓削政己さんとの出会いも大きかった。儀助の大島島司としての具体的施政を初めて明らかにした弓削さんの研究成果は、儀助の民権的な一面をさらに際立たせることになった。砂や泥が水底で堆積岩になるのに似て、歴史は積み重なりの自重でどんどん硬く固定化するが、拙稿が儀助像を多少なりとも変えることができるとすれば、凝固した〝定説〟を打ち砕こうとする意欲、姿勢の大事さを身をもって示してくれた弓削さんのおかげである。

新聞連載開始時のもう一つの目論見は、陸羯南との関係をもう少し解明したいということだった。横山氏が、前掲の『笹森儀助翁伝』を改稿して『笹森儀助の人と生涯』として再刊した際の「あとがき」に、「陸羯南と笹森儀助との思想的な交流については、私の旧著ではこれを検討することがまことに乏しかった。そのためには、現在の私においても十分な用意があるわけではないけれども、笹森儀助を理解するうえで、この両者の交流関係は極めて重要な問題であるので、私は後来の好学の人に待つ気持ちが深いのである」と書いているからだ。

碩学からのこの宿題は私には荷が勝ちすぎ、ほとんど前進できなかったが、全くの成果ゼロではなかった。答えを求めて有山輝雄・東京経済大学教授、小林和幸・青山学院大学教授、河西英通・広島大学教授ら近代史研究者に会い、極めて重要なご教示を得ることができたからである。本文末尾の「対談」でも示されている、保守―進歩、国権主義―民権主義といった二者択一的な歴史観自体を修正すべきであり、それには、多面的な人物である儀助が非常によい事例だという点などである。結果、思想的に一貫していないように見える儀助像にもう戸惑う必要はなくなったし、深淵で複雑な羯南の思想も儀助の具体的な行動を鏡面にして見れば、うんと理解し易くなるのではないかと思う。言論人と実践家。羯南と儀助は、一心同体と言ってもおそらく言い過ぎではない。

羯南研究者の有山教授が拙稿の単行本化を強く勧めてくれたのは、おそらくそこら辺りが理由であろう。実は、連載中から単行本化の構想はあったのだが、連載の取材を機に笹森家に残る多数の書簡を『笹森儀助書簡集』（東奥日報社、二〇〇八年）として刊行することになり、連載本体の単行本化は、一言で言えばタイミングを失した。連載終了から七年余を経てそれが実現したのは、有山教授のご支援の賜にほかならない。また、社外からの出版を快く許可してくれた東奥日報社、学究者ではない私に出版の機会を与えた株式会社ゆまに書房にも深い感謝を申し上げたい。

一つ残念なことがある。出版準備中の平成二五年八月二四日、私を儀助へと導いてくれた恩人とも言える谷川氏が九二年の生涯を閉じられたことである。刊行が成れば、あるいは谷川氏からご批判の一つも頂戴できるのではないかと、密かな願望を抱いていたのであるが、儚い夢に終わった。今は静かにご冥福を祈るのみである。

さて、二一世紀の今は、儀助の時代に比べ、国も民も物質的には比較にならないほど豊かになった。だが、政治家の無定見はむしろ悪化し、若者たちは歩むべき道を見失って漂流しているように見える。国利民福を願い、無私を貫いた儀助の生き方が、そんな現代日本の一条の灯火になればと願いつつ、そして笹森家をはじめ応援していただいた全ての方々を思いつつ筆を置く。

松田修一

主な参考文献

一　著作

ドナルド・キーン『百代の過客　続』朝日新聞社　一九八八年
相沢文蔵『津軽を開いた人々〜津軽の近代化とキリスト教』弘前学院・北方新社　二〇〇三年
『青森県教育史』一巻・既述編1　青森県教育委員会　一九七二年
『青森県議会史』明治元年〜二三年、明治二四年〜四五年　青森県議会　一九六二年、六五年
『青森県史』資料編・近現代1　青森県　二〇〇二年
『青森県女性史　あゆみとくらし』青森県　一九九九年
『青森県農地改革史』農地委員会青森県協議会　一九五二年
『青森県布達綴』明治一〇年　青森県立図書館　一九六七年
『青森県酪農史』青森県酪農農業協同組合連合会　一九九〇年
『青森県労働運動史』第一巻　青森県民生労働部労政課　一九六九年
『青森市議会史』明治編　青森市議会　一九八六年
『青森市史』別冊人物編　一九五五年
秋永芳郎『東奥の炬火　菊池九郎伝』東奥日報社　一九七九年
東喜望『笹森儀助の軌跡—辺界からの告発』法政大学出版局　二〇〇二年
稲葉継雄『旧韓末「日語学校」の研究』九州大学出版会　一九九七年
石光真清『曠野の花』龍星閣　一九五八年
伊能嘉矩『台湾文化志』上中下巻　刀江書院　一九二八年
入江寅次『邦人海外発展史』上・下巻　井田書店　一九四二年

色川大吉『近代国家の出発』（『日本の歴史』第二一）中央公論社　一九六六年
『石垣市史』資料編・近代3「マラリア資料集成」石垣市　一九八九年
『岩木町誌』岩木町　一九七二年
内田守「笹森儀助翁と救癩精神」（『甲田の裾』昭和一七年六月号）松丘保養園慰安会　一九四二年
『沖縄県史』別巻「沖縄近代史辞典」国書刊行会　一九八九年
小野久三『青森県政治史』明治前期編　東奥日報社　一九六五年
柏原長繁『磐城艦航海誌〜明治の千島測量報告』外崎克久　一九七九年
河西英通『近代日本の地域思想』窓社　一九九六年
川村欽吾「明治の津軽びと　笹森儀助編」（『れぢおん青森』九二号〜一一一号）青森地域社会研究所　一九八六年七月〜八八年二月
『季刊　自然と文化』一九九四年秋季号・笹森儀助特集　日本ナショナルトラスト
北原かな子『洋学受容と地方の近代』岩田書院　二〇〇二年
木村匡『井上毅君教育事業小史』一八九五年
『陸羯南全集』第一〇巻　みすず書房　一九八五年
城辺町教育委員会「人頭税に関する文献目録」一九九三年
城間正八、佐々木嗣宗『隠れたる偉人』一九三二年
古島一雄『一老政治家の回想』中央公論社　一九五一年
小林和幸『明治立憲政治と貴族院』吉川弘文館　二〇〇二年
斎藤康司『津軽りんごの精神史』道標社　一九七七年
斎藤康司『りんごを拓いた人々』筑波書房　一九九六年
肴倉弥八『県立青森商業高等学校六十年史』青商高六十周年記念事業協賛会　一九六六年
柴五郎・石光真人『ある明治人の記録―会津人柴五郎の遺書』中央公論社　一九七一年

「自由党の尊王論」（石田圭介『近代知識人の天皇論』） 日本教文社 一九八七年
『商業教育百年史』 全国商業高等学校長協会 一九八六年
杉本壽『林野所有権の研究』 清文堂出版 一九七六年
武田三作編『新聞記事に見る青森県日記百年史』 東奥日報社 一九七八年
田代安定『沖縄結縄考』 養徳社 一九四五年
谷川健一『独学のすすめ』 晶文社 一九九六年
谷川健一『北国からの旅人』 筑摩書房 一九八〇年
谷川健一『原風土の相貌』 大和書房 一九七四年
谷川健一『沖縄 辺境の時間と空間』 三一書房 一九七〇年
谷川健一編『沖縄・奄美と日本』 同成社 一九八六年
外崎正義、秋元岩五郎編『外崎嘉七翁伝 全』 外崎嘉七翁記功碑報徳会 一九五六年
『津軽承昭公伝』 津軽承昭公伝刊行会 一九一七年
『東亜時論』 一〜二六号 東亜同文会
『東亜同文会報告』 四〜一三二号 東亜同文会
東北振興会編『東北産業経済史』 第六巻・南部藩史 東洋書院 一九七六年
『十島村誌』 十島村 一九九五年
「外崎覚君の広沢安任翁の事蹟に関する談話」（外崎覚編『史談会速記録』合本四〇） 原書房 一九七五年
外崎克久『北の水路誌—千島列島と柏原長繁』 清水弘文堂 一九九〇年
内藤官八郎編『弘藩明治一統誌人名録』 津軽旧記刊行会 一九三五年
中島楽『大島々治概要』 一九二六年
永山規矩雄編『田代安定翁』 故田代安定翁功績表彰記念碑建設発起人 一九三〇年
『名瀬市誌』 全三巻 名瀬市、名瀬市誌編纂委員会 一九六八〜七二年

西里喜行『沖縄近代史研究―旧慣温存期の諸問題』沖縄時事出版　一九八一年
「日本」復刻版　ゆまに書房　一九八八～九一年
『根室・千島歴史人名事典』根室・千島歴史人名事典刊行会　二〇〇二年
昇曙夢『大奄美史』奄美社　一九四九年
原井一郎『苦い砂糖』高城書房　二〇〇五年
『弘前市教育史』上巻　弘前市教育委員会　一九七五年
『弘前市史』明治・大正・昭和編　弘前市　一九六四年
広沢安任『奥隅馬誌』（青森県立図書館・青森県叢書刊行会『明治前期に於ける畜産誌』）青森県学校図書館協議会
一九五二年
卜蔵建治『ヤマセと冷害』成山堂書店　二〇〇一年
松本健一『犢を逐いて青山に入る～会津藩士・広沢安任』ベネッセ　一九九七年
三木健『沖縄・西表炭坑史』日本経済評論社　一九九六年
『宮古人頭税廃止八十五周年記念シンポジウム・資料展報告集』平良市ほか　一九八八年
森山茂徳『近代日韓関係史研究～朝鮮植民地化と国際関係』東京大学出版会　一九八七年
柳猛直『風蕭々―来島恒喜小伝』明道館・玄洋社記念館　一九八九年
山内玄三郎『大世積綾舟―人頭税廃止と黒真珠に賭けた中村十作の生涯』言叢社　一九八三年
山崎朋子『アジア女性交流史』明治・大正期編　筑摩書房　一九九五年
山下重一『琉球・沖縄史研究序説』御茶の水書房　一九九九年
横山武夫『儀助儀助翁伝』附『貧旅行之記』今泉書店　一九三四年
横山武夫『笹森儀助の人と生涯』附『貧旅行之記』歴史図書社　一九七五年
吉川秀造『士族授産の研究』有斐閣　一九三五年
琉球新報社編『新南嶋探験～笹森儀助と沖縄百年』琉球新報社　一九九九年

二　研究・論文

陸羯南「近時憲法考」（『近代日本思想体系』4）　筑摩書房　一九八七年
斎藤康司「明治14年の笹森儀助」（東奥日報一九八五年三月四〜八、一一日）
沼田哲「明治六・七年の青森県情」（弘前大学『国史研究』第八五号）　一九八八年
沼田哲「北方の人の「南嶋」への視線」（沼田哲編『「東北」の成立と展開』）　岩田書院　二〇〇二年
橋本正信「青森県の自由民権運動―弘前地方を中心に」（『弘前大学国史研究』第三三号）　一九六三年
丸山真男「陸羯南―人と思想」（『中央公論』昭和二二年二月号）
森久雄「台湾総督府の糖業保護政策の展望」（『台湾近現代史研究』創刊号）　龍溪書舎　一九七八年

三　史料

小野士格編「弘前市史編纂資料」第九　市立弘前図書館所蔵
『東亜同文会関係雑纂』第一巻　外務省外交資料館蔵

四　笹森儀助の著作・史料

笹森儀助『南島探験』笹森儀助　一八九四年
笹森儀助『南嶋探験〜琉球漫遊記』1、2　平凡社　一九八二年、八三年
笹森儀助『千島探験』至言社　一九七七年
笹森儀助『西伯利亜旅行日記』並『露・清・韓三国国境線視察日記』青森県中央図書館　一九三五年
笹森儀助『藤井富伝翁伝』一八九六年
大東散子（＝笹森儀助）「台湾視察論」「同　続」（『国光』一二巻第五号、第六号）　国光社　一八九六年

【市立弘前図書館所蔵】
『笹森儀助雑綴』全二三冊

「農牧社創立致度官地所拝借願」ほか

【弘前市所蔵】

『農牧社沿革記事』

【笹森家所蔵】※現在は弘前市立博物館に寄託

『農牧社事業略誌』

「沖縄県下八重山島風土病の状況并駆除方法意見」

履歴書、旅券、辞令など

書簡

【青森県立図書館所蔵】

「閑暇草稿」

「草案」明治九年一〇月〜一〇年四月

『貧旅行之記』乾・坤

『千島探験』甲・乙二組（および関係書類）

『南嶋探験』乙三分冊、丙三分冊　および「南島探験記発端」「南嶋事務私見概目」「勧業会演説主旨」ほか関係書類

『大島雑記』

「大島々政方針」

「大島郡負債償却意見草按」および「大島郡負債消却方法草按」

「明治三十年四月一日現在、鹿児島県大島郡五島負債金額各方戸口負債額表」

「負債者金額及負債者調」

「大島郡貸借利子及方法の概略」ほか大島郡関係書類

『拾島状況録』および『巡回日記』『巡回要概』『状況録〜総論』など十島関係書類

「台湾視察結論」ほか台湾関係資料

「内務大臣樺山資紀に対する戦後経営の意見書」
『西伯利亜旅行日記』および『露領浦塩・西伯利亜取調書』など関係書類
『笹森儀助遺稿』上下巻
※奄美（十島を除く）関係の笹森儀助史料は、鹿児島県立図書館奄美文館が『笹森儀助大島々司中島庁関係資料』一〜三巻として復刻している。
【神奈川大学・日本常民文化研究所「祭魚洞文庫」所蔵】
『琉球沖縄本島取調書』
『沖縄県群島の内　宮古島之部』
『琉球八重山島取調書　全』
『同　付録』
【流通経済大学「祭魚洞文庫」所蔵】
『琉球鹿児島県大島諸記録』（「耕作方奨励之事」「製糖改良奨励之事」）
【外務省外交資料館所蔵】
「北関豆満江六鎮・露領ポスヱット湾・清領琿春三国境界線視察日記」

（了）

略年譜

年号	西暦	満年齢	笹森儀助の事跡	関連事項
弘化二	一八四五	○歳	一月二五日、弘前藩士笹森重吉、ひさの長男として弘前・在府町に生誕	
嘉永七	一八五四	九歳	藩校稽古館に入校	
安政四	一八五七	一二歳	六月四日、父重吉死去。家禄一五〇石を継ぎ、小姓組拝命	中田実（のち陸姓、号・羯南）が在府町に出生
六	一八五九	一四歳	梶尾一刀流師範・山田登に師事し武芸を修める（慶応二年まで）	
七	一八六〇	一五歳		三月三日、桜田門外の変
文久三	一八六三	一八歳	七月二一日、母ひさ死去	
慶応三	一八六七	二二歳	一一月、山田登の指示により国政改革の意見書を藩主の机上に。永蟄居処分	一〇月一四日、大政奉還 一二月九日、王政復古
慶応四 明治元	一八六八	二三歳		一月三日、戊辰戦争が勃発 九月八日、明治改元
二	一八六九	二四歳		五月一八日、戊辰戦争終結

				六月一七日、版籍奉還
三	一八七〇	二五歳	明治維新により大赦。九月、弘前藩庁の権少属租税掛を拝命	一〇月、弘前藩が余田買い上げに着手
四	一八七一	二六歳	廃藩置県で弘前県に。新政府への弘前城引き渡し担当 九月四日に六県合同、同月二三日に青森県と改称	七月一四日、廃藩置県の詔勅
五	一八七二	二七歳		琉球国を琉球藩に 菊池九郎らが東奥義塾を開学
六	一八七三	二八歳	四月二六日、青森県庁を依願退職。一〇月二八日、再採用	五月、弘前士族が正米渡し要求運動を起こす 明治六年政変、西郷隆盛ら下野
七	一八七四	二九歳	三月二〇日、依願免職。四月四日から西浜に隠棲	一月一七日、板垣退助ら民選議院設立建白書を提出 二月、佐賀の乱
九	一八七六	三一歳	五月一三日、第三大区一小区（弘前中心地）戸長に任命。六月六日、第六大区（下北）副区長着任（履歴書では同年九月一九日）。八月一日に区長昇格（履歴書では一〇月一日）	六月二日、明治天皇が第一回東北巡幸へ出発 三月八日、廃刀令 八月五日、金禄公債証書発行条例
一〇	一八七七	三二歳	八月二三日、県庁第五課学務担当、第二課勧業科兼務、第一四・一五中学区学田事項専務	二月、西南戦争。九月二四日に西郷隆盛らが自刃し終結

			九月九日、第三大区（中津軽郡）在勤申し付け 九月中に元家老・大道寺繁禎と岩木山麓の常磐野に赴き、柴田長兵衛らと牧場開設を検討	
一一	一八七八	三三歳	一〇月三〇日、中津軽郡郡長を拝命	五月一四日、大久保利通暗殺
一二	一八七九	三四歳	一〇月、菊池九郎らと開拓使七重勧業試験場を視察。さらに単身、紋鼈（現伊達市）の開拓村を調査	三月二七日、琉球藩を廃し、沖縄県を設置（琉球処分） 秋ごろ、羯南が青森新聞社に入社
一三	一八八〇	三五歳	七月、常磐野の土地拝借願を県に提出	五月一五日、弘前大火 七月、開拓使払い下げ問題が発生 九月、羯南が青森新聞社を辞め、紋鼈製糖所（現伊達市）に入る
一四	一八八一	三六歳	二月、農牧社設立へ政府に四万五千円拝借願提出 六月、明治天皇の東北・北海道巡幸に弘前を加えるよう、政府要人に請願。九月八日に天皇が弘前入り、儀助は九日、行在所の金木屋で拝謁 一〇月二八日に県令山田秀典が求めた県内有力政治家の大同団結に対し、異を唱えて一一月一四日に津軽郡郡長の辞表を提出。同月二七日、辞任（「弘前事件」）	一〇月一一日、明治一四年政変、大隈重信らが下野
一五	一八八二	三七歳	二月一八日、政府から農牧社起業拝借金一万八千	一月六日、山田秀典県令が東京の宿

			円貸与。五月二四日、農牧社を開業、副社長に就任。社長は大道寺繁禎	舎で急逝
一六	一八八三	三八歳	一一月、長尾介一郎に委託し、弘前に牛肉販売所を試験開設	六月一三日、羯南が太政官御用係となる 一一月二八日、鹿鳴館が落成
一七	一八八四	三九歳	六月、長尾介一郎に委託し、弘前に牛乳販売店を開設 八月、家族六人が常磐野に転居	
一八	一八八五	四〇歳		一二月二二日、太政官制度が廃止され、内閣制度が発足
一九	一八八六	四一歳	四月に上京、東京芝に農牧社出張店を開設。七月一日開業 一一月、農牧社社長に就任	
二一	一八八八	四三歳		四月二五日、市制・町村制公布
二二	一八八九	四四歳		二月一一日、大日本帝国憲法発布 同日、新聞「日本」創刊。羯南が社長兼主筆 同日、文相森有礼が国粋主義者・西野文太郎に暗殺される 一〇月一八日、大隈重信外相が玄洋

				社の来島恒喜に爆弾を投げられ、右足を切断
二三	一八九〇	四五歳	第一回帝国議会を連日傍聴	七月一日、第一回衆議院議員総選挙 一一月二五日、第一回帝国議会召集、開院式。同月二九日開会（二四年三月七日まで）
二四	一八九一	四六歳	四月五日～六月一三日、三重から鹿児島まで巡り、年内に『貧旅行之記』執筆	七月七日、東邦協会が発足
二五	一八九二	四七歳	六月二二日、千島探検へ弘前を出発。七月六日、軍艦磐城で函館出航 七月二〇日、農牧社一〇周年記念式典（儀助は欠席）。その後、社長辞任が認められる 八月一〇日、占守島へ上陸。九月三日、根室に帰港。北海道巡視中の区内大臣土方久元に同行し、釧路、上川、札幌を巡り、室蘭へ向かう。一〇月一五日　弘前に帰着	二月一五日、第二回臨時総選挙 三月一一日、選挙大干渉の責任問題で品川弥二郎内相が辞職
二六	一八九三	四八歳	二月一〇日、『千島探験』を自費出版 同月一五日、同書の天覧を奏上 四月一八日、井上馨内相から南島探検を依頼される 五月一〇日、弘前を出発。奄美大島を経て六月一	

			日に沖縄県那覇港着。沖縄本島、宮古、石垣、与那国、西表の各島を巡り、さらに石垣、宮古、沖縄本島を再訪。与論島、沖永良部島、徳之島、奄美大島を経て、一〇月二四日に横浜港着	
二七	一八九四	四九歳	二～三月ごろ（?）、人頭税廃止運動の指導者・中村十作と面会 五月、政府に「沖縄県下八重山島風土病の状況并駆除方法意見」を提出 五月三一日、『南島探験』発刊 井上馨の斡旋により、九月八日、鹿児島県大島島司に就任	八月一日、日清両国が宣戦布告
二八	一八九五	五〇歳	四月二七日、川辺十島巡回調査へ奄美大島を出発。八月二七日帰着。『拾島状況録』執筆	三月一七日、井上毅が死去 四月一七日、日清講和条約＝下関条約調印。日本が清国の遼東半島、台湾などを領有 四月二三日、独露仏が日本に遼東半島の還付要求（三国干渉） 一〇月八日、韓国で閔妃殺害事件
二九	一八九六	五一歳	三月二五日、台湾調査のため奄美大島を出発 四月二五日、首狩り死体を目撃 五月一五日、奄美に帰着。「台湾視察日記」「台湾	韓国の親日派政権が打倒される

			視察論」執筆 奄美大島で天然痘が発生して七月までに四三人死亡、対策に追われる 八月、『藤井富伝翁伝』刊行	
三一	一八九八	五三歳	七月、沖永良部島で赤痢が発生、島庁書記・勇百太郎を派遣し対策に当たらせる 八月八日、大島龍郷町に西郷隆盛碑を落成させる 同月二九日　大島島司を辞任	三月二七日、ロシアが遼東半島の大連・旅順の租借権と南満州鉄道の敷設権を獲得 一一月二日、東亜同文会を結成。会長に近衛篤麿、幹事に陸羯南ら
三二	一八九九	五四歳	五月、陸羯南の推薦で東亜同文会の日語学校開設のため、韓国北部へ東京を出発 八月八日、韓国北部、国境地帯視察へ。帰着後「豆満江視察日記」執筆 九月二日、東部シベリア視察へ。『西伯利亜旅行日記』を書く 一〇月五日、城津学堂の開校式。校長に 一〇月九日、国境地帯視察へ。「北関豆満江岸六鎮・露領ポスエット湾・清領琿春三国境界線視察日記」執筆	三月二九日、清国山東省で義和団が蜂起
三三	一九〇〇	五五歳	一月二日、東京で城津学堂移転協議のため一時帰国。三月、再び韓国へ	二月二六日、品川弥二郎が死去 八月一九日、韓国・吉州の暴徒が城

			五月一八日、学堂移転先の鏡城調査へ。七月中旬、鏡城へ転居 一〇月一五日、再び三国国境へ。露軍の琿春虐殺事件など調査。「露清韓三国境上戦後視察記事」執筆	津襲撃（城津騒乱）
三四	一九〇一	五六歳	三月一三日、帰国。鏡城学堂について協議するも廃止決定。そのまま校長を辞職	
三五	一九〇二	五七歳	五月六日、第二代青森市長に就任 一〇月一日、私立青森商業補習学校（現青森県立青森商業高校）開校式。校長に就任	一月二三日、八甲田山雪中行軍遭難 七月二三日、歩兵第五連隊主催による慰霊祭
三六	一九〇三	五八歳	三月一七日、青森市水道の敷設申請書を内務大臣に提出 一二月一六日、青森市長を辞任	一月一日、沖縄県宮古、八重山地方に地租条例と国税徴収法が施行され、人頭税が廃止される
三七	一九〇四	五九歳		二月八日、日本海軍が旅順を奇襲し、一〇日、ロシアに宣戦布告
三八	一九〇五	六〇歳	二月二六日、津軽英麿が津軽家の家範に関し、儀助に意見を求める 七月二三日、弘前の第五十九銀行監査役に就任。二年後まで	九月五日、日露講和条約（ポーツマス条約）調印
四〇	一九〇七	六二歳		九月二日、羯南が四九歳で死去

四一	一九〇八	六三歳	五女はまが奉職中の池田病院（大阪）会計監督係に。一〇月二日、はま病死。一一月一一日、遺骨を抱いて弘前に帰る	
四三	一九一〇	六五歳		八月二二日、日韓併合
四五	一九一二	六七歳	三月一六日、青森市立商業学校講堂において、儀助と村本喜四郎の肖像掲額式	
大正三	一九一四	六九歳		七月二八日、第一次世界大戦が勃発
四	一九一五	七〇歳	九月二九日、脳内出血により弘前で死去。一〇月三日、弘前市新寺町の西光寺に葬る。戒名・純正院殿徳誉儀勇居士	

（註）明治五（一八七二）年、太陰暦を廃して太陽暦を採用し、同年一二月三日をもって明治六年一月一日と改暦